정전 **70년의 현장**

끝나지 않은 전쟁
6·25

구자룡

정전 70년의 현장
끝나지 않은 전쟁 6·25

| **1판 1쇄 인쇄** | 2023년 11월 10일 |
| **1판 1쇄 발행** | 2023년 11월 15일 |

펴낸이	남시욱
발행처	동아일보사 부설 화정평화재단
주소	서울시 서대문구 충정로 29 동아일보 충정로사옥 10층
전화	02-361-0927
팩스	02-361-1009
홈페이지	http://www.hjpeace.co.kr
이메일	peace21@donga.com
인쇄	알래스카인디고(주)

잘못 만들어진 책은 바꾸어 드립니다.
이 책은 저작권법에 의해 보호받는 저작물이므로 무단 전제와 무단 복제를 금합니다.

ISBN 979-11-970034-7-9

값 20,000원

정전 **70년**의 현장

끝나지 않은
전쟁
6·25

발 간 사

　러시아의 우크라이나 침공은 북한의 6·25 침략 같은 무도한 전쟁이 21세기에도 벌어질 수 있다는 것을 보여주었습니다. 차이는 있습니다. 국제사회가 러시아의 불법적인 행위를 규탄하지만 직접 전투 병력을 보내 돕지는 못하고 있습니다. 안보리 상임이사국인 러시아가 침략국인 데다 또 다른 상임이사국인 중국이 방관 내지 지원하고 있기 때문입니다.

　6·25전쟁 때는 유엔안보리가 개전 하루 만에 '북한의 남침은 평화의 파괴'라고 규정짓고 이틀 만에 회원국의 파병을 결의했습니다. 유엔 결의에 따라 16개국에서 연인원 약 200만 명이 낯선 한반도로 달려와 피를 흘렸습니다. 당시는 자유중국(대만)이 유엔안보리 상임이사국이었고, 소련은 그해 2월부터 대만의 유엔 대표권 문제로 안보리를 보이콧해 결의에도 불참해서 가능했습니다.

　캐나다 총리는 파병을 결정하면서 "특정 국가와의 싸움이 아니라 유엔의 평화유지 활동에 참가하기 위한 것"이라고 말했습니다. 다수의 국가가 정의와 평화의 이름으로 하나로 뭉쳐 전투 병력을 보낸 것은 유사 이래 유례가 없는 일입니다. 그에 비하면 러시아의 우크라이나 침략에 유엔이 나서지 못하는 것은 평화유지 활동이 거의 마비된 것을 보여줍니다.

올해 정전협정 70주년을 맞아 7월 27일 부산 영화의 전당에서는 '유엔군 참전의 날·정전협정 70주년' 기념행사가 열렸습니다. 70년 전 전쟁에서 함께 피를 흘리고, 의료 및 물자 지원을 했던 국가들은 한국과의 인연이 각별하다고 하겠습니다. 병력 파병이나 의료, 물자 지원 등을 제공한 60개국은 6·25를 계기로 유대의 끈을 굳게 할 공통의 경험이 있는 귀중한 우호 우방 국가들입니다. '잊혀진 전쟁'이었던 6·25를 한국과 세계 각국을 잇는 귀중한 자산으로 만드는 것은 피로 지켜낸 이 땅을 물려받은 우리의 몫이라고 하겠습니다.

이 책은 '정전 70년, 끝나지 않은 6·25'라는 주제로 6월부터 3

개월간 동아닷컴에 연재된 25편의 기사를 묶고 보완한 것입니다. 이번 시리즈를 통해서 6·25전쟁 3년의 경과를 되돌아 볼 뿐만 아니라 '북한 핵과 미사일 위협' 시대에 주는 시사점도 많다는 것을 알 수 있었습니다.

첫째, 한국의 전략적 가치가 안보와 운명에 영향을 미친다는 점입니다. 남한이 공산 측의 침략을 받은 것은 허술한 대비도 있지만 미국 등 우방국으로부터 전략적 가치가 높지 않다고 여겨졌기 때문입니다. 이제 전통적인 안보뿐 아니라 경제안보 과학기술안보 등 미중 패권 갈등 속에서 한국이 전략적 가치를 입증하고 유지해 '21세기판 애치슨 라인'의 밖에 놓이지 않도록 해야 합니다.

둘째, 6·25전쟁 당시 미국은 전황에 따라 한반도에서 3차례 철수를 검토했습니다. 북한 핵무장 시대에는 미국 대도시에 대한 핵공격 위협이 변수가 될 수 있습니다. 확장 핵억제 강화든 다자 안보의 틀이든 '한반도판 드골의 의심(미국 대도시 핵 위협 시 한반도 포기)'이 현실화하지 않도록 해야 합니다.

셋째, 북한 소련 중국이 남침을 결행한 가장 결정적인 요소 중에는 '미국이 참전할 가능성이 없다'는 오판(誤判)에 세 나라가 공감대를 이뤘다는 점이 있습니다. 핵과 미사일 능력을 고도화한 북한이 6·25 때처럼 '미국 한국전 불개입' 오판과 믿음을 갖지 않도록 해야 합니다.

본서는 6·25전쟁이 3년간 어떻게 전개되었는지를 당시 전투 현장 취재 등과 함께 소개했습니다. 전쟁이 지금 시기에 주는 시사

점이 무엇인지도 전하고자 했습니다. 본서가 6·25전쟁 3년에 대한 보다 깊은 관심을 갖게 하는 마중물이 되기를 바랍니다.

2023년 11월
화정평화재단 이사장
남 시 욱

서 문

서울 신촌을 오가는 버스에서 '연희 104고지' 정거장을 문득 본 적 있지만 무슨 의미인지 몰랐다. 5월 초 지인 2명과 함께 찾아가 보니 주택가 뒤편으로 난 비탈길 입구에 빨간 글씨로 '해병대 수도 서울 탈환 104고지 전적비'가 보였다. 조금 더 올라가자 작지 않은 공터 한쪽에 전적비가 우뚝 세워져 있고 인천상륙작전 이후 서울 탈환을 위한 해병대의 경인지구 작전 지도가 소개되어 있었다.

인천상륙 이후 13일 만에 서울을 탈환할 때 두 번 뺏고 뺏기는 육탄전 속에 최후의 고비였던 연희 전투가 벌어졌던 곳이다. 기자가 근무하는 서대문 충정로 사옥에서 멀지 않은 곳이었다. 올해가 '정전 70년'이라지만 6·25 전쟁이 먼 과거의 일이 아니고 연희고지만큼이나 가까이 있다는 생각이 들게 했다.

미국에서 6·25는 오랜 기간 잊혀진 전쟁이었다. 한국에서는 6·25가 몇 년에 발생한 것인지 모르는 청소년들이 적지 않다고 한다. 그렇게 잊혀져도 되는 전쟁인가? 동아일보 부설 화정평화재단이 6월 초부터 동아닷컴에 '정전 70년, 끝나지 않은 6·25' 시리즈를 연재한 이유 중 하나다.

공간이 주는 영감과 상상력

전국에 흩어져 있는 6·25 전투 현장의 전적비, 위령비, 충혼탑, 충혼비, 기념관, 박물관 등 흔적을 찾아다녔다. 처음 찾아간 곳은 6·25 발발 후 한국에 처음 파병된 미 보병 24사단 선발대 '스미스 특임부대'가 북한군과 첫 전투를 벌인 경기도 오산의 '죽미령 평화공원'. '초전기념관'이 있다는 이곳에 가면서 '전투가 있었던 곳의 돌덩이(기념비, 충혼비 등)'를 본들 당시의 복잡했던 전황을 이해하는 데 무슨 도움이 될까 생각했다. 자료를 하나라도 더 찾아봐야 하는 것 아닌가 하는 생각이 들었다.

하지만 기념공원의 시계탑 조형물을 보고는 생각이 바뀌었다.

미국은 1, 2차 세계대전을 통해 세계 최강으로 발돋움했다. 최강을 자부했던 미군이 한반도 북쪽의 '공산 괴뢰 집단'의 군대와 만나 첫 전투에서 버틴 시간이 6시간 반에 불과했음을 시계탑 조형물이 보여주고 있었다. 죽미령 평화공원이라는 공간이 주는 영감과 상상력이 마음을 휘어잡았고 '현재를 찾는 과거로의 긴 여정'에 나서게 해줬다. 국가보훈부 홈페이지에 소개된 '국가수호 현충시설'은 1312건이다. 독자들이 가까이에 있는 어느 한 곳이라도 들러 6·25에 관심을 갖는 실마리를 찾기를 기대한다.

현리 위령비의 서늘함

전투와 상처의 흔적을 찾아 현장을 갈 때마다 생각지도 않았던 것을 보고 느끼고 깨달았다. 대표적인 곳이 '현리전투 위령비'였다. 강원도 인제의 한 마을 뒷산을 오르는 듯한 산길을 따라 올라 위령비를 보았을 때 뭔가 서늘한 기운이 느껴졌다. 전투에서의 참혹한 패배로 전사한 장병들을 화장한 곳이라는 것을 잠시 잊었는데 영령들이 주위에 있다는 생각이 순간적으로 들었다.

경기도 가평의 설마리 전투에서 영국 글로스터 대대가 사실상 옥쇄하며 중공군을 저지했다는 내용은 알고 있었다. 그런데 추모공원에서 귀환한 병사가 부인과 딸을 만나 포옹하는 장면의 벽화를 보고는 눈시울이 뜨거워졌다. 벽화처럼 그렇게 돌아가 가족을 만난 병사는 사실 몇 명 되지 않기 때문이다.

국군은 용감했다

6·25전쟁 3년의 전황을 분석하는 많은 글에서 흔히 볼 수 있는 구절이 있다. 미군에 비해 한국군이 훈련도 제대로 되어 있지 않은 데다 기강도 엉망이었다. 실전 경험과 지도력을 갖춘 장교가 거의 없었다. 중공군 개입 이후에는 공중증恐中症으로 중공군만 보면 달아나기 바빴다. 미군이 제공한 고가의 무기와 장비도 내팽개쳐 중공군 손에 넘어가게 했다. 중공군은 미군 아닌 중동부 전선의 한국군을 만만하게 보고 주공격 대상으로 삼았다 등등.

이번 시리즈 취재차 현장을 다니면서 그게 다는 아니다는 생각이 분명해졌다. 경기도 의정부 축석령을 지키던 2사단과 육군포병학교 교도대 등은 북한 T-34 탱크와 만나 50m까지 근접해 포격을 가했다. 곡사포 사격으로는 제압할 수가 없었기 때문이다. 근접 포사격은 육탄 돌격이나 마찬가지였다.

개전 직후 홍천 전투에서 6사단 19연대 11명의 육탄돌격대는 수류탄만 들고 적의 전차를 타고 올라가 해치를 열고 수류탄을 집어넣었다. 휴전협상 중 고지전 혈전이 벌어지던 1952년 10월 백마고지 전투에서 9사단 30연대의 3용사는 수류탄을 들고 적의 기관총 진지에 들어가 장렬하게 전사했다. 백선엽 장군은 회고록에서 '잘된 것은 미군 탓, 안 되면 한국군 탓' 하는 미 8군 사령관이 있었다고 꼬집었다. 백 장군이 지적한 것처럼 당시의 잘잘못을 기록해 귀감으로 삼으면서도 열악한 상황 속에서 분투했던 국군에 대해 애틋하고 따뜻한 눈길로 바라볼 때도 됐다.

새삼 다시 본 '단둥의 6·25'

베이징 특파원 시절 김정일의 방중이나 북한의 핵실험 등으로 북-중 관계에 변화 조짐이 보일 때 접경 도시 단둥에 종종 갔었다. 단둥 시가지 뒤편 잉화산에 세워진 항미원조기념관에도 들렀다. 그런데 이번 시리즈 취재차 단둥에 가서 과거에는 눈여겨보지 않았던 많은 것들이 있음을 알게 됐다. 단둥은 북-중 교역의 최대 관문일 뿐만 아니라 6·25전쟁의 상흔이 생생하게 남아 있는 곳이었다. 미군 폭격으로 끊어진 다리 '단교(斷橋)' 위에 중공군지원군 사령관 펑더화이가 '1950년 10월 19일' 압록강을 도하하는 장면의 조각상, 중공군이 압록강을 건너기 위해 세웠던 부교의 흔적 등이 즐비했다.

6·25 이후에도 한반도 분단의 역사가 끝나지 못한 데는 단둥에서 뚜렷이 증언하고 있는 것처럼 중공군의 참전과 무관치 않다. 한중 수교 30년이 지났으나 중공군의 '정의롭지 못한' 6·25 참전의 업보는 쉽게 없어질 수 없다는 생각을 하게 했다.

본서로 재정리된 동아닷컴의 '정전 70년, 끝나지 않은 6·25' 시리즈를 진행하는 동안 기사를 손 봐서 온라인에 올려준 동아일보 디프런티어센터의 이성호 센터장과 이원주 팀장에게 감사드린다. 센터의 홍진환 기자는 인천자유공원의 맥아더 동상을 드론 촬영해 주고 중국 단둥까지 동행해 주었다. 6·25의 전황과 전선의 배치 등을 일목요연하게 볼 수 있도록 지도와 그래픽을 제작해 준 동아일보 뉴스디자인팀의 권기령 부장에게도 큰 감사를 전한다. 김기용 베이징 특파원은 베이징의 군사박물관과 단둥을 취재하는 데 많은 도움을 주었다. 재단 윤융근 기획위원은 파주 설마리와 연천 태풍 전망대 취재에 동행해 주었다. 시리즈가 진행되는 동안 오류를 지적해주고 격려해 준 몇몇 6·25 전문가 독자들에게도 감사를 전한다.

참고로 '중국' 국가명 표기와 관련 다소 혼재되어 있음을 알린다. 지금은 '하나의 중국'이지만 6·25 전쟁 당시는 사회주의 중화인민공화국과 자유중국(대만)이 있었다. 전투와 전쟁을 묘사할 때는 중공으로 표기하면서도 중국으로 쓰기도 했다. 자유중국은 대만으로 표기했다.

책으로 묶으면서 시리즈에는 포함되지 않았던 '한미동맹 체결 3단계 오디세이아'를 추가했다. 6·25를 끝내는 정전협정은 한미동맹조약 체결이 가시화하면서 마무리 될 수 있었기 때문이다. 내용을 인용한 출처는 동아닷컴 시리즈에서는 세세히 밝혔으나 본서에서는 각 장의 끝에 참고문헌 목록을 제시하는 것으로 대신했다.

2023년 11월
화정평화재단 상임이사 겸 21세기평화연구소장
구 자 룡

CONTENTS

4   발간사

8   서문

제1장   오판과 음모가 부른 전쟁

20   **북—중—소의 '미국 불개입' 오판**
　　　　 한강교 폭파의 파장과 논란

41   **'애치슨 라인'과 6·25전쟁**
　　　　 애치슨 연설문 요지

52   **소련의 남침 승인 '스탈린 음모론'**
　　　　 미국의 대소련 봉쇄 마스터플랜, NSC-68

62   **6·25가 대만 살렸다**
　　　　 장제스와 이승만 반공 동맹

제2장 기습과 반격,
       낙동강에서 두만강까지

78   북한군 왜 서울에서 3일 허송했나
     국군 6사단과 김종오 사단장의 영욕

92   죽미령에서 다부동까지 '피(血)로 버틴 지연 작전'
     가뭄의 단비 같은 두 승리, 동락리와 화령장

109 "그들은 왜 낯선 땅에서 피를 뿌렸나"

123 한국을 지킨 맥아더의 집념, 인천상륙작전
     맥아더와 대선 출마

142 맥아더의 '안이한' 북진과 호된 대가
     미국의 핵무기 사용 논란

제3장 위기와 극복,
중공군과 유엔군

160 中, '정의롭지 못한' 참전
미 제2사단과 한국의 오랜 인연

174 중공군, 정교한 '덫'의 전술
절반만 끊어진 '압록강 단교(斷橋)'

188 혹한과 인해전술 이긴 장진호 철수 작전
'상감령 전투'의 상감령이 어디야?
휴먼 드라마 흥남 철수

216 지평리에서 현리까지 물망(勿忘)의 전투들
중공군의 '지하 만리장성' 땅굴

233 미군, 전쟁 중 3번 철수하려 했다

246 군번 계급 없는 영웅들! 학도의용병
카투사(KATUSA)

261 맥아더는 왜 전쟁 중 해임됐나
맥아더 고별연설
트루먼의 해임에 대한 맥아더의 반격

제4장 '승리 없는 휴전'과 그 후

- **282** 휴전협상, 또 하나의 전쟁
  휴전협상 중 더욱 치열했던 혈전들

- **298** 이승만 "안전보장 없는 휴전 없다"
  조이 제독이 지적한 공산주의자들의 협상 전술과 충고

- **314** '한미동맹조약 체결' 3단계 오디세이아

- **327** 정전(停戰) 이후 70년
  한미중, 영화 속의 6·25

- **342** 남북에서 잊혀진 사람들

제5장 '자유의 수호자들'

- **356** 한국을 구한 지도자와 장군
- **379** 전사한 장군과 장군의 아들
- **387** 6·25를 함께한 종군기자

- **398** 참고문헌

제1장

오판과 음모가 부른 전쟁

1

북-중-소의
'미국 불개입' 오판(誤判)

공격개시=전화음어 '폭풍' / 무전 '224'
발포개시=전화음어 '폭풍' / 조명탄 '적색' / 무전 '333'

    6·25전쟁 개전 후 입수한 북한 '전투명령 1호'에서 드러난 작전명은 '폭풍'이었다. 북한군은 암호만큼이나 전격적으로 옹진반도~개성~동두천~포천~춘천~주문진을 잇는 38선에서 새벽 4시 일제히 포격을 개시했다. 비슷한 시각 강릉 남쪽 정동진과 동해 남쪽 임원진에서는 북한군 육전대와 유격대가 별다른 저항 없이 상륙해 동부전선 8사단의 퇴로를 막았다. 하루 전날 평양방송은 "내일 오전 중 중대 방송이 있다"고 남침을 예고했다. 25일 오전 11시 평양방송은 "북침을 해왔다"고 허위 선전을 했다. 북한은 1950년 6월 조만식 선생과 이주하 김삼룡을 맞교환하자고 평화 공세를 폈다. 전쟁 개시 직전 연막술이었다. 개전 이후 휴전까지 전쟁은 1129일 동

안 계속됐다. 민족과 국토에 오랫동안 크고 깊은 상처를 남긴 6·25 전쟁은 그렇게 시작됐다.

대비 방비 허술했던 국군

분단 이후 산발적으로 38선에서는 무장 충돌이 계속됐다. 1950년 상반기에는 유난히 전군 비상경계령이 잦았다. 4월 11일, 5월 8일에 이어 6월 11일 세 번째 내려졌다가 24일 0시 해제됐다. 비상경계령 해제는 장기간 경계령 발령에 따라 병사들의 피로가 누적된 데다 농번기가 다가오면서 병사들이 일손을 돕게 하기 위한 목적도 있었다. 춘궁기를 맞아 군량미가 부족해진 것도 한 요인이라는 분석도 있다. 최전방을 담당한 4개 사단 중 중부전선 6사단은 3월의 경우 비상식량이 하루 치만 남은 적도 있었다는 것이다.

6월 10일 군 장교 인사로 전후방 전체 8개 육군 사단 중 5명의 사단장이 바뀌었다. 전방 4개 사단장은 모두 교체돼 부대 현황 파악도 제대로 되어 있지 않을 때 북한군이 내려온 것이다. 비상경계령 해제로 전방부대 휴가 외출 외박 병력이 전체의 30%에 달했다. 북한군 주력 1군단이 내려온 경기도 의정부와 포천을 담당하는 국군 7사단은 비율이 40%나 됐다. 북한군 1군단의 3사단과 4사단, 105전차여단을 담당해야 했던 국군 7사단만을 보면 병력 차이는 7대 1, 화력까지 계산하면 18대 1 정도로 열세였다. 6·25 개전 직후 전방 4개 사단 중 7사단이 가장 먼저 무너졌다.

당시 유재흥 7사단장은 부임 후 철원 쪽에 적의 신예 전차부대

가 집결하고 있다는 정보를 입수했으나 부대에는 대전차 지뢰도 없다는 것을 알았다. 육군본부에 전차에 대비해야 한다고 호소했으나 한 해 전 주한미군이 철수한 뒤 각 부대에 배치된 미 고문관들은 "한국 지형은 전차가 활동할 수 없으니 겁낼 것 없다. 보유하고 있는 2.36인치 로켓포면 충분하다"고 일축했다. 막상 북한이 소련제 T-34 전차를 몰고 내려왔을 때 2.36인치 로켓포는 무용지물이었다.

의정부시 자일동의 옛 축석령 고갯길에 있는 '포병 용사 김풍익 전투기념비'는 몸을 던져 북한 전차를 막아야 했던 절박한 상황을 보여준다. 축석령 고갯길은 지금은 국도 43호선에서 벗어나야 갈 수 있는, 승용차 2대가 비켜 가기에도 좁은 길이다. 7사단이 붕

경기 의정부시 자일동 옛 축석령 고갯길에 1988년 '포병 용사 김풍익 전투기념비'가 세워졌다. 기념비 앞에는 김풍익 중령부터 이종현 일병까지 결사대 11명의 전사자 명단이 새겨져 있다.

괴된 후 긴급 투입된 포병학교 교도2대대(김풍익 대대)의 김풍익 중령(당시 소령)과 장세풍 대위 등은 곡사포를 직접 조준해 발사하기 위해 북한군 전차 50m 앞까지 접근했다. 전차 캐터필러를 파괴해 주저앉힌 뒤 두 번째 포탄을 날리려다 뒤따라오던 적 전차의 포격을 당해 사망했다. 북한군이 38선을 넘은 뒤 3일 만에 서울이 전격 점령됐다. 하지만 김풍익 중령처럼 몸을 던지는 투혼은 조금이나마 북한군의 진격 속도를 늦췄다.

1950년 6월 24일 밤 용산 육군참모학교 구내 장교구락부 개관 축하 파티가 열렸다. 50여 명의 고위 장성이 참석했고 밤 10시경 끝났다. 10여 명의 육군본부 및 미 군사고문단 장교는 명동 카바레로 2차를 가서 이튿날 새벽 2시까지 술자리를 가졌다. 채병덕 육군총참모장은 24일 동두천과 포천, 개성 지구에 정보장교들을 급파해 25일 오전 8시까지 보고토록 했다. 그만큼 북한 동향이 심상치 않았다는 것을 느끼던 때였다.

미국, 한국의 전략적 가치 저평가

미국 전쟁부는 1947년 4월 미국 국가안보의 중요성에서 한국이 원조 대상 16개국 중 13위라며 국무부에 주한미군 철수를 건의했다. 미 합참도 그해 9월 국무부에 "한국에 군대나 기지를 유지할 전략적 이해관계가 전혀 없다"고 통보했다.

맥아더 극동군사령관은 1948년 3월 미국은 미드웨이 제도, 알류샨열도, 필리핀 클라크 공군기지, 오키나와 등을 포함하는 U자형 방어 체계를 제시하면서 한국은 방어선 밖에 두었다. 일본 방어에 필요한 종속적인 위치에 지나지 않았다.

미 국가안전보장회의(NSC)-8 문서는 1948년 4월 베를린 사태 등 유럽의 상황 악화로 주한미군의 철수가 필요하다며 철수 완료일을 그해 12월 31일로 제시했다. 미국은 소련이 베를린을 봉쇄하자 그해 6월부터 공수작전을 시작하는 등 유럽의 냉전도 점차 긴박해졌다. 2차 세계대전이 끝나고 5년가량이 지나 병력과 군비를 대폭 축소한 미국으로서는 전략적 가치가 높지 않은 한국에 병력을 주둔하며 강한 방어 의지를 가지기도 어려웠다.

주한미군 철수

주한미군 철수는 소련이 1948년 12월 북한에서 철수를 완료한 뒤 압박하고 나서기도 한 상황에서 더 이상 미룰 수 없었다. 그런데다 미국과 한국 모두 국내적으로 미군을 철수하라는 여론이 만만치 않았다.

미군은 1948년 8월 작전명 '크래버플 플랜(crabapple plan)'하에 철수를 시작했다. 당초에는 그해 12월을 시한으로 잡았다. 그런데

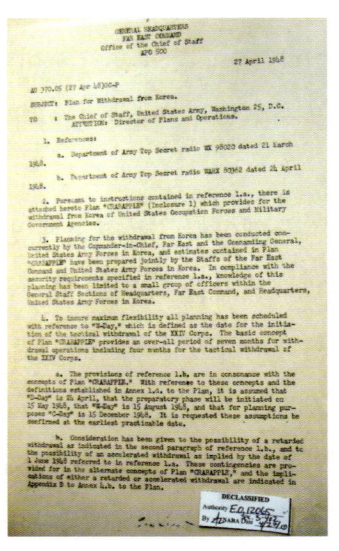

미국 극동군사령부가 1948년 4월 27일자로 작성한 주한미군 철수 계획서 '크래버플'.

그해 하반기 잇단 사건이 철수 속도를 늦췄다. 남한과 북한이 각각 정부를 수립해 분단이 고착화하기 시작했다. 여수·순천 10·19사건, 북한의 잦아진 38선 도발 등이 이어지면서 미군 철수는 이듬해인 1949년 6월 30일 완료됐다. 한국에는 500명 규모의 군사고문단(KMAG)만 남았다. 전쟁은 철수 1년 후 터졌다.

6·25전쟁 당시 한국군이 공산군의 공격을 저지할 수 없는 지경이 된 것은 미군 철수를 승인한 유엔군 사령관 맥아더에게 책임이 있다고 미국 트루먼 대통령 정부 측 인사들은 후에 책임 일부를 돌렸다. 맥아더는 전쟁이 끝난 후 반박했다.

"내가 동의한 것은 한국군 10개 사단을 현대식으로 완전무장하여 대체한다는 조건하에서 워싱턴 당국의 검토에 의해 이뤄진 것이다. 나의 동의 조건은 이뤄지지 않고 철수만 이뤄졌다. 그 책임은 국무성이 져야 할 것이다."

맥아더, "북한군에 남침 기회와 용기를 북돋운 한국군 수준"

미국은 한국군 규모를 10만 명으로 제한(개전 시 규모 10만 3800명)하고 공군 창설에도 반대했다. 1950년 1월 26일 맺어진 한미상호방위원조 협정(1953년 체결된 한미상호방위조약과는 다른 것)은 한국군 6만5000명을 유지하는 데 필요한 지원뿐이다.

이승만의 북진통일론도 미국이 군사 지원을 꺼리는 데 영향을 미쳤다. 미군이 철수하면 북진을 감행할지 모른다며 방어무기만 제공했다. 한국이 소련제 T-34 탱크와 항공기 등으로 중무장한 북한에 맞서 전차, 155mm 곡사포 등을 요청했으나 산악이 많은 한국의 지형, 도로와 교량 조건상 탱크는 필요없다고 KMAG는 판단했다.

맥아더는 "한국군은 전선에 배치된 군 병력이 아니라 경찰대원이다. 무기는 경화기뿐이고 공군이나 해군은 아예 없으며 전차, 대포 또는 기타 전투부대에 필수적인 무기는 없었다. 한국의 북한 공격을 방지하기 위한 조치라지만 북한군에 남침할 기회와 용기를 돋워준 것이다."

6·25 발발 당시 국군과 북한군 전력 비교

		국군	북한군
육군	병력	8개 사단 94,974명	10개 사단 175,200명
	무기와 장비	전차(탱크) 0대 장갑차 27대 57mm 대전차포 140문	T-34 전차 242대 장갑차 59대 대전차포 552문 모터사이클 500대
해군	병력	6,956명(해병대 포함)	10,297명(육전대 포함)
	무기와 장비	함정 36척	소형 경비정 3척, 어뢰정 3척
공군	병력	1,897명	2,800명
	무기와 장비	항공기 22대	전투기 84대 등 226대
총병력		103,827명	188,297명

자료: '통계로 본 6·25전쟁', 국방부 군사편찬연구소

'정보 실패'가 문을 열어 준 북한군 남침

6·25 도발을 막지 못한 것은 적색 조명탄이 올라갈 때까지 잇따랐던 적색 경고등을 무시했기 때문이다. 트루먼 대통령은 "1950년 봄 중앙정보국(CIA)은 북괴가 산발적으로 해오던 습격을 바꿔 언제 전면공격을 할지 모른다는 보고서를 올렸다. 그렇지만 언제 그런 공격을 해 올 것이라는 단서를 제공해주는 정보는 없었다. 더욱이 당시에는 한국만이 아닌 세계 도처에서 소련 측이 공격해 올 가능성이 있다는 정보가 반복해서 들어왔다"고 회고했다.

어떤 적색 경고가 있었는지 보면 어떻게 무시할 수 있었는지 놀라운 따름이다. 북한군 10개 사단 18만여 명이 공격 개시 3일 전 전방 배치를 마쳤다. 대규모 적 병력의 이동이 이뤄졌다는 동향에 대한 첩보와 정보가 쏟아졌지만 워싱턴이나 도쿄의 맥아더 사령부는 경각심이 부족하거나 흘려듣고 과소평가하고 무시했다.

미 국무부 고문 덜레스가 전쟁 발발 1주일 전인 6월 19일 방한해 전방 7사단을 방문했다. 그는 미국으로 돌아가자마자 "북한의 공격을 받더라도 충분한 대비가 되어 있다"고 했다. 맥아더는 "덜레스가 전술적으로 아무런 경험이 없으며 정확한 정보도 없어 한국군이 38선 북쪽 부대에 비해 얼마나 열세인지 알지 못했다"고 비판했다. 맥아더는 북한이 한국 측에 공격 준비 사실을 속이기 위해 38선 부근에는 한국군과 거의 같은 정도의 경무장한 병력을 배치하는 기만술도 폈다고 했다.

맥아더가 이렇게 덜레스를 비판했지만 6·25전쟁이 터질 때 극동군사령관으로서 아시아 전체를 관할하는 책임은 그에게 있었다. 자신의 허물에 대해서는 언급하지 않았지만 사실 맥아더의 '정보 실패'가 더 치명적이다.

맥아더 사령부의 정보부 G-2의 '정보 실패'

맥아더는 2차 대전 당시 CIA(1947년 창설)의 전신인 전략정보국(OSS)과 CIA를 신뢰하지 않고 자신의 전투지역에는 CIA가 끼어들지도 못하게 했다. 맥아더는 OSS를 좌지우지했던 소위 '동부 주류파'(하버드 예일 컬럼비아 등 미국 동부 명문대 출신 정재계 핵심 인맥)를 싫어했다. 그러다 보니 OSS나 CIA의 정보를 소홀히 하고 G-2로 불리는 자체 정보팀에 의존했다.

G-2에 1950년 5월 하순 북한군이 탱크 여단을 만들고 있다는 정보가 들어왔다. 중(重)·경(輕) 탱크 180대와 장병 1만 명으로 구성되고 대전차포, 야포, 오토바이 등도 포함됐다는 자세한 내용이었다. G-2 책임자 찰스 윌로비는 5월 25일 자 '일일정보요약'에서 이런 정보를 사실로 받아들이지 않았다. 북한 실정에서 그런 부대를 편성 운영한다는 것은 경제적 군사적 실리적으로 불가능하다고 평가했다. 하지만 북한군은 모터사이클 1개 연대에 500대의 모터사이클이 있다는 것이 후에 밝혀졌다.

앞서 5월 초 38선에서 2마일(3.2km) 이내 주민을 모두 이동시키고 있다는 사실이 포착됐으나 역시 무시됐다. G-2는 농민들이 지뢰를 피해 자발적으로 피해 가는 것으로 보았다.

개전 수개월 내 황해도 사리원에서 38선까지 모든 철도를 폐쇄하고 군사용으로만 사용케 했다. 통신 및 간호를 위한 여성 징집, 10대 소년과 일본군 경험이 있는 자들의 황급한 징발 등 정보도 들어왔다. G-2는 '전쟁형 편성'으로 2차 대전 전 독일이 한 것과 비슷하다고 평가했으면서도 전쟁이 임박한 것으로는 보지 않았다.

OSS 시절 이미 38선 너머로 보낸 요원들이 '정예부대를 38선으로 이동시키고 전방의 교량과 철로 보수 작업을 벌이고 있다'는 첩보를 보내왔다. 그런데 G-2는 정보원의 신뢰성을 'F-6'(A~F 6단계) 등급, 정보의 신뢰성은 6등급(1~6등급)으로 최하위 평가를 내리며 깔아뭉갰다.

이승만의 항의

이승만 대통령은 전쟁 직전까지 "한반도는 냉전이 아니라, 실제 총격전을 벌이는 전쟁 상태다"라고 남침이 임박했다고 미국 측에 경고했다. 이승만은 "미국은 불리한 상황이 오면 즉시 철수할 수 있도록 한 발은 한반도에, 다른 발은 밖에 내밀고 있다"고 비판했다. 실제로 미군은 전쟁 중에도 전황이 불리할 때마다 철수 준비를 했다.

이승만은 남침 소식을 보고받고 26일 새벽 3시 자고 있던 도쿄의 맥아더에게 전화를 걸어 "여러 차례 경고하지 않습디까? 어서 한국을 구하시오"라고 항의했다.(프란체스카의 난중일기, 1950년 6월 26일 자)

김일성의 남침 의지와 집요한 스탈린 설득

한국과 미국이 '정보 실패'로 북한군의 동향과 남침 정보를 소홀히 하고 대비 태세도 느슨해져 있을 때 북한과 소련은 강한 남침 의지와 치밀한 준비로 결전의 날을 기다렸다.

"1950년 새해 국토의 완정과 조국통일을 위한 투쟁에서 새로운 승리를 쟁취하기 위하여 힘차게 전진합시다. 새로운 승리를 향하여 전진하는 조선 인민에게 영광이 있으라!" 김일성의 1950년 신년사에 남침 도발에 대한 강한 의지가 담겨 있다. 마오쩌둥이 중국 대륙에서 공산혁명을 이루는 것을 보고 적화통일에 대한 투지를 불태웠다.

김일성은 1950년 3월 11일 정치국 고위 간부와 소련의 군사고문단 회의에서 "미국의 개입은 없을 것이다. 북한은 개전 후 3주 내

1949년 소련의 남침 지원 승인 잇단 거절

날짜	내용
3월 3일~4월 7일	김일성 박헌영, 스탈린 면담 시 3가지 이유로 남침 승인 거절. '인민군 압도적으로 우월하지 못하다, 남한에 미군이 있다. 38선에 관한 미소협정 유효하다'
8월 2일	북한 내 소련 군사시설 모두 철거 지시
9월	평양 주재 소련대사관에 북한의 옹진반도 점령계획 반대 입장 전달
9월 24일	소련 공산당 정치국, 북한 남침 반대 결의 채택. "북한 주도의 전쟁이 공격의 빌미가 된다, 남한 사람이 북한 지지한다는 보장이 없다"

에 승리한다, 미국이 개입을 결정해도 참가에만 50일이 걸린다. 인민군이 내려가면 20만 명의 지하 공산당원이 봉기한다"고 말했다. 김일성의 자신감은 1년여 노력 끝에 스탈린으로부터 모스크바에 남침을 상의하기 위해 와도 좋다는 '남침 반(半)승인' 메시지를 받았기 때문이다.

김일성은 그해 1월 17일 이주연 주중대사 송별연이 끝나 갈 때 스티코프 주북한 소련대사에게 "스탈린은 이승만이 북침하면 공격하라고 한다. 이승만이 공격하지 않으니 인민의 해방과 통일 사업이 지연되고 있다. 스탈린과 만나 나의 행동을 허락받고 싶다"고 하소연했다. 1월 30일 스탈린은 "언제든지 김일성을 만나 회담하겠다"고 회신했다. 남침을 상의하기 위해 모스크바에 오라는 메시지였다. 1년 전만 해도 스탈린은 김일성의 잇단 호소와 요청에 꿈쩍도 하지 않았다. 미국과의 군사 대결을 우려하는 등 여러 조건을 달았다. 공산당 정치국 회의에서 북한 남침을 반대하는 결의문도 채택했다.

스탈린은 '남침 승인' 첫 사인을 보낸 뒤 2월 북한군 3개 사단을 무장시킬 수 있는 장비와 탄약을 지원하기 위해 1951년에 계획한 차관 1억3000만 루블을 앞당겨

북한이 무기 구입 비용으로 제공할 품목

광물	수량(t)	금액(만 루블)
황금	9	5,366
백은	40	488
몰리브덴 정광	15,000	7,950
		1억3805

서울 용산 전쟁기념관의 호국군상. 전쟁을 극복했던 각계각층의 38인을 조각해 전쟁의 고난과 고통의 상처를 표현하고 선열들의 숭고한 희생과 호국 정신을 상징한다.

지원했다. 북한은 금과 은 등 광물로 지불하기로 했다. 2월 말에는 군사고문단장을 바실리예프 중장으로 교체하고 북한군 각급 조직에 군사고문을 파견해 남침 계획 지도를 시작했다.

　　　　김일성과 박헌영이 1950년 3월 30일~4월 25일 모스크바를 방문해 가진 면담에서 김일성은 미국이 참전하지 않을 4가지 이유를 들며 남침 지원 약속을 받았다. ① 기습 공격으로 3일 내 승리

② 20만 남조선 공산당원 봉기 ③ 남한 유격대(빨치산)의 지원 ④ 미국 참전 준비 부족. 스탈린은 "미국이 개입하지 않고, 중국 지도부가 승인하는 경우 해방전쟁은 시작될 수 있다"고 했다. 김일성이 모스크바에서 돌아온 뒤 소련 무기와 장비들이 청진항에 쏟아져 들어와 38선에 배치된 부대에 보급됐다.

중국으로부터는 병력 귀환

북한은 중국으로부터는 병력을 보강했다. 북한은 국공내전 중 인민해방군에 편입된 한인 병사들의 귀환을 요구했다. 중국은 내전이 끝난 뒤 병력 감축 필요도 있었던 터여서 흔쾌히 동의하고 속속 돌려보냈다. 전쟁 전까지 돌아온 한인 병사 6만3000여 명은 북한 병력의 3분에 1에 달하는 데다 국공내전으로 실전 경험도 풍부해 남침의 주력이 됐다.

중국 인민해방군에서 북한군으로 한인 귀환 재편성

		중공군 소속 및 인원(명)	북한군 편성
1949년	7월	166사단 10,320	6사단
	9월	164사단 10,821	5사단
1950년	1월	중국 각 지역 14,000	12사단
	4월	156사단 23,000	7사단

중국 랴오닝성 단둥 압록강 상류에 6·25전쟁 당시 중공군이 강을 건너기 위해 건설했던 부교의 흔적이 강 가운데에 남아 있다. 조각상은 강을 건너가는 중공군이 가족에게 손을 흔드는 모습이다.

스탈린 김일성 지원과 마오쩌둥 견제 '음모론'

스탈린이 김일성의 남침 계획을 승인하기로 마음을 바꾼 1950년 1월은 마오쩌둥이 공산혁명 이후 처음으로 모스크바를 방문해 장기간 머물고 있을 때였다. 스탈린은 '남침을 상의하기 위해' 김일성을 모스크바로 오라고 한 것에 대해 마오쩌둥에게는 비밀로 했다.

　5월 13~16일 김일성과 박헌영이 베이징에서 마오쩌둥을 만나 스탈린의 남침 지원 의사를 전달했을 때에야 이 사실을 알게 된 마오는 자신과 상의 없이 결정된 것에 놀랐다. 그는 스탈린에게 직접 확인한 뒤 "중국이 먼저 대만을 점령한 뒤 통일에 도움을 주겠다"고 했다. 마오는 북한이 6·25 남침을 감행한 것을 외신 보도를 보고 알았다고 한다. 북한의 남침은 마오쩌둥에게도 알리지 않고 기습적으로 이뤄졌다.

　이런 상황을 두고 스탈린이 김일성의 남침을 반대하다 태도를 바꾼 것은 김일성의 요청이나 설득만이 아니라는 분석이 나온다. 스탈린의 중국 또는 마오쩌둥에 대한 전략에 따른 것이라는 '음모론'이다. 소련의 주요 적국인 미국과 중국의 외교 관계가 정상화될 가능성이 높아졌다고 판단해 이를 필사적으로 저지하기 위한 대안이 한반도 전쟁이었다는 것이다. 따라서 김일성의 남침을 지원하는 것은 한반도 통일 지원이 아니라 전쟁을 통해 미국과 중국이 적대관계가 되는 것이 스탈린의 목표라는 것이다. 이런 시각에서 보면 스탈린의 목적은 달성됐다. 전쟁이 끝난 후 미중 양국이 수교하는 데는 26년이 걸렸기 때문이다.

　반론도 있다. 스탈린이 김일성의 남침에 동의한 것은 미국이 무력 간섭하지 않을 것으로 믿었기 때문이라는 것이다. "한국전쟁을 치르면서 중-미 관계가 철저하게 파괴된 것은 스탈린이 조선 전쟁을 결정한 목적이 아니고 조선전쟁의 결과일 뿐"이라는 것이다.

전쟁 결정 핵심 변수는 '미국의 군사적 불개입' 오판

'병자국가대사, 불가불찰(兵者國家大事, 不可不察).' 손자병법 첫 구절은 '전쟁은 국가의 대사이기 때문에 신중히 살펴야 한다'고 했다. 한국과 미국의 허술한 대비와 북한과 소련의 치밀한 준비가 균형점을 잃어 오판할 수 있는 상황이었다. 전쟁이라는 '대사'를 결행하면서 공산 측이 가장 중요하게 살핀 것은 무엇일까. 바로 '미군의 불참전'에 대한 믿음 또는 과소평가였다.

마오쩌둥은 1950년 5월 베이징을 방문한 김일성에게 "미국은 이처럼 조그만 국가를 위해 3차 세계대전을 일으키지 않을 것이다"라고 말했다. 미군이 참전하면 돕겠다고 하면서도 미군이 불참할 것이라는 생각이 깔려 있다. 그해 4월 스탈린이 모스크바에서 김일성을 만나 "미국이 한반도 전쟁에 참전하는 경우 소련은 미국과 싸울 의사가 전혀 없다. 미군이 개입하면 마오에게 도움을 청하라"고 했다. 김일성은 베이징과 모스크바의 남침 유세(遊說)에서 "성공할 테니 도와달라"고 하면서 그 근거로 "미군이 개입 않을 것이다. 개입하기 전에 속전속결로 끝낼 것"이라고 했다.

스탈린은 김일성의 말이나 애치슨이 연설에서 '한반도를 극동 방어선에서 제외'한 것만을 보고 미국이 개입하지 않을 것이라는 판단을 내린 것은 아니라고 한다. 미 국가안보회의(NSC)의 1급 비밀이라며 거이 버지스 등 영국인 이중 스파이들을 통해 입수한 정보가 더 작용했다고 한다. 그 정보가 정확하든 아니든 중요한 것이 아니다. 중요한 것은 주관적 믿음이다. 행동을 유발하는 것은 주관적인 믿음과 판단에 의한 것이다. '미국의 불개입'에 대한 믿음이 북-중-소 3국 간에 공유되지 않았다면 북한의 남침은 어렵거나 더 여건이 갖춰질 때까지 미뤄졌을 가능성이 높다.

    이승만 대통령이 휴전에 반대한 것은 초기에는 '북진 통일'에 대한 열망과 아쉬움이었다. 미국의 휴전 의지를 바꿀 수 없다고 판단했을 때 이승만은 미국의 안보 확약, 즉 동맹조약이 없으면 또 침략을 당할 수 있다는 불안 때문에 동맹조약 체결 없이 휴전하는 것

6·25전쟁 발발을 불러온 한반도 안팎 상황

국가	내용
미국	한국 전략적 가치 저평가(애치슨 라인) 철수 조건 미충족 상태에서 미군 철수 한국군 지원 소극적, '무장경찰대' 수준 유지 북한 남침 및 적화 위험 경고 무시 소홀
한국	북진통일론으로 미국 경계 초래 좌우 대립으로 사회적 혼란 미군 철수 주장 여론 공비 소탕 등으로 전력 전후방 분산 군 비상사태 해제
소련 중국	소련의 원자탄 실험 성공 중국 국공내전 마무리와 공산화 중소 동맹조약 체결 스탈린, 마오쩌둥 견제 위해 남침 지원 의도 마오쩌둥, 내전 중 북한 도움 부채 의식
북한	중국 공산화 같은 적화통일 야욕 '남로당 20만'과 빨치산 호응 오산 김일성, 스탈린과 마오쩌둥 집요한 지원 호소 소련 중국 북한, 개전 시 미국 불개입 오판

을 반대했다. 포로수용소의 공산 포로 석방 같은 돌발 행동도 그런 맥락이다.

지금은 한미동맹 조약이 체결되어 있고 2만3000여 명의 주한 미군이 '확장억제의 보증'처럼 상주하고 있다. 하지만 북한도 더 이상 야크기와 T-34를 몰고 오던 북한이 아니다. 미 대륙까지 도달하는 대륙간탄도미사일(ICBM)과 다양한 중단거리 투발 수단까지 확보했다. 한미 간 '핵 확장억제'가 강화되고 있지만 북한이 자신들이 가진 핵과 미사일 무력으로 미국의 한국전쟁 개입을 막고 남한을 차지할 수 있다는 오판을 할지가 핵심이다.

한강교 폭파의 파장과 논란

1950년 6월 28일 밤 1시 미아리 방어선이 무너지자 2시 반쯤 한강 인도교와 철교 3곳이 폭파됐다. 한강 이북의 국군 주력부대가 철수하지 못하고 시민들에게 알리지 않은 채 다리가 끊긴 것이다. 군부대는 무기와 장비, 트럭 등을 대부분 두고 내려와 전력이 크게 약화됐다. 미처 피란을 가지 못한 시민들 중에는 북한군에 학살되거나 납북되는 경우도 있었다.

'조기 폭파'에 대한 책임이 제기되자 이승만 정부는 한강교 폭파 2개월 후인 8월 28일 폭파 현장 책임자 최모 공병감(대령)을 전격 구속했다. 이어 최 공병감은 단심제 군법회의를 통해 사형을 선고받고 9월 16일 전격 집행됐다. 죄목은 적전비행(敵前非行). 최 공병감에게 폭파를 명령한 것으로 최 공병감이 진술한 채병덕 당시 육군참모총장은 그해 7월 전사해 법정에서 증언을 하지 못했다. 최 공병감의 유족은 1961년 재심을 청구해 1964년 무죄를 선고받아 명예를 회복했다. 법원은 "절대적 구속력이 있는 상관의 작전명령에 복종한 것일 뿐"이라고 무죄 판결 이유를 밝혔다.

국방부 군사편찬연구소의 '한국전쟁사'에는 채 참모총장이 6월 28일 새벽 1시 45분

"적의 전차가 시내로 침입했다"는 요지의 보고를 받고 즉시 최 공병감에게 전화를 걸어 폭파를 명령했다고 기술했다. "한강교를 폭파하라. 나는 이제 시흥을 거쳐 수원으로 간다. 곧 실시하라."

채 총장이 전화를 걸었다는 시간에 그를 수행해 한강 다리를 차로 건너고 있었다는 당시 육군본부 강영훈 인사국장(전 국무총리)은 다른 증언을 했다. 2008년 5월 펴낸 회고록 '나라를 사랑한 벽창우'에서 그와 같은 전화 통화가 있었던 것을 알지 못한다고 했다. 강 전 총리는 "최 공병감을 변호하는 사람들이 변론 기술상 강조한 것으로 추측되나, 이 세상에 기록된 문서의 내용이 사실과 다른 것이 얼마나 많은가를 생각하게 했다"고 했다. 강 전 총리는 그와는 별도로 "정부가 100만 명 서울 시민에게 말 한마디 못하고 떠난 상황에서 공병감에게만 책임을 추궁하고, 총살형은 너무 가혹한 형벌"이라고 적었다.

한강교 폭파로 많은 인명 피해가 났다는 기록도 있으나 확인되지는 않았다. 역사학자 굴든은 "군대와 피란민들이 다리를 건너는 도중 폭파돼 많은 사람이 죽었다. 미 군사고문단(KMAG)은 군인과 민간인 500~800명이 폭사 또는 익사했을 것으로 추정했다"고 적었다. 하지만 폭파 작업에 직접 참가했던 한 장교는 "다리가 폭파된 후 다리 밑에 시체가 둥둥 떠 있거나 하는 광경은 없었다"고 언론 인터뷰에서 밝혔다.

전쟁에서 파괴되는 시설 중에 대표적인 것이 다리다. 6·25전쟁 중 파괴된 다리 중에는 압록강대교, 대동강철교, 한강 인도교와 철교, 왜관철교 등 적지 않다. 한강교는 '조기 폭파'로 후퇴 작전에 차질을 빚고 서울 시민의 피해를 키웠다는 평가가 많았다. 다만 소련제 T-34 탱크 200여 대를 앞세워 밀고 내려온 북한군의 진격 속도를 잠시라도 늦추는 데 한강 다리 폭파가 역할을 했다는 분석도 나온다. 북한군이 서울을 점령한 뒤 3일간 머무는데 '한강교 조기 폭파'도 한 요인으로 거론된다.

북한군이 서울 미아리 고개를 넘은 직후인 1950년 6월 28일 새벽 폭파된 한강 인도교.

2

'애치슨 라인'과 6·25전쟁

"미국의 태평양 지역 방어선은 알류샨 열도에서 일본을 거쳐 오키나와로 연장되는 선에서 필리핀으로 연결된다. 이들 지역을 제외한 태평양의 여타 지역은 외세의 군사적 공격으로부터 보장해줄 수 없을 것이다. 공격이 있으면 초기 대응은 공격받은 국민들의 몫이 되어야 할 것이다."

미국 애치슨 국무장관이 1950년 1월 12일 워싱턴 내셔널프레스클럽 강연에서 했던 이 한 구절이 한반도에 '북한의 남침'을 불러온 초대장처럼 인식됐다. 6·25전쟁은 애치슨 강연이 나온 지 5개월여 지난 뒤에 터졌다. '애치슨 라인'이 빌미를 제공한 것은 맞지만 과도하게 낙인을 찍어 애치슨은 억울한 측면이 없지 않다.

'방어선 제외가 방어 제외는 아니었다'

애치슨의 극동방어선은 2차 대전 패전국 일본을 무장해제하고 군정을 실시하고 있던 일본 방어를 강조하면서 나왔다. 애치슨 연설에서 논란을 일으킨 건 '태평양 다른 지역의 안보는 아무도 군사 공격으로부터 보장할 수 없다는 것은 분명하다'는 구절이다.

하지만 연설은 거기서 끝나지 않는다. '(공격받은 국가가 저항한) 다음에는 유엔헌장에 따라 문명화된 세계 전체의 약속에 의존해야 한다'고 했다. 유엔이 개입할 수 있음을 보여줬다. 애치슨은 "유엔은 지금까지 외부의 침략으로부터 독립을 지키기로 결심한 사람들이 기댈 수 있는 조직으로 '약한 갈대'가 아니다"고 했다.

애치슨 장관이 선언한 극동방어선이 알류산 열도에서 일본, 필리핀을 지나고 있다. 한국과 대만이 방어선 바깥에 있다. 선언 당시 대만은 적극적으로 방어하지 않겠다는 뜻이었지만 한국은 '방어선 제외'가 '방어 제외'는 아니었음은 북한 남침 후 신속한 미군 개입으로 확인됐다.

6·25전쟁 발발 후 유엔의 신속한 움직임은 애치슨의 말처럼 유엔이 '약한 갈대'가 아님을 증명했다.

"한국에서 미국의 책임은 더 직접적"

애치슨의 연설 주제는 '아시아의 위기: 미국 정책의 한 시험대'였다. 국무장관으로서 미국이 무엇을 해왔고 무엇을 할 수 있는지 밝히는 것으로 많은 공을 들여 작성한 연설이었다.

애치슨은 아시아를 태평양의 남과 북으로 나누고 북쪽에 미국의 책임과 기회가 더 크다고 강조했다. 극동군사령부가 군정을 실시하고 있던 일본은 '미국이 직접 책임을 지며 직접적인 행동의 기회를 지닌다'고 했다. 그러면서 '강도는 낮지만 한국도 마찬가지'라고 했다. 한국은 미국이 군사 점령을 끝내고 세계가 인정하는 주권국가를 세웠기 때문에 '책임은 더 직접적이고 기회는 더 분명하다'고 했다.

애치슨 연설에서 '책임'을 강조한 뒷부분만 알려졌을 때 이승만 대통령은 '감사 전문'을 보냈다. 한국이 '애치슨 라인'에 포함된 필리핀보다 더 중요시됐다는 한국 언론 보도도 있었다. 그만큼 애치슨 연설에서 한국은 방어선에서는 언급되지 않았어도 방어 의지는 작지 않았다.

애치슨은 연설에서 대만 국민당과 장제스에 대해 '중공 역사상 가장 강력한 군사력을 가졌으나 국민의 지지 철회로 군대가 녹아내렸고, 섬의 난민이 되었다'고 한 것과 대조된다. 1월 5일 트루먼 대통령과 1주일 뒤 애치슨 연설은 대만이 미국의 아시아 정책에서 '팽(烹)'된 것을 확인한 것이다. 대만에 대한 '침공의 초대장'으로 해석해도 전혀 무리가 아니다. 그런데 엉뚱하게도 침공의 초대장을 6·25전쟁을 통해 한국이 받은 꼴이 됐다.

스탈린과 김일성이 본 '애치슨 라인'

소련은 애치슨 라인을 어떻게 보았을까. 스탈린은 '조선반도 같은 작은 전쟁에 미국이 개입할 리는 없을 것'이라는 김일성의 말을 확인하는 것으로 해석했을 수 있다. 소련은 북한의 남침을 국가 간 침략이라기보다 중국 대륙에서 막 끝난 국공내전처럼 '끝나지 않은 내전'에 불과한 것으로 보았다. 미국은 국공내전에서 마오쩌둥의 공산당이 승리하자 이를 받아들였다. 한국전쟁에서도 판세가 결정되면 이를 뒤집으면서까지 희생을 치르지는 않을 것이라는 의미로 애치슨 연설을 이해했을 수 있다.

김일성은 좀 달랐다. 스탈린과 마오쩌둥을 찾아가 남침에서 속전속결 승리를 장담하며 지원을 요청할 때 미국이 참전하지 않을 것이라고 강조했다. 하지만 미국이 참전하지 않을 이유로 남한이 애치슨 라인에서 제외된 것을 언급하지는 않았다. 이승만이 방어선에서 제외돼 김일성의 남침을 불러왔다고 보는 것과는 차이가 있다.

애치슨 연설은 마오쩌둥 겨냥

트루먼(1월 5일)과 애치슨(1월 12일)이 잇달아 연설을 한 때는 마오가 신중공을 선포한 뒤 처음 모스크바에 찾아와 스탈린과 회담을 하던 때였다. 미국이 국공내전에서 지지하던 국민당과 장제스를 버리고 마오의 공산 정권과 관계를 정상화해 중소 간에 틈을 벌리기 위한 '쐐기 전략'을 펴던 때였다. 애치슨의 연설은 사실은 모스크바의 마오를 겨냥한 것이었다. 소련이 제정 시절에 연해주 땅을 뺏어간 것처럼 사회주의 국가가 된 후에도 여전히 영토를 탐내고 있는 제국주의적 속성을 폭로하면서 양국을 갈라 놓으려고 한 것이다. 몰로토프 외상은 연설이 나온 며칠 후 마오에게 "애치슨

경기 파주시 임진각에 1975년 세워진 미국군 참전 기념비. 육해공군과 해병대가 단합해 침략을 물리쳤다는 것을 형상화했다.

연설의 목적은 소련과 중공 사이를 이간시키려는 것이다. 대만을 점령하기 위한 중상모략의 연막전술을 퍼뜨리는 것"이라고 했다.

소련이 발끈해 마오에게 같이 외무장관 명의의 반박 성명을 내자고 요구했다. 마오는 난처했다. 소련은 '애치슨 연설'이 중상모략이라고 하지만 당시 중소 관계를 정확하게 묘사하고 있다는 것을 마오와 스탈린 모두 잘 알고 있었다. 마오는 결국 수위를 낮춰 신화사 통신사장 명의로 격을 낮춰서 애치슨 연설을 반박하는 성명을 발표했다.

중소동맹 체결이 가져온 미국의 아시아 정책 변화

애치슨이 중소 간 간격 벌리기, 이른바 쐐기 작전을 폈지만 연설 한 달여 만인 1950년 2월 14일 중소가 동맹조약을 체결했다. 애치슨은 "중소조약은 제국주의 출현을 알리는 위험한 징조 중 하나"라며 중공 지도부가 중국을 소련에 팔아먹었다고 공개적으로 비난했다. 이렇게 되자 대만을 버리면서 중소를 갈라치기 하려던 미국의 대만 정책도 근본적인 변화가 불가피했다.

중소동맹은 미국의 아시아 정책에 일대 전환을 가져왔다. 미 정부가 1949년 12월 채택한 NSC-48/2는 '선택적 봉쇄'로 소련을 봉쇄하면서 중소 간에 사이를 벌리기 위해서 중공에 대만이라는 먹잇감까지 던진 것이었다. 이제 소련 봉쇄를 위해 중공 봉쇄도 필요하다는 인식으로 전환했다. '애치슨 라인'에서 제외되었던 대만의 전략적 가치가 새롭게 평가됐다.

1950년 5월 20일 맥아더는 참모장 회의에서 "중공의 대만 점령은 소련의 점령과 같다. 이 경우 미국의 태평양 주변 방어선은 무너진다. 대만은 대소 전략의 이상적 위치에 있는 가라앉지 않는 항공모함"이라고 말했다. '가라앉지 않는 항공모함'으로서 대만의 중요성은 처음에는 중공을 겨냥한 것이 아니라 소련을 염두에 두고 한 말이었다.

중소동맹 체결은 '애치슨 연설'의 역효과

흥미로운 점은 애치슨이 중소 거리 벌리기 위해 했던 강연이 오히려 반대의 결과를 초래했다는 사실이다. 스탈린은 마오가 조약 개정으로 요구했던 사항을 모두 수용하면서 동맹 조약을 체결했는데 그렇게 마음을 바꾼 데는 애치슨 연설도 한 요인이었다.

미국이 대만을 버리면서까지 중공과 관계 정상화 사인을 보내자 스탈린은 12월 16일 첫 회담에서는 완고했던 중소조약 재협상 불가 입장을 바꿨다. 기존 조약을 폐기하고 새 동맹조약을 맺는 쪽으로 선회한 것이다. 이는 미국이 당초 의도한 것과는 정반대의 결과다. 마오는 서방 국가들과의 관계 정상화를 내세우며 스탈린을 압박했는데 미국이 마오의 전략에 맞장구를 쳐준 격이 됐다.

스탈린이 '미중 관계 정상화' 가능성을 차단하기 위해 중공과 조약을 맺지 않을 수 없는 상황에서 '북한의 남침'이라는 변수가 등장했다. 김일성의 남침 승인 지원 요청을 거부하거나 소극적이었던 스탈린은 미중을 적대관계로 몰아넣는 쐐기로 이용하기로 했다. 그것도 중공이 대만을 정복하기 전에 해야 했다.

'애치슨 라인'은 1년 전 '맥아더 방어선'

1948년 3월 맥아더 사령관은 미국은 미드웨이 제도, 알류샨 열도, 필리핀 클라크 공군기지, 오키나와 등을 포함하는 U자형 방어체계를 제시했다. 도서방위선 설정은 일본과 필리핀 등 미국 안보에 직결되는 지역에 대한 안전 보장을 강조한 것이다. 여기에서도 전략적 측면에서 한국은 일본의 종속적인 위치에 지나지 않는다는 것이 나타난다. 애치슨의 극동방어선은 새로운 것이 아니고 극동군사령관 맥아더의 구상을 정치적으로 설명한 것에 지나지 않았다.

그런데 흥미로운 것은 맥아더 자신도 후일 회고록에서 "애치슨의 극동 문제에 대한 오판은 잘못된 정보에 기인한 것"이라고 공격한 것이다. 자신이 구상했던 방위선과 유사한 것을 애치슨이 다른 아시아 정책을 설명하면서 강조한 것인데 전쟁을 유발한 한 요인으로 지목하고 나선 것이다. 맥아더로서는 자기모순적인 것이다. 애치슨과 맥아더의 불편했던 관계를 반영하는 대목이다. 애치슨은 1950년 10월 트루먼과 맥아더 간의 웨이크섬 회담 이후 맥아더가 경례를 하지 않는 등 결례를 범했다며 해임을 건의했고 1951년 4월 해임 때도 가장 적극적이었다.

이승만의 '방어선 붙들기' 노력

"불행한 과거사 싸움 대신 일본이 우리와 같이 위기를 깨닫고 한국뿐만 아니라 아시아 여러 나라의 생명과 자유를 위해 기꺼이 협조할 수 있다면, 양국 사이의 어떠한 문제도 해결할 수 있을 것으로 확신한다."

    북한 핵 능력이 높아지면서 한일 안보협력이 높아지는 2023년 한일 관계에 그대로 적용될 것 같은 말이다. 그런데 이 말은 1950년 2월 이승만 대통령이 도쿄에 맥아더를 만나러 갔을 때 한 말이다. 이승만은 6·25전쟁 후 한반도가 '애치슨 라인'에서 제외된 것이 북한 남침의 빌미를 줬다고 주장했다. 이승만은 6·25전쟁 전 극동방어선의 주요 거점에 있는 일본과 한국을 연결하고자 분투했다.

1950년 '애치슨 라인'부터 6·25전쟁까지

날짜	내용
1월 5일	트루먼 연설 "대만 포기"
1월 12일	애치슨 연설 '애치슨 라인' 선포
1월 17일	김일성, 이주연 환송연에서 러시아 측에 '남침 상의하기 위해 스탈린 만나고 싶다'
1월 30일	스탈린, 김일성의 모스크바 방문 허용. 남침 승인 첫 신호
2월 14일	중소동맹 조약 체결
3월 30일~4월 25일	김일성 박헌영, 모스크바 방문 스탈린 면담
5월 13~16일	김일성 박헌영, 베이징 마오 회담
5월 29일	소련 군사고문단장 바실리예프 중장, 전쟁 및 북한군 운용계획 완성
6월 16일	스탈린의 전쟁계획 승인. "6월 25일 옹진반도를 시작으로…"
6월 25일	북한 남침

애치슨 연설문 요지

국민 지지 철회로 '난민'된 장제스

대만 국민당 장제스 정부가 저항할 수 없는 압도적인 군사력에 직면해 무너졌다고 말하는 사람은 아무도 없을 것이다. 장제스는 중국 역사상 어떤 통치자보다 더 큰 군사력을 가졌었다. 미국으로부터 막대한 경제적, 군사적 지원도 받았다. 그런데 4년 후 무슨 일이 생겼나. 그의 군대가 녹아 없어졌다. 그에 대한 지지도 녹아내렸다. 그는 남은 군대와 함께 해안에서 떨어진 작은 섬에서 난민이 되었다.

이는 중국인의 거의 지칠 줄 모르는 인내심이 끝났다는 것이다. 그들은 정부를 전복시키려 애쓰지 않았다. 전복할 것도 없었다. 단순히 무시했을 뿐이다. 그들은 정부에 대한 지지를 완전히 철회했고 그러자 군 조직 전체가 붕괴되었다. 공산주의자들은 이런 흐름을 타고 승리와 권세를 차지하기 위해 기민하고 교활했다.

소련 공산 체제의 제국주의, 중국 영토 침탈

소련 공산주의는 러시아 제국주의의 추진력에 새로운 방법과 기술, 개념을 추가해 중국 북부지방을 분리 합병했다. 외몽고에서는 이미 완료됐고 만주에서도 거의 마무리되어 간다. 내몽고와 신장에서는 소련 요원들로부터 기쁜 보고가 들어오고 있다. 중국 국민들이 가질 정당한 분노와 증오를 러시아인에게서 우리에게로 돌리려고 해서는 안 된다. 중국 국토의 완전성을 침해하는 자는 누구든 중국의 적이며 우리의 이익에도 반한다.

극동 방어선, 일본에서 필리핀까지

일본의 패배와 군축은 일본의 안보를 위해 필요한 군사적 방어를 떠맡을 임무를 미국에 부여했다. 방어선은 알류샨 열도를 따라 일본과 류큐 제도 그리고 필리핀 제도까지 이어진다.

태평양 다른 지역 안보는 아무도 군사 공격으로부터 보장할 수 없다는 것은 분명하다. 공격이 발생하면 처음에는 공격을 받은 국가가 저항해야 한다. 그다음에 유엔 헌장에 따라 문명화된 세계 전체의 약속에 의존해야 한다. 유엔은 지금까지 외부의 침략으로부터 독립을 지키기로 결심한 사람들이 기댈 수 있는 것으로 약한 갈대라고 입증되지 않았다.

미. 한국에 직접적인 책임

우리는 일본에 대한 직접적인 책임이 있고 직접 행동할 기회도 있다. 정도는 덜하지만 한국에도 마찬가지다. 그곳에서 우리는 직접적인 책임을 졌고 행동을 취했다. 한국에서 우리는 군사적 점령을 끝내고 유엔과 협력하여 거의 모든 세계가 인정하는 독립된 주권 국가를 세우는 위대한 조치를 취했다. 그곳에서 우리의 책임은 더 직접적이고 기회는 더 분명하다.

③

소련의 남침 승인 '스탈린 음모론'

6·25전쟁 발발 사흘째 북한군이 서울까지 밀려 들어오고 있던 1950년 6월 27일 정오(현지 시간) 뉴욕 롱아일랜드 '스톡홀름 호텔'의 한 식당. 트뤼그베 리 유엔 사무총장은 유엔 주재 미국 대표 그로스와 소련 대표 말리크의 중간에 앉아 점심을 했다.

식사가 끝날 무렵 트뤼그베 리 총장은 말리크에게 오후 안보리에서 한국전쟁 관련 회의를 한다고 알리면서 "귀국의 이익을 위해 참석해야 한다"고 말했다. 그로스 대표는 탁자 밑에서 발로 트뤼그베 리를 툭툭 쳤다. 말리크에게 굳이 회의 참석을 권유하지 말라는 것이었다. 유엔 회원국들에게 한국전 참전을 요청하는 결의안을 통과시킬 예정인데 소련 대표가 참석하면 거부권을 행사할 것이 명백하기 때문이다. 그런데 말리크는 고개를 저으면서 "아니, 전 가지 않겠습니다"라고 거절했다.

말리크는 이틀 전 '북한의 남침은 평화 파괴'라며 '38선 이북으로 철수'를 요구한 안보리 결의안 표결에도 불참했다. 7월 7일 유엔 설립 이후 처음으로 유엔군사령부를 창설하는 안보리 결의안을 낼 때도 방관했다.

소련은 북한의 남침에 대응한 유엔의 초기 3차례 결의안에 모두 불참했다. 그해 1월 안보리를 탈퇴하면서 내세운 명분처럼 자유중국(대만)이 유엔 회원국으로 남아 있는 것에 대한 항의이자 유엔

6·25전쟁 초기 유엔의 결의안

일자	내용	표결	비고
6월 25일	'북한의 남침은 평화의 파괴' '북한군의 침략 중지 및 38도선 이북으로의 철수 요구'	찬성 9, 반대 0, 기권 1(유고슬라비아), 소련 불참	안보리 1차 결의안
6월 27일	유엔 회원국의 군사원조 제공 결의	찬성 7, 반대 1(유고), 기권 2(인도 이집트), 소련 불참	안보리 2차 결의안. 통과 후 소련 정부, 무효 주장
7월 7일	유엔군사령부 창설	소련 불참	안보리 3차 결의안
10월 7일	유엔군 한반도 전체 점령 허가	8월 1일 소련 안보리 복귀	유엔총회 결의안

※현지 시간 기준. 안보리 회원국은 11개국.
6월 25일 안보리 첫 회의는 6·25 발발 24시간 만에 개최.
7월 15일 이승만 대통령, 맥아더 사령관에 작전지휘권 이양

의 합법성에 흠집을 내고자 한 것이다. 미국은 소련이 유엔 안보리 회의에 참석해 몽니를 부리기보다 오히려 길을 터주자 유엔을 한국전쟁에 대한 집단안전보장이 작동되는 무대로 활용했다. 스탈린은 왜 유엔이 미국에 의해 좌지우지되는 것을 사실상 수수방관하고 있었을까.

스탈린이 체코 대통령에게 보낸 한 통의 편지

스탈린이 6·25전쟁 초기 유엔 안보리에서 미국을 저지하지 않을 때 무슨 생각을 하고 있는지에 대해 흥미로운 문건이 뒤에 공개됐다. 러시아 학자 라돕스키는 크렘린궁 문서보관서에서 찾아냈다며 스탈린이 1950년 8월 27일 체코의 클레멘트 고트발트 대통령에게 보낸 편지 한 통을 2005년 공개했다. 소련이 왜 안보리에 불참하는지 조목조목 설명한다.

"네 가지 목적이다. 첫째, 소련과 신중국의 일치단결을 보여주기 위한 것이다. 둘째, 미국이 대만 국민당 정부를 중국 대표로 인정하는 정책이 터무니없고 어리석다는

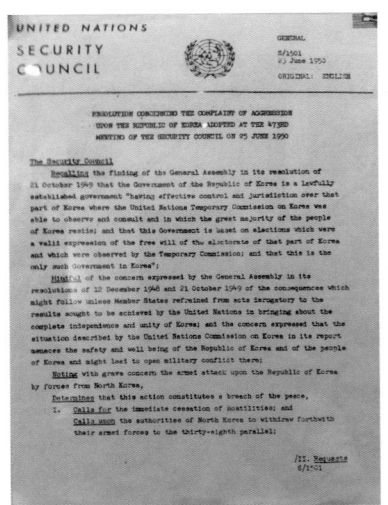

전쟁 발발 약 24시간 만에 나온 유엔 안보리의 1차 결의안. 북한의 침략행위 중지와 38선 이북으로의 철수를 요구했다.

점을 강조하기 위한 것이다. 셋째, 안보리에 소련 중국 두 강대국이 참석하지 않아 안보리 결정은 불법이라는 것을 보여주기 위한 것이다. 넷째, 미국의 손발을 자유롭게 해줘 안보리 다수결을 이용해 어리석은 짓을 하도록 했다. 미국의 참모습을 세계 여론에 폭로하기 위한 것이다. 우리는 이 모든 목적을 이미 달성했다고 생각한다."

'안보리 불참은 미국을 전쟁에 끌어들이기 위한 것'

라돕스키는 소련의 안보리 불참은 '방치'가 아니라 의도된 것이라고 주장했다. 미국의 무장 개입을 예견했지만 저지하고 싶지 않았다는 것이다. 미국이 전쟁에 빠져 힘이 약화되면 유럽에서의 지위도 훼손시킬 수 있다는 계산을 했다.

러시아에서 미국으로 온 학자 판초프에 따르면 스탈린 사후 집권한 흐루쇼프도 스탈린이 미국을 중국과의 충돌에 끌어들였다고 인정했다. 흐루쇼프가 마오쩌둥에게 "우리에게 죄가 없는 것은 아니라는 사실을 기억해야 합니다. 남한에 미국을 끌어들인 것은 바로 우리입니다"라고 말했다.

소련의 안보리 불참이 스탈린의 신중한 고려와 세밀한 계산을 거친 책략이었으며 목적은 미국을 전쟁의 늪에 빠뜨리고 중국도 출병시켜 미국과 충돌을 유도하기 위한 것으로 보는 것이다. '스탈린 음모설'이다. 음모설에 따르면 6·25전쟁 발발 후 소련의 안보리 불참은 약 5개월을 거슬러 그해 1월 소련이 안보리를 탈퇴할 때와도 관련이 있다.

소련의 1월 안보리 탈퇴, 왜 그때

1월 6일 소련의 비신스키 외상은 모스크바에 와 있던 마오쩌둥에게 '유엔 안보리에 대만 대표가 계속 남아 있는 것은 비합법으로 대만을 탈퇴시켜야 한다'는 성명을 제출하라고 요청했다. 소련

마오쩌둥의 모스크바 방문 기간에 일어난 일

날짜		내용
1949년 12월	16일	스탈린과 마오쩌둥 첫 만남
	21일	스탈린 70회 생일
	30일	미국 NSC-48/2 채택
1950년 1월	5일	트루먼 연설, '대만 포기'
	12일	애치슨 연설, '극동방어선 대만 한국 제외'
	13일	소련의 안보리 탈퇴
	17일	김일성의 주중 북한대사 송별연, '남침 상의 스탈린 면담 요청'
	19일	김일성, 국공내전 가담 조선군 2만3000명 귀국 요청, 마오쩌둥 승인
	30일	스탈린, 김일성 모스크바 방문 수락, '남침 승인 첫 사인' 의미
1950년 2월	4일	김일성, 3개 사단 증강 지원 및 차관 1년 앞당겨 제공 요청. 북한은 금은으로 대금 지불
	14일	중소동맹 체결

과 중공의 '대만 탈퇴' 요구가 받아들여지지 않자 소련은 13일 기다렸다는 듯이 안보리 탈퇴를 선언했다.

당시 미국 주도의 유엔에서 소련과 중공의 요구는 받아들여질 가능성이 없었다. 그런데도 소련이 이런 행동에 나선 것은 다른 계산이 있었다는 것이 '스탈린 음모론'의 분석이다. 명분은 '대만을 몰아내고 중공을 유엔에 가입시키는 것'이었지만 속내는 다른 데 있었다는 것이다. 그리고 그 속내는 명분만큼 중공을 위한 것은 아니었다.

스탈린과 마오의 '조약 개정' 기 싸움

스탈린은 일본이 항복하기 하루 전날인 1945년 8월 14일 국민당의 장제스와 중소조약을 체결했다. 창춘 철도, 다롄, 뤼순항 등에 관한 소련의 이권을 인정하는 것이 골자다. 소련은 이 조약으로 러일전쟁 패배로 중국 동북지방에서 잃었던 이권 대부분을 회복했다.

마오쩌둥이 1949년 12월 16일 처음 스탈린과 가진 6시간가량 회담에서 주요 관심은 조약 개정이었다. 그런데 스탈린은 조약은 얄타협정에 근거해 체결한 것이라며 물러서지 않았다. 마오는 참여하지 않은 얄타 체제, 미국 영국과의 공조 체제를 들어 마오의 요구를 거절한 것이다.

스탈린과 마오의 조약 협상 신경전 바탕에는 국익에 대한 첨예한 갈등도 있지만 스탈린의 마오에 대한 견제 심리, 즉 마오가 '아시아의 티토'라는 의구심도 바탕에 깔려 있었다. 스탈린이 보는 마오는 자기가 이룬 업적과 중국인이라는 자부심이 강하고 지나치게 독립적이었다. 혁명의 승리는 곧 마오의 (사회주의 종주국 소련으로부터의) 독립을 의미했다.

내전에서 마오가 이끄는 공산당이 승리한 것은 스탈린에게는 반갑지 않았다. 소련의 지원 없이 혁명을 달성했으니 소련의 위상이 약화될 수 있기 때문이다. 1945년 국민당 정부와 맺은 '침략적인 성격'의 많은 이권이 담긴 중소조약이 유지되기 어려울 가능성도 많았다. 스탈린은 마오와 공산주의의 이념적 동지라는 명분 때문에 일본과 전쟁을 벌여 얻어 낸 이권을 포기할 생각이 전혀 없었다. 한 해 전 변절한 유고의 티토를 생각해서라도 중국이 국력을 회복하는 데 도움을 줄 생각은 거의 없었다. 마오가 내전을 일단락 짓고 신중국을 선포한 뒤 모스크바로 가서 가진 스탈린과의 첫 회동도 몇 차례 무산된 끝에 이뤄졌다.

서풍(西風)이 도와준 마오의 조약 협상

중소가 조약 협상에서 신경전을 벌이고 있을 때 뜻하지 않게 서방 국가들이 마오에게 돌파구를 마련해줬다. 먼저 미국의 대중국 정책 전환이다. 마오가 모스크바에서 스탈린과 장기간 만나고 있는 것을 본 미국은 중소가 밀착하는 시그널로 보고 이를 막기 위해 부심했다. 트루먼 대통령과 애치슨 국무장관이 1월 5일과 12일 연설에서 잇따라 대만을 포기하면서까지 중국과 관계를 정상화하려고 했다. 그런데 이것이 스탈린에게 경각심을 주었다. 스탈린은 미중 관계 정상화는 미소 대결에서 최악으로 보았다. 처음 마오를 만났을 때 냉랭했던 태도를 바꿔 조약 개정이 아닌 조약을 아예 새로 체결하기로 했다. 그러면서 기세가 오른 마오를 견제하기 위해 김일성이 들고 온 전쟁을 통해 중국과 서구의 대립을 유도하려고 했다.

마오도 스탈린과의 협상에서 서방국과의 관계 정상화 카드를 활용했다. 마오는 영국이 곧 신중국을 승인하려고 노력 중이라고 했다. 마오가 처음 모스크바에 도착했을 때만 해도 중소조약 개정을 얄타 체제를 들어가며 거부했던 스탈린은 태도를 바꿨다. 소련은 1945년 조약이 '시대착오적'이라며 개정 아닌 폐기를 들고나왔다. 불과 한 달도 안 되는 기간 동안 상황이 바뀌고 있었던 것이다.

'안보리 탈퇴도 불참도 중국 고립이 목표' 스탈린의 더 큰 음모

'음모론'은 소련이 안보리를 탈퇴한 것도 유대를 강조한 것으로 보이지만 결과적으로는 중국의 유엔 가입을 막았다고 보았다. 당시 유엔에 중국을 가입시키자는 분위기가 형성되고 있었기 때문이다. 유엔 안보리 11개국 중 7개국이 찬성하면 되는데 인도 노르웨이 소련 유고 및 영국이 중국 정부를 인정했다. 프랑스와 이집트도 가능성이 있었다. 그런데 소련 대표 말리크가 항의 퇴장하면서 상황이 바뀌었다. 유엔에 대한 협박으로 받아들여져 마오의 중공을 유엔에 가입시키려는 분위기는 온데간데없었다.

소련은 8월 1일에야 안보리에 복귀했다. 그전까지 미국이 북한의 남침에 자유롭게 유엔을 동원하도록 했고, 중국에는 유엔 가입 기회를 갖지 못하게 했다. 더욱이 중공이 소련에 의존해야 하는 상황을 지속시켰다. 이는 미국과 중국의 대립을 유도해 중국을 약화시킬 뿐 아니라 국제사회에서 고립시키려는 스탈린의 의도가 있었기 때문이라고 미국 손튼 교수 등은 분석했다.

중국 선즈화 교수는 소련으로서는 말리크가 6·25전쟁 안보리 결의안에 참가하면 진퇴양난이 됐을 것이라고 봤다. 거부권을 행사하지 않으면 북한과 사회주의 진영에 대한 배반을 의미한다. 거부권을 행사하면 북한의 배후에 모스크바가 있다는 것을 인정하는 것이 된다는 것이다.

하지만 다시 두 달가량이 지난 8월 1일 소련은 복귀했다. 유엔 회원국들의 안보리 결의안 집행에 소련이 아무런 영향도 미치지 못하는 등 국제사회에서 아무런 역할도 하지 못한다는 사실을 인식하게 되었기 때문이라는 것이다. 하지만 이런 인식은 한국전쟁에 대한 핵심적인 결의안이 모두 통과된 후여서 설득력은 떨어져 보인다.

미국의 대소련 봉쇄 마스터플랜, NSC-68

NSC-68은 1949년 8월 소련의 원자탄 실험 성공과 10월 중국 공산화 그리고 1950년 2월 중소동맹 체결이라는 거대한 지각 변동에 대응하기 위한 미국의 대공산권 대응 전략이다. 특히 갓 출범한 중국보다는 소련이 대담해지고 있기 때문에 미국의 재무장이 필요하다는 것이었다.

미국은 1948년 11월 유럽에서의 소련 봉쇄정책을 담은 NSC-20을 채택했으나 이를 아시아로 확대한 것이다. 그 후 20여 년간 대공산권 정책의 기조가 됐다. 트루먼은 1950년 4월 이 정책을 보고받았으나 9월 정식 승인했다. 6·25전쟁이 이 정책에 힘을 실었다. 1975년 2월 기밀문서에서 해제될 만큼 비밀에 부쳐졌다.

미국의 소련 봉쇄 마스터플랜을 담은 NSC-68.

트루먼 대통령과 애치슨 국무장관은 중소가 가까워지는 것을 막는 이른바 '쐐기 전략'을 추진했다. 1949년 1월 나온 NSC-34는 미국의 주요 정책 목표로 '중국이 소련의 속국으로 전락하지 않게 하는 것'이라고 했다. 1949년 12월 NSC-48/2나 애치슨의 1950년 1월 '극동 방어선에서 대만 제외' 등도 같은 맥락이다. 하지만 이런 기조를 유지할 수 없는 상황 변화가 잇따라 나오면서 중소 양국을 같이 견제하는 정책을 마련할 필요가 생겨서 나온 것이 NSC-68이었다.

NSC-68은 형세 진단에서 지구상 도처에서 세력균형이 소련에 유리한 방향으로 전환되고 있다고 봤다. 가장 취약한 곳은 아시아. 국가안보를 궁극적으로 보장해주는 수단은 군사력이란 논리에 따라 미국의 재무장을 정당화했다. 4, 5년 동안 매년 400억 달러에서 500억 달러가 필요할 것으로 추산했다. 미국과 비교해 소련이 국가예산 중 높은 비율을 군의 하드웨어에 투자하고 있다고 주장했지만 여기에는 과장도 있었다. 소련의 위협을 강조하면서 소련의 경제력을 지나치게 부풀리기도 했다.

소련이 1950년 중반 10개에서 20개, 1954년 중반 200개의 핵무기를 보유할 것이라고 예상했다. 중국은 공산화된 대륙을 발판으로 공산 세력이 아시아 지역으로 침투해 들어갈 가능성도 있다고 보았다.

이런 진단하에 미국의 방어선에서 대만은 장제스의 집권 여부와 관계없이 우호적인 국가로 유지해야 했다. 한반도는 중국 소련 미국 같은 강대국 이익이 교차하는 지구상 유일한 지역이기 때문에 더욱 중요한 위치. 미국이 추구할 궁극적인 목표로 소련을 군사적으로 패퇴시키는 것이 아니라 체제의 성격을 근본적으로 바꾸는 것에 두었다.

4

6·25가 대만 살렸다

'1950년 4월 16일 밤, 중국 제4 집단군 린뱌오 휘하 40군과 43군은 400척의 소형 선박과 동력선을 타고 대륙에서 15마일 거리의 하이난섬으로 향했다. 해상 및 공중 화력 지원을 받는 상륙작전이 아닌 게릴라 침투처럼 접근했다. 국민당 장제스 군대의 저항에 중공군 1만 명가량이 희생됐지만 5월 1일 하이난섬 전역을 점령했다.'

중공군이 이용한 선박은 노획한 자동차 엔진을 떼어내 목선에 설치한 '돛이 달린 기선'으로 포 2문을 장착해 '토포정(土砲艇)'이라 불렸다. 크기가 작아 은폐하기가 좋고 제작 비용이 싼 것도 장점이다. 하이난섬 전투를 현장 지휘한 한셴추는 6·25전쟁 발발 후에는 펑더화이 휘하 3명의 부사령관 중 한 명이었다.

마오쩌둥이 1949년 10월 1일 톈안먼 성루에서 신중국의 성립을 선포한 순간에도 서남부와 일부 섬 등에는 장제스의 국민당 군대 70여만 명이 대만으로 철수하지 않고 저항하고 있었다. 특히 하이난섬과 뎡부도는 눈엣가시였다. 대륙을 장악한 마오로서는 혁명 완수를 위해서 대만을 평정하는 것은 절대적인 과제였다.

하이난섬 점령은 대만 평정의 분수령이었다. 신중국 성립 이후에도 공산군이 차지하지 못했던 저우산 군도의 뎡부도 등을 하이난섬 이후 비교적 손쉽게 점령하는 등 국민당군이 점거 중이던 다른 군소 도서를 차례로 접수했다.

대만 점령 목전에 두었던 중국

중공군이 하이난섬을 점령한 것은 6·25전쟁 불과 2개월여 전이다. 장제스가 대륙에서 밀려나고 주변 섬들마저 하나씩 뺏겨 중공군이 대만으로 조여오는 형국이었다. 대만도 중공의 점령 위기에 몰렸다. 이처럼 국면이 전환된 데는 국민당 군대의 부패 등 내전 패배가 요인이지만 미국의 아시아 정책 변화도 한 요인이다.

미국은 애치슨이 1950년 1월 12일 '극동 방어선' 연설에서 대만을 제외했다. 2월 중소 동맹조약으로 대만의 전략적 가치가 살아났지만 그렇다고 국민당군을 군사적으로 지원하는 것은 아니었다. 장제스는 미국의 군사 지원 없이는 오래 버틸 수 없어 대만으로 가는 길목의 진먼도와 마쭈 열도 등을 제외한 곳에서 군사력을 철수

장제스가 진먼도 등에 세운 비석 물망재거. 자료: 중문 위키피디아

했다. 그야말로 중국의 대만 점령은 턱밑까지 갔다. 장제스는 진먼도 등에 '물망재거(勿忘在莒)'라는 제나라의 고사를 돌에 새겨 대륙 수복 의지를 다졌다. 이게 6·25전쟁 발발 불과 한 달을 앞둔 상황이다.

스트롱 대만 주재 대리대사는 5월 17일 "대만의 운명은 이미 결정됐다"며 "6월 15일에서 7월 말 사이 공산당이 대만을 공격하기 시작할 것으로 판단하고 있다"고 보고했다. 그러면서 6월 15일 이전까지 대만에서 철수할 미국 공공기관의 명단도 확정할 것"이라고 했다.

앞서 마오는 대만 침공을 전담할 지휘관으로 리위 대장을 임명했다. 리위는 1950년 1월 '대만 해방과 군사력 건설에 관한 보고서'를 작성했다. 대만 정복의 마스터플랜이다. 마오는 2월 이 보고서 등을 토대로 대만 침공을 위한 공수부대도 창설했다. 중공은 대만 주변의 병력도 4만 명에서 15만6000명으로 증강해 침공 준비를 마쳤다.

미국, 대만 장제스 4번 버리다

1948년 하반기 이후 국공내전에서 장제스 국민당군의 패배가 뚜렷해지자 미국과 영국은 대륙을 실질적으로 장악해가는 공산당과의 관계 재설정에 들어갔다. 1949년 10월 신중국이 선포되기 이전에 이미 장제스 국민당 정부를 포기할 수밖에 없다는 의사를 여러 차례 밝혔다. 1950년 1월 5일 트루먼의 기자회견과 12일 애치슨

미국의 '대만 포기' 일지

날짜	내용
1949년 3월	맥아더 도쿄 연설, "대만과 한반도는 미국의 방위선 밖"
8월	미 정부, "국민당은 부패 무능한 반동 정당" 백서 발표
12월	NSC-48/2, "대만의 전략적 중요성은 군사행동을 할 정도 아니다"
1950년 1월 5일	트루먼, "군대를 사용해 분쟁에 개입할 의도 전혀 없다"
1월 12일	애치슨, "한반도와 대만 미국의 극동방어선에서 제외"
3월	애치슨, "대만의 조기 공산화는 불가피하다"
5월	대만 주재 미국 영사, 3개월 이내 공산군 침략 예상하고 모든 미국인 대만 떠나야 한다는 권고를 본국 정부에 보고

의 연설에서 대만을 포기하고 공산당 정부와의 관계 정상화를 밝힌 것이 대표적이다.

애치슨 연설은 '대만 포기' 시그널

"대만을 놓고 벌이는 중국 공산당과의 전쟁은 미국의 국익에 부합하지 않는다."

애치슨 연설 중 '극동방위선'에 관한 언급은 한국보다는 '대만 포기' 의사를 마오쩌둥에게 알리는 것이 목표였다. 모스크바에서 소련과 밀담을 나누고 있는 마오에게 '대만도 포기할 테니 소련과 멀어지고 미국과 관계를 맺자'는 강력한 메시지를 보낸 것이다. 미국에 협조하면 중국의 대만 정복을 용인할 수도 있다는 뜻을 분명히 했다. 키신저도 애치슨 연설에 담긴 강조점은 중국에 유고의 티토가 택했던 옵션을 노골적으로 제안한 것이라고 했다.

"국민당 장제스 정부가 저항할 수 없는 압도적인 군사력에 직면해 무너졌다고 말하는 사람은 아무도 없을 것이다. 장제스는 중국 역사상 어떤 통치자보다 더 큰 군사력을 가졌었다. 미국으로부터 막대한 경제적, 군사적 지원도 받았다. 그런데 4년 후 무슨 일이 생겼나. 그의 군대가 녹아 없어졌다. 그에 대한 지지도 녹아내렸다. 그는 남은 군대와 함께 해안에서 떨어진 작은 섬에서 난민이 되었다."(애치슨 연설문 일부)

대만 정복 전투를 총지휘하던 리위는 "미국은 대만이 중국의 일부분임을 인정했다. 인민해방군이 대만을 공격해 점령하는 것에 간섭할 이유가 없다"고 애치슨 선언을 이해했다.

애치슨 라인 선언 때문에 전쟁이 터진다면 대만이 상황에 더 맞았다. 중국이 대만 점령을 준비하고 공언한 데다 무력행사에 미국까지 불개입하겠다고 했기 때문이다. 그런데 중국은 대만을 향하던 총부리를 급히 한반도로 가져와야 했다. 마오는 무력으로 통일하려는 김일성의 계획을 반대하지는 않았지만 시기상 중국이 대만 문제를 해결한 이후 돕고자 했다. 북한의 남침은 남한에도 기습이었지만 마오에게도 대만 침공을 목적에 둔 상황에서 기습적으로 이뤄졌다. 마오는 6·25전쟁 발생을 외신 뉴스를 보고 알았다.

북한이 38선 부근으로 병력을 집중시키고 있던 6월 12일 마오는 리위 장군과 군에 보낸 전문에서 "대만을 신속히 점령해야 한다"고 지시했다. 한반도와 대만해협에서 경쟁적으로 전운이 높아지고 있었다. 북한에 선수를 뺏겨 대만 침공의 타이밍을 놓친 중국은 6·25 정전 70년이 지난 시점에서도 대만에 대한 무력공격은 쉽지 않은 상황이다.

한국전쟁이 바꾼 대만 운명

6·25 직전까지 중국은 대만 주변 섬을 대부분 점령했고 대만 공격 날짜까지도 거론되는 상황이었다. 한국전쟁이 발발하자 미국의 대만에 대한 정책은 180도 선회한다. 필리핀 해역의 제7함대를 대만해협으로 이동해 중공이 대만에 군사행동을 하지 못하도록 했다. 항모 이동은 장제스가 본토를 침공하는 것을 막는 것도 포함됐다. 트루먼은 전쟁 발발 직후인 6월 27일 "1월 5일 밝혔던 중국 내전에 대한 미국의 불개입 정책은 더 이상 존재하지 않는다"고 선언했다.

미국의 대만 정책이 달라졌을 뿐만 아니라 중국도 대만을 공격할 여유가 없어졌다. 6·25가 대만의 운명을 완전히 바꾸어 놓았다.

키신저는 마오쩌둥이 혁명의 완성으로 대만 문제를 해결하려 했고, 대만 문제가 해결된 뒤 북한을 돕겠다고 한 것이 오히려 김일성에게는 남침을 서두르게 했다고 했다. 키신저는 북한에 '(남침의) 인센티브'를 준 것이라고 했다. 미국이 두 차례나 아시아에서 공산

주의의 군사적 정복을 그냥 두고 볼 리 없을 거라고 김일성은 확신했다는 것이다. 그렇다면 중국이 대만을 점령하기 전에 남한에 대한 행동에 나서야 했던 것이다.

대만 학자의 '빈약한' 반론

대만 학자 장수야는 '한국전쟁이 대만을 구했다'는 견해에 기본적으로 동의하면서도 다른 의견을 제시했다. 그는 한국전쟁이 대만을 구했다는 인식은 미국 학자들 사이에서는 토론할 필요가 없을 만큼 일반적인 것이 되었다고 했다. 중국 본토 학자들도 한국전쟁이 장제스가 회생할 기회를 주었다고 본다고 소개했다. 한국전쟁으로 '장제스의 운수가 대통하게 되었다'고 보는 미국 학자도 있었다. 그렇지만 당시 미 7함대 파견만으로 중공군의 침략을 막을 수 없었고, 중공은 6·25전쟁 전에 대만에 대한 공격 준비를 늦추었기 때문에 한국전쟁 때문에 대만이 침공 위기를 면한 것은 아니라는 것이다.

그는 대만 국민당이 한국전쟁을 계기로 중국 대륙에 접수되지 않도록 한층 노력한 것이 대만의 생존에 주효했다고 주장했다. 그러면서 명의(미국)와 환자(대만)의 비유를 들었다. 명의가 훌륭한 약을 주어도 병을 극복하는 것은 환자 스스로 나으려는 의지와 노력이라는 것이다. 하지만 이는 중공의 대만 점령이 목전까지 와 있던 상황에서 한국전쟁 때문에 중공이 말머리를 돌린 긴박했던 당시 상황을 너무 과소평가한 것으로 보인다. 대만의 생존에서 내부적인 노력이 중요하지만 6·25전쟁 이후 동북아에서 본격화한 냉전 질서가 각 진영 안보의 울타리가 된 것이 대만의 안보에도 결정적이었다. 그리고 대만을 보호하는 미국의 안보 울타리가 높아지기 시작한 것은 6·25전쟁이었다. 국공 내전의 패장인 장제스의 집권 여부도 따지지 않았다.

소련의 늑장 지원, 해공군 지원 거부

중국의 대만 침공 결행이 늦어진 데는 소련이 큰 변수였다. 중국은 1949년 10월 진먼도와 덩부도를 공격했으나 실패했다. 대만이 본토에서 149km 이상 떨어진 곳에 있는 데다 대만은 400대 이상의 항공기, 70척 이상의 함정을 보유해 중공에는 거의 없었던 해공군력이 만만치 않았다. 중국은 소련에 해공군 지원을 여러 차례 요청했으나 거절되거나 약속을 하고도 인도를 지연하거나 해서 예상대로 작전을 수행하지 못했다.

1949년 7월 5일 마오는 스탈린에게 보낸 전보에서 "대만 공격은 공군부대가 조직된 후에나 가능하다"며 공군 지원을 호소했다. 마오의 요구는 매우 구체적이었다. 6개월에서 1년 안에, 모스크바에서 1000명의 비행사와 300명의 공항 근무 요원들을 훈련시켜 줄 것, 100~200대의 전투기와 40~70대의 폭격기를 중국에 판매할 것 등이었다. 마오는 해군 함대 창설도 요청하면서 1950년 하반기 대만을 공격할 것이라고 통보했다. 스탈린은 소련이 대만 상륙작전을 지원하면 미국과 세계대전을 일으킬 수 있다며 즉각 거절했다.

1949년 12월 마오가 모스크바에 갈 때는 공군력 지원에 대한 기대가 컸다. 하지만 6·25전쟁이 발발할 때까지 대만 공격이나 연해 도서 해방을 위한 군사행동에 필요한 비행기와 군함 및 주요 설비와 기재는 전혀 중국에 도착하지 않았다. 중국이 소련으로부터 전투기 119대를 받은 것은 6·25전쟁 이후인 1950년 10월이 처음이었다.

스탈린이 중국에 대한 해공군력 지원을 거절하거나 소극적이었던 이유는 중국이 대만을 수복하지 못하고 중국이 유엔에도 가입되지 못하게 함으로써 마오가 미국의 위협 속에서 자신에게 계속 의존하게 하려 했기 때문이다. 한반도에서 미중 군사 충돌도 이런 목적에서 잘 수행됐다. 중국이 참전하지 않았다면 1971년보다 훨씬 일찍 유엔에 가입할 수 있었을 것이고, 대만 문제도 일찍 해결될 수 있었다. 스탈린이 6·25전쟁에서 미중 대결을 유도함으로써 신생 중국과 마오를 견제하려 했다는 '스탈린 음모론'과도 맥락을 같이하는 대목이다.

장제스와 이승만의 반공동맹

장제스는 국공내전에서 마오쩌둥의 공산 홍군에 밀려 대만으로 물러난 뒤에도 본토 수복의 꿈을 버리지 않았다. 장제스는 자신의 구상 실현을 위해 한국과 군사동맹 체결을 희망했다. 한국의 군사기지를 이용해 만주 및 화북 지역의 공업지역을 폭격하고 중국 서해안 봉쇄에도 활용하려고 했다.

6·25 발발 3일 후 장제스는 군대 파견을 미국에 제의했다. 한국지원병사령관도 내정

이승만과 맥아더.

하고 3개 사단 3만3000명과 1개 기갑여단, 20대의 수송기를 투입하겠다는 의사를 미국에 타진했다. 당시 대만은 육해공 68만 명(육군 48만 명)의 병력을 보유했다. 맥아더와 미 합동참모본부는 중국군의 개입을 불러오고 대만 방어도 약화시킬 수 있다며 반대했다.

애치슨 국무장관은 장제스가 병력을 한국에 파견하겠다는 제의를 했을 때 트루먼 대통령은 호의적이었으나 자신은 반대했다고 했다. 한국보다는 대만을 방위하는 데 병력이 더 필요하다는 이유에서였다. 애치슨이 반대한 데는 다른 더 중요한 이유가 있었다. 장제스가 원하는 것(중국 공산주의자를 끌어들이는 확전)과 미국이 원하는 것(중국을 개입시키지 않는 제한 전쟁)이 전혀 달랐기 때문이다. 애치슨은 장제스의 군대가 중국 본토에서 어떻게 싸웠는지 낱낱이 알고 있어 장제스의 도움을 받고 싶지도 않았다. 기본적으로 국민당 정권이 부패하고, 장제스의 군대는 무능하다는 인식을 갖고 있었던 애치슨에게 자신이 원하지도 않는 확전을 불러온 빌미를 장제스에게 줄 리가 없었다.

● **이승만과 맥아더의 대만 군대 참전 환영 전환**

이승만 대통령도 주한 대만대사가 2만~2만5000명의 자국군을 파견할 용의가 있다고 전해왔으나 정중히 거절했다. 반공 국가인데 왜 거절하느냐는 프란체스카의 질문에 "중공군을 내 손으로 불러들일 수는 없잖아"라고 했다. 중국 참전의 빌미를 주지 않겠다는 것이었다.

이승만은 막상 중공군이 개입해 전세가 불리해진 상황에서는 대만 군대도 받아들이는 데 찬성했다. 신성모 국방장관이 병력이 충분치 못하다는 애로사항을 털어놓자 '맥아더 장군에게 장제스 총통이 지원해 줄 5만 또는 그 이상의 군대를 보내주도록 요청하는 서한을 무초 대사를 통해 보냈다.

맥아더도 1951년 11월 28일 합참에 장제스 군대 파병을 요청했다. 그 후 맥아더는 장제스 군대의 대륙 공격 및 한국전쟁 개입을 두고 트루먼 대통령과 이견과 갈등을 빚어 전격 해임되는 주요 이유가 됐다.

맥아더는 해임 후 의회 청문회에서도 대만군 활용에 대한 소신을 유지했다. 대만을 위협하던 중국군 제3, 제4 야전군이 한반도로 전환됐기 때문에 대만군을 한국전쟁에 이용하거나 중국 본토에 대한 상륙작전을 감행하게 한다면 한반도에서 중국의 압력을 충분히 줄일 수 있을 것이라고 진술했다.

● **이승만과 장제스의 셔틀 방문외교**

1949년 8월 6~8일 장제스가 경남 진해를 방문했다. '대한민국 제1호 정상외교'로 불리는 이장(李蔣)회담이 7일 열렸다. 장제스가 부인의 이름을 딴 전용기 '미령호'를 타고 도착할 때 이승만 대통령은 프란체스카 여사와 함께 진해 비행장에서 영접했다. 진해 해군기지사령부 영빈관에 투숙했다. 둘은 회담 후 "국제공산주의 위협에 대항하기 위해 집단적으로 투쟁해야 할 것을 확인한다"는 공동 성명을 발표했다.

전쟁이 끝난 뒤 1953년 11월 27~29일 이승만 대통령이 대만을 답방해 '반공통일전선 결성'을 발표했고 이는 1954년 아시아민족반공연맹 발족으로 이어졌다.

진해를 방문한 장제스와 이승만의 군대 사열.

참고 문헌

김계동 지음, 『한국전쟁 불가피한 선택이었나』, 명인문화사, 2014.
김인철 지음, 『38선에서 휴전선까지』, 보문당, 1992.
김철수 지음, 『그때는 전쟁, 지금은 휴전 6·25』, 플래닛 미디어, 2017.
남도현 지금, 『6·25, 끝나지 않은 전쟁』, 플래닛 미디어, 2010.
더글러스 맥아더 지음, 『맥아더 회고록』, 1, 2권, 일신서적, 1993.
데이빗 쑤이(徐澤榮) 지음, 한국전략문제연구소 옮김. 『中國의 6·25戰爭 參戰』, 한국전략문제연구소, 2011.
데이비드 핼버스탬 지음, 정윤미 이은진 옮김, 『콜디스트 윈터』, 살림, 2009.
딘 애치슨, 『PRESENT AT THE CREATION』, NORTON & COMPANY INC., 1969.
리처드 손튼 지음, 권영근 권율 옮김, 『강대국 국제정치와 한반도』, 한국국방연구원, 2020.
백선엽 지음, 유광종 정리, 『백선엽의 6·25전쟁 징비록』 2권. 2020.
선즈화(沈志華) 지음, 김동길 옮김, 『조선 전쟁의 재탐구』, 도서출판 선인, 2014.
선즈화(沈志華) 지음, 김동길 등 옮김. 『최후의 천조(天朝)』, 도서출판 선인, 2017.
알렉산더 판초프 지음, 심규호 옮김, 『마오쩌둥 평전』, 민음사, 2017.
유재흥 지음, 『격동의 세월』, 을유문화사, 1994.
이상호 지음, 『맥아더와 한국전쟁』, 푸른역사, 2012.
이승만 구술, 프란체스카 지음, 조혜자 옮김. 『프란체스카의 난중일기』, 기파랑, 2010.
장수야(張淑雅) 지음, 정형아 옮김, 『한국전쟁은 타이완을 구했는가?』, 경인문화사, 2022.
조셉 굴든 지음, 김병조 발췌 번역, 『한국전쟁 비화』, 청문각, 2002.
해리 S. 트루먼 지음, 손세일 옮김, 『시련과 희망의 세월-트루먼 회고록』 하, 1968.
헨리 키신저 지음, 권기대 옮김, 『헨리 키신저의 중공 이야기』, 민음사, 2012.

『정보』 6호, 공보실 발행, 1956.
(월간조선 뉴스룸 2013년 7월).
도진순, '1950년 1월 애치슨의 프레스클럽 연설과 하나의 전쟁 논리', 『한국사연구』, VOL. 119, 185~231쪽, 2002.
이성춘, '북한 신년사 분석을 통한 김정은 시대 지속과 변화', 『융합보안논문지』, 제14권 61호, 75~87쪽. 2014.

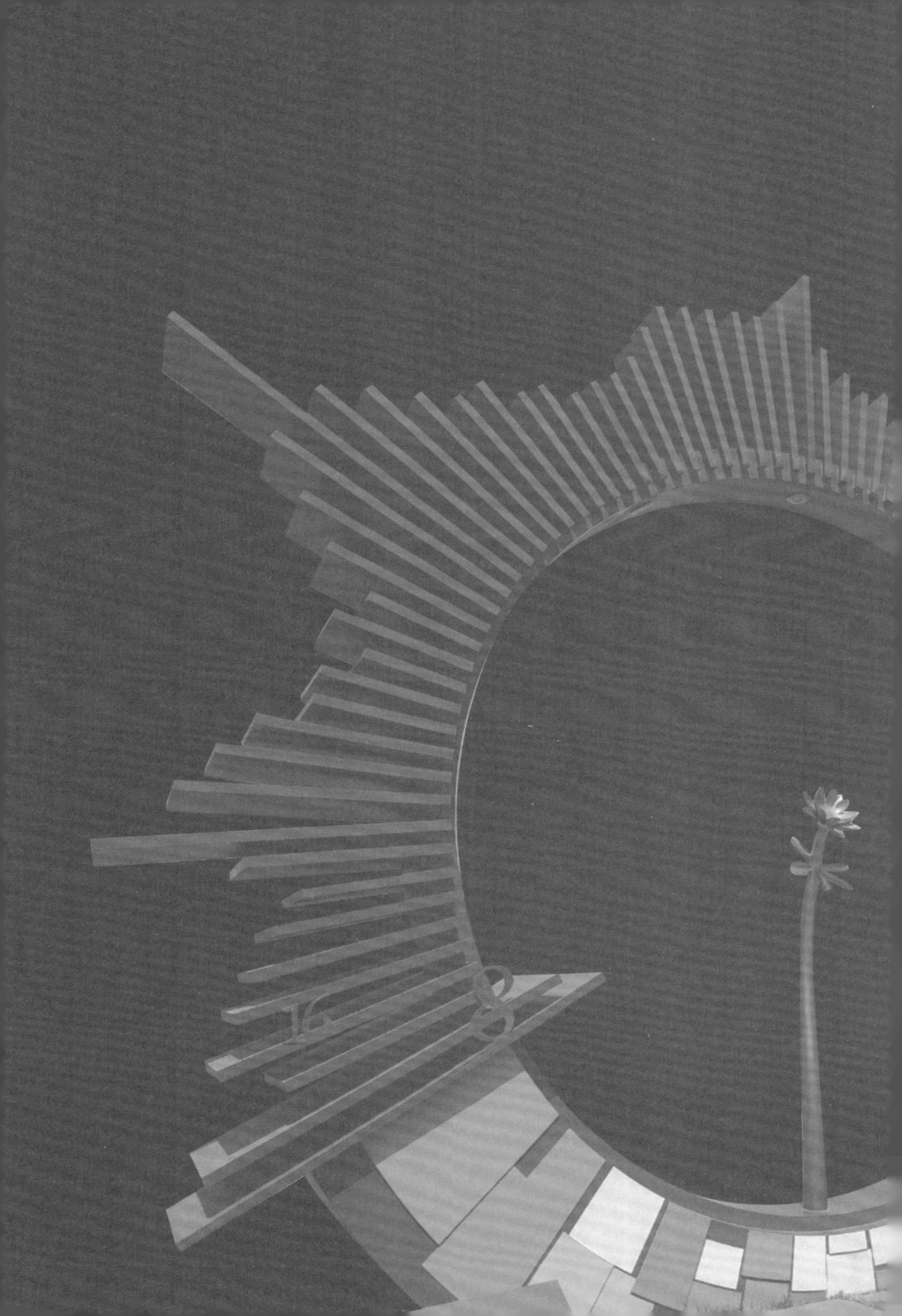

제2장

기습과 반격, 낙동강에서 두만강까지

5

북한군 왜
서울에서 3일 허송했나

"북괴군의 '서울 3일'은 수수께끼로 남아 있다. 남한 각지에서 공산당 지하조직이 일제히 폭동을 일으키는 '붉은 반란'이 일어나기를 기다렸다는 주장이 있다. 북괴군이 서울을 점령한 여세로 밀어붙였다면 미 지상군 참전도, 인천상륙작전도 없었을 것이다."(정일권 회고록)

북한군은 1950년 6월 25일 38선을 넘어 남침을 개시한 뒤 3일 만인 28일 서울 한강 이북을 점령했다. 그런데 북한군은 7월 1일 한강을 넘을 때까지 3일간 서울에서 더 이상 진격을 하지 않고 머물렀다. '북한군 서울 3일' 체류가 왜 발생했는지 다양한 해석이 나오고 있다. 분명한 것은 김일성이 스탈린과 마오쩌둥으로부터 남침 승인과 지원을 얻어내기 위해 '전격전'을 주장한 것과는 다른 행보였고 전쟁의 양상에도 큰 영향을 미쳤다는 점이다.

'서울 3일'이 미 지상군 파병 앞당겼다

북한군이 한강 이북에 머무르는 3일간 국군은 '시흥지구 전투사령부'를 설치하고 한강 이남에 수도사단, 2사단, 7사단 등 3개 사단을 배치해 시간을 벌었다. '북한군 서울 3일' 기간인 6월 29일 맥아더 사령관이 도쿄에서 전용기 바탄호를 타고 수원비행장에 내려 이승만과 만난 뒤 곧바로 한강방어선까지 왔다.

북한군이 한강 북쪽에서 남쪽으로 120mm 박격포탄을 퍼붓는 가운데 맥아더는 영등포의 한 방어선 개인호에서 일등중사에게 묻는다.

"자네는 언제까지 그 호 속에 있을 셈인가?"

"철수 명령이 없었다. 명령이 내려지든가, 죽는 순간까지 참호 지킨다. 맨주먹으로 싸우고 있다. 무기와 탄약을 달라."

맥아더는 도쿄로 돌아가 트루먼 대통령에게 미 지상군 2개 사단 파병을 요청했다. 트루먼은 7월 1일 일본 주둔 미 24사단을 긴급 투입했다. '북한 서울 3일'이 미 지상군의 신속한 파병에 도움이 됐다며 전사(戰史)에 전해지는 에피소드다.

1951년 5월 15일 자 미군 정보지에는 "(북한이 신속히 남하하지 않아) 낙동강 방어선을 뚫지 못한 데는 서울 점령 뒤 한강 도하를 지체한 것 때문"이라는 김일성의 탄식이 있다.

38선에서 서울까지는 약 45km. 국군의 산발적인 저항 속에 북한군은 하루 15km씩 진군해 3일 만에 서울을 점령했다. 서울에 머문 3일이면 7월 1일 수원, 7월 4일에는 조치원까지도 진격할 수 있었다. '북한군 서울 3일'은 남쪽으로의 진격이 며칠 늦어진 이상의 6·25전쟁 전체의 양상을 바꿀 만큼 영향을 미쳤다는

서울 영등포에 맥아더 장군이 한강 방어선을 시찰했다는 표지판이 세워져 있다.

분석도 있다. 그래서 왜 3일을 한강 이북에서 머물렀는지 다양한 해석이 나온다.

'한강 다리 끊어져서 넘지 못했나'

북한군은 6월 27일 4시 창동 방어선, 28일 1시에는 미아리 방어선을 넘었다. 국군은 미리 설치해 둔 폭약을 터뜨려 28일 새벽 2시 반 한강 인도교와 경인철교를 끊고 광진교는 4시에 폭파했다. 한강철교는 일부만 파손됐다. 북한군이 서울 중심을 점령하기 전 한강 다리가 끊어져 신속히 도하를 못했다는 시각이 있다.

당시 한강은 수심 3m, 강폭 700~1500m가량이었다. 북한군은

한강을 도하할 장비를 갖추지 못했다. 하지만 당시 한강에는 마포나루 등 6개 나루터에 크고 작은 배들이 있었다. 1개 소대 병력도 탈 수 있는 '늘배'라는 목재 운반선도 있었다. 길이가 12m가량이다.

한강에는 4개의 다리가 있었는데 광진교, 한강인도교, 경인철교는 파괴됐으나 한강철교는 일부 철도 레일과 침목만 손상됐다. 레일과 침목 교체는 수시간이면 가능했다. 낮 공습을 피해 북한군은 야간 보수 작업을 거쳐 이틀 만에 철로를 보수해 3일 새벽 전차도 건너게 했다. 한강 이남에서 국군이 방어선을 펴고 있었지만 3일간 넘지 못할 만큼 강력한 저항이라고 보기 어렵다. 한강 이북의 주력 부대가 철수 명령을 받지 못하고 다리가 부서져 중장비, 차량, 곡사포와 박격포, 기관총 등을 대부분 버리고 한강을 넘어와 버렸기 때문이다.

북한군이 서울에 들어온 뒤 한강 다리 장악에 소홀한 것도 초기 작전의 실책으로 지적된다. 27일 서울로 진입한 105전차여단은 한강 다리보다는 중앙청, 서대문형무소, 방송국, 신문사 등을 최우선으로 접수하라는 명령을 받았다. 백선엽 장군은 김일성이 3일 만에 서울을 점령한 기세대로 한강을 넘어 남진을 계속했다면 아주 불리했을 것인데 천행으로 김일성이 주춤거리고 말았다고 회고했다.

'서울만 점령하면 전쟁 끝으로 오판?'

'북한군 서울 3일'의 수수께끼를 풀기 위해 학계에서는 북한군의 '서울 제한점령론'도 제기됐다. 북한 인민군의 남침 목표가 서울을 점령하는 것에 제한됐을 수도 있다는 것이다. 서울을 점령한 뒤 뭔가를 기다리며 지체하고 있었다는 것이다.

하지만 1994년 러시아 보리스 옐친 대통령이 김영삼 대통령에게 전달한 1949년 1월~1953년 7월 소련 외교문서 중 김일성과 스탈린 간에 오간 서한에는 서울 제한점령에 관한 내용은 전혀 없었다. 박헌영은 마오쩌둥과 스탈린을 만났을 때 "북한이 남침했을 때 20만 명이 봉기하고 남한 내 빨치산으로부터 큰 도움을 받을 것"이라고 말했다.

6·25 발발 당시 한국군이 보유한 8개 사단 중 4개 사단은 후방에 배치되어 있었다. 일부는 빨치산 토벌 임무를 맡았다. 하지만 1948년 10월 여수·순천 10·19사건 이후 빨치산 수는 2500여 명까지 크게 줄었다가 그 후 다시 늘어나기도 했으나 대규모 소탕 작전으로 1950년 초에는 지리산의 빨치산이 대부분 토벌됐다. 북한군이 서울에서 머무르며 빨치산의 호응을 기다릴 상황이 아니었다.

7월 1일 스탈린은 북한 주재 대사 슈티코프에게 보낸 전문에서 "조선사령부가 어떤 계획을 하고 있는지 전혀 통보를 하지 않고 있다."고 불만을 나타냈다. 스탈린은 남한을 빨리 '해방'시킬수록 미국이 참전할 가능성이 작아진다고 생각했다.

무산된 '수도권 포위 섬멸 작전'

'북한군 서울 3일' 미스터리를 풀기 위해서는 북한의 남침 구상을 볼 필요가 있다. 남침 개시 직전인 6월 22일 작성된 것으로 개전 후 북한군에게서 노획한 문서 '북한군 정보계획'에 따르면 남침은 3단계로 진행된다.

　　1단계 방어선 돌파 및 주력 섬멸
　　2단계 전과 확대 및 예비대 섬멸
　　3단계 소탕 작전 및 남해안 도달

핵심은 1단계로 서울을 점령한 주력군과 춘천 원주 등을 점령하고 국군의 후방으로 온 북한군이 수원 이북에서 한국군을 포위 섬멸하는 것이다. 그 후 남해안까지 3개 방향으로 진격한다. 이 작전이 성공하려면 북한군 1군단 등 주력 부대가 신속히 서울을 점령하고, 중부 전선의 북한군 2사단과 7사단은 원주와 홍천을 점령한 뒤 남쪽 후방에서 한강 이남 지역을 봉쇄 포위해야 한다. 계획대로 진행돼 수도권에서 국군 주력을 섬멸하면 1개월 이내에 전쟁을 끝낼 수 있을 것으로 북한은 생각했다. 미국이 개입할 시간을 주지 않는 속전속결 전략이었다. 그런데 이 같은 작전이 차질을 빚은 것은 작전상 주공(主攻)이 아닌 조공(助攻)을 맡은 중부전선에서 발단이 됐다.

국군 6사단의 서전(瑞戰), 춘천 홍천 전투

북한은 서부전선에서 1군단 등 주력이 서울을 공략하는 동안 중부전선인 춘천~홍천에서는 조공 부대를 우회 남진시켜 수도권

국군의 퇴로를 차단하는 작전을 세웠다. 수도권 포위 섬멸 작전이다. 춘천 홍천 지구는 국군 제6사단(청성부대)이 맡고 있었는데 북한 정예 2군단을 맞아 선전하면서 북한의 계획은 틀어지기 시작했다.

6사단이 춘천에서 사흘, 홍천에서 이틀을 버텨 30일까지 북한군을 저지한 뒤 전략적 후퇴를 하면서 북한군은 '수도권 섬멸 작전'에 투입되는 타이밍을 놓치게 됐다.

중부전선으로 내려온 북한군은 2군단 예하 2사단과 12사단이었다. 6사단은 7연대가 옥산포, 19연대가 홍천 말고개에서 육탄돌격까지 감행하며 적의 자주포를 막아냈다. 사단의 제16포병대대는 춘천과 홍천을 오가며 맹활약을 했다.

휴가도 줄이고 평소에도 철저한 훈련

6월 24일 0시 전군 비상경계령이 해제돼 25일 전방 부대의 외출 외박 휴가 장병이 많았다. 하지만 6사단은 전쟁 직전 귀순한 북한군 자주포 부대 병사가 '곧 북한군이 내려올 것'이라고 증언해 외출 외박을 제한하고 경계를 강화했다. 16포병대대는 적의 예상 주요 접근로에 화력을 집중하는 연습을 반복했는데 실제 상황에서 그대로 적용해 부족한 장비에도 불구하고 큰 효과를 봤다.

북한군의 중부전선 주공은 홍천의 12사단, 조공은 춘천의 2사단이었다. 먼저 제동이 걸린 것은 춘천이었다. 춘천의 국군 7연대는 1개월 전 고등학생과 주민들의 도움까지 받아 진지를 구축했다.

춘천지구 전적비.

북한군 2사단은 개전 직후 지금은 수몰된 춘천의 첫 관문 모진교를 계획대로 돌파했다. 문제는 옥산포. 북한군의 집중 타격을 받은 옥산포는 논밭 평지로 이곳을 내려다보는 우두산 8부 능선에 참호를 파두었다. 심일 소위는 5명의 결사대와 함께 대전차포와 화염병, 수류탄으로 SU-76 자주포 2대를 파괴해 창군 이래 처음으로 태극무공훈장을 받았다.

북한군은 26일 16포병대대가 평소 주 침공로로 예상하고 사격훈련을 해왔던 북한강 둔치로 내려와 포병대대의 포격 효율을 높여줬다. 포병대대의 집요하고 정교한 포격으로 북한군이 머리를 들지 못할 정도로 두려움을 느꼈다고 북한군 포로가 진술했다. 북한군 2사단은 이곳에서 50%가량의 전력 손실을 봤다. 7연대는 이틀간 옥산포를 지키다 춘천의 관문인 소양교로 옮겨서 다시 격전을 벌였다. 소양교에는 지금도 총탄 자국이 남아 있다.

춘천 전투에서 타격을 입자 홍천까지 내려갔던 주공 12사단의 2개 연대와 603모터사이클 연대를 춘천으로 '회군'시켰다. 그러자 김종오 6사단장은 춘천의 7연대를 후퇴시키고 19연대와 16포병대대도 홍천으로 이동시켰다.

'11명의 육탄돌격대'

일부 부대를 춘천으로 보낸 12사단 역시 계획대로 홍천을 점령하지 못했다. 양구를 거쳐 홍천으로 향하던 북한군이 말고개에서 덜미를 잡힌 것이다.

이곳을 지키던 19연대의 11명 육탄돌격대는 굽은 지형을 이용해 숨어 있다가 허리에 휴대한 대전차포를 발사하거나 SU-76 자주포에 뛰어올라 수류탄을 던지고 내려오기도 했다. 돌격대원 대부분이 희생됐다. 전투 현장에는 '11용사 육탄부대 전적비'가 세워졌다. 고갯길에서 길이 막혀 고립된 북한 12사단 병력을 춘천에서 내려온 16포병대대가 집중 타격했다.

　　말고개 전투의 선전은 춘천에서 철수하던 7연대의 철수로를 확보하게 했다. 그뿐만 아니라 25일 새벽 동해안으로 북한 766부대

강원도 홍천의 말고개는 당시의 구불구불한 산길에서 왕복 6차로로 바뀌었다. 하지만 도로 우측의 낭떠러지는 여전했다. 육탄용사의 공격을 받은 북한 자주포가 언덕 아래로 굴러떨어지기도 했다.

가 상륙해 후방이 차단됐던 국군 8사단이 태백산맥을 넘어 제천으로 안전하게 철수할 수 있게 했다. 6사단과 8사단이 전력을 보존한 것은 이후 전황에도 영향을 미쳤다. 후퇴하면서 적의 진격을 저지하는 '지연 작전'에 가담하고 낙동강 방어선 전투에서도 맡은 역할을 수행했다.

춘천 홍천 전투에서 1개 연대급 손실을 입은 북한군은 2군단장, 2사단장을 전격 교체했다. 전쟁 초기 조치로서는 이례적으로 북한군 지도부도 큰 실책이라고 판단한 것을 보여준다. 6사단은 서부전선에서 서울이 점령되고 동부전선의 8사단도 후퇴하면서 6월 30일 충주로 이동했다. 북한군의 중부전선 주력을 5일간 저지한 뒤였다.

북한군 3일 늦은 한강 도하 남진

춘천 홍천 전투에서 5일 동안 발이 묶인 북한군 2군단의 2사단과 뒤에 전투에 가세한 7사단이 양평에서 한강을 넘은 것이 7월 1일이었다. 이날 서울을 점령한 뒤 3일을 지체하고 있던 북한군 주력 3, 4사단도 한강을 건넜다. 마치 중부전선의 2군단이 오기를 기다려 함께 내려가는 모양새다.

북한군 2사단이 수원에 도착한 것은 7월 5일로 국군은 남쪽으로 후퇴해 전력을 보강한 뒤였다. 미군 제24사단은 7월 1일 투입돼 5일 오산까지 내려온 북한군과 죽미령에서 첫 교전을 하게 됐다. 춘천에서 시간을 지체한 북한군이 타이밍을 맞추지 못해 후퇴하는 국군

국군 6사단과 북한군 2군단의 피해

	국군	북한군
참가 부대	6사단 2연대, 7연대, 19연대, 제16포병대대	2군단 2사단, 5사단, 12사단, 제603모터사이클연대
병력 수	약 1만 명	약 3만 5000명
주요 장비	57mm 대전차포	122mm 곡사포, 76mm 야포, 45mm 대전차포
전사상자	405명(사망 52명)	6792명, 포로 122명
무기 장비 손실	박격포 16문, 57mm 대전자포 1문	SU-76 자주포 18문, BA-64 장갑차 2대, 45mm 대전차포 2문, 박격포 8문

을 차단하지 못했고 미군이 참전할 수 있는 시간을 벌어 주었다.

'지연 작전'을 빛낸 한국군의 투혼

북한이 T-34 전차를 앞세워 부산까지 전격적으로 공격해 왔다면 미국의 참전을 곤란하게 했을 것이다. 그런데 북한군은 서울로 진격해 3일가량 남진하지 않고 머물렀다. 북한은 부산으로 남진이 늦었을 뿐만 아니라 기뢰 부설, 공중 또는 해상 공격 등으로 부산항에 대한 미군의 접근을 저지하거나 지연시키지 않았다. 부산항을 점령하거나 고립시키지 않아 미군의 교두보가 되게 한 것은 공산 측의 결정적인 실수로 지적된다.

북한의 기습 남침 이후 미군이 투입된 뒤에도 8월 말 낙동강 방어선을 구축할 때까지 일방적으로 후퇴하는 '지연 작전'이 펼쳐졌다.

미 여성 종군기자 마거릿 히긴스는 '지연 작전'을 이렇게 풀이했다. "천안 조치원 금강 대전 영동 등에서 우리가 당한 패배를 지칭하는 용어이자, 한국에서 끔찍한 날들을 실제 목격한 사람 모두의 탄원이다." 맥아더 장군은 공산주의자들이 개전 초기 몇 주 동안 머뭇거린 것이 그들의 가장 큰 실수라고 보았다. 미군이 북한을 과소평가한 것만큼, 북한은 미군을 과대평가했다는 것이다.

초기 전투는 일방적인 후퇴였고 미군이 투입된 후에도 당분간은 크게 달라지지 않았다. 하지만 미군이 투입되기 전 중부전선에서 6사단의 분투는 전세에 큰 영향을 미쳤다. 3년간 치러진 많은 전투 중에서 춘천과 홍천 전투를 다시 돌아볼 이유가 여기에 있다.

국군 6사단과 김종오 사단장의 영욕

6·25전쟁이 3년가량 이어지면서 전쟁에 참가한 부대와 지휘관들은 숱한 전투 속에 승패가 엇갈리고 영욕이 교차했다. 대표적인 사례가 개전 초기 춘천과 홍천의 중부전선을 담당한 국군 6사단이다. 미군은 군우리 전투에서 참패한 뒤 지평리 전투에서 설욕한 육군 제2사단이다. 그야말로 지옥과 천당을 오가는 경험을 했다.

1950년 10월 26일 평안북도 초산의 압록강에 도달한 6사단 7연대 소속의 병사가 압록강 물을 수통에 담고 있다.

6사단은 개전 초기 춘천과 홍천 전투에서 북한군 2사단과 7사단을 맞아 사흘 이상 저지함으로써 서울 함락 이후 북한군 남진의 발목을 잡는 데 결정적인 기여를 했다. 6사단이 홍천에서 철수해서 후퇴한 것도 다른 전선이 밀리면서 불가피한 후퇴 작전이었다.

그런데다 후퇴해 가면서도 7월 5~8일 동락리 전투에서 큰 전과를 거둬 6사단 7연대의 연대장부터 사병까지 장병 전체가 1계급 특진하는 영광을 누렸다. 같은 시기 경기도 오산의 죽미령에서는 미국 24사단의 스미스 특임부대가 준비되지 않은 오만함으로 북한군에게 큰 타격을 받고 있던 때여서 더욱 대비가 됐다.

인천상륙작전 성공 이후 북진한 뒤 10월 26일 평안북도 초산에서 미군과 국군을 통틀어 처음 압록강에 도달한 것도 6사단의 한 특공수색대였다. 우리에게 익숙한 압록강에서 수통에 물을 받는 병사가 6사단 7연대 소속이다. 백선엽 장군은 이 같은 6사단의 활약에는 다른 국군 사단이 갖추지 못한 장점이 있었다고 소개

서울 용산구 육군회관의 한 회의실 이름이 '김종오 홀'이다.

했다. 6사단이 주둔하고 있는 강원도의 영월 일대가 일제 강점기를 거치면서 광산 개발 붐이 일어 광석을 실어 나르는 중소형 트럭이 전국 어느 지역보다 많았다는 얘기다. 6사단은 전쟁 발발 뒤 광물회사들의 트럭을 징용할 수 있어 기동력이 아주 탁월했다는 것이다.

그런데 '압록강 수통'은 '북진 과속'의 큰 대가를 치렀다. 중공군이 들어와 기다리고 있다가 포위 공격을 해 연대장이 권총도 잃어버릴 정도로 혼비백산해서 후퇴해야 했다. 당시 미군과 국군 모두 압록강 진격 경쟁을 벌이는 상황에서 중공군 대부대를 맞은 것이지만 김종오 사단장으로서는 작전상 큰 실책으로 남게 됐다.

6사단 사단장이 김종오에서 장도영으로 바뀐 1951년 4월 22~24일 사창리 전투에서 부대의 50%가량을 잃는 괴멸적인 타격을 입게 됐다. 강원도 화천군 화악산과 사창리 일대에서 중공군 4개 사단과 벌인 방어전투다. 중과부적의 상황이긴 했으나 방어선을 줄여 버티면서 아군의 화력 지원을 받는 전투를 벌이지 않고 사실상 전투를 포기한 데다 무질서한 도주로 피해가 컸다. 하지만 6사단은 5월에는 사단 단위로는 6·25전쟁 최대의 성과로도 불리는 용문산 전투에서 승리한다. 장도영 사단장으로서도 개인적인 설욕의 기회가 됐다.

김종오 장군은 1952년 10월에는 백마고지 전투에서 9사단장으로서 큰 성과를 올려 초산 전투에서의 패배를 되갚았다.

⑥ 죽미령에서 다부동까지 '피(血)로 버틴 지연 작전'

한나절 전투에 병력 3분의 1 손실된 대패

경기 오산시 '오산 죽미령 평화공원'에서 가장 눈길을 끄는 것은 전투가 벌어진 1950년 7월 5일 오전 8시부터 오후 2시 15분까지를 표시한 시계 조형물이다. 당시 세계 최강국 미국과 한반도 북부를 차지하고 있던 '북한 괴뢰 집단' 간 첫 전투치고는 너무 짧은 시간이다. 더욱이 북한군에 겨우 반나절가량 버틴 미군의 패배였다. 8월 초 낙동강 방어선까지 계속된 후퇴를 거듭한 '지연 작전'의 시작이었다.

맥아더는 6월 29일 한강방어선을 시찰하고 돌아간 뒤 바로 지상군 투입을 결정했다. 한국군의 방위 능력은 이미 소멸돼 북한군이 부산까지 내려오는 것을 막을 수 없을 것 같았다. 맥아더가 처음 투입한 부대는 일본에 주둔하고 있던 미 24사단. 부산에 가장 가까운 규슈 구마모토에 있던 21연대 1대대(스미스 특수임무부대)가 첫 미 지상군으로 긴급 투입됐다.

7월 1일 부산 수영비행장에서 시민환영대회를 받은 후 2일 대전을 거쳐 오산 북쪽 5km 지점의 죽미령에 도착한 것은 5일 오전 3시였다. 도로는 후퇴하는 국군과 피란민들로 가득 차 인파를 역류하면서 올라갔다.

오전 8시 후방에 배치된 52포병대대가 북한군 선두의 T-34 탱크를 향해 포격을 시작했고 전위부대는 대전차포와 무반동총을 발사했다. 탱크 4대가 파괴되었지만 다른 29대는 방어선을 돌파해 줄지어 내려왔다. 스미스 대대는 후방의 사단 본대와 통신망도 구축하지 못한 채 전투를 벌였다. 기상 상태가 안 좋아 공중 지원도 받지 못했다. 결국 전투 시작 6시간여 만에 퇴각, 철수하면서 병력이 분산돼 포위 공격을 받았다. 모든 공용화기는 챙길 틈도 없었다. 부대원들이 천안에 집결했을 때 전사 부상 실종 등 인원 손실이 150여 명으로 450여 스미스부대원의 3분의 1에 달했다.

죽미령 전투 전사자 중에는 나이 어린 10대 소년 형제도 있었다. 랜섬과 버질 월포드는 각각 14살과 16살에 군에 입대해 죽미령 전투에 참여했을 때는 16살과 18살이었다. 아버지가 자동차 사고로 사망해 어린 나이에 가족을 부양하기 위해 군에 입대했다. 미군은 이들 형제를 되돌려 보내려 하던 중 죽미령 전투에 참전했다가 형제 모두 목숨을 잃었다.

　　정일권 당시 육군참모총장은 대전에 도착한 스미스부대를 처음 보고 실망했다. 북한 T-34 탱크를 제압할 대전차 무기가 없는 데다 실전 경험자도 부대원의 6분의 1에 불과했다. T-34 탱크는 미군이 발사한 대전차 포탄을 '고무공을 튕겨 내듯' 했다.

　　미 24사단은 3개 연대 중 한 개는 일본에 남겨두고 왔다. 부대원들은 여름용 군복을 준비하라고 했다. 초전에 북한군을 격파한 뒤 서울에서 개선 행진을 하려면 여름용 군복이 좋을 거라고 생각

오산 죽미령 평화공원의 '시계 조형물'에 오전 8시부터 오후 2시 15분까지 전투가 벌어진 시간이 표시되어 있다.

했다. 그 정도로 북한 군을 얕보고 준비도 되지 않았다.

죽미령 전투 당시 피해 비교

부대	피해
스미스 특임부대 (1대대와 52포병대대)	전사 120명 포로 및 실종 36명 부상 150여 명 중화기: 완전 유기
북한군 4사단	사망 42명 부상 85명 전차 4대 파손

미 육군 사례로 연구되는 죽미령 전투

죽미령 전투는 미 웨스트포인트(육군사관학교) 전사에서 연구 사례라고 한다. 상대에 대한 정보 없이 얕잡아보고 전투에 임하는 것이 얼마나 위험한지 깨닫게 하는 전투로 꼽힌다. 미군은 자신들이 참전한 것을 알면 북한군이 겁먹고 전투를 포기할 것이라는 자만도 있었다.

북한은 미군과의 첫 전투에 대해 '조선인민군 불패의 위력을 온 세상에 시위하였으며 이른바 세계 최강을 자랑해 온 미제 침략군의 거만한 콧대를 꺾었다'고 자평했다.

죽미령 전투는 패배했지만 북한군이 예상했던 시기보다 훨씬 빨리 미국이 지상군을 투입해 주력 부대의 남진 속도를 늦춰 미군 후속 부대를 전개하는 시간을 확보하게 했다. 맥아더는 북한군이 한반도 전역을 수중에 넣기 전에 전진 속도를 늦추기 위해 소규모라도 신속하게 지상군 부대를 파견해야 한다고 판단했다. 그래야 적 사령관이 조심하게 될 것이고 따라서 시간을 벌 수 있을 것으로 봤다.

미 지상군이 북한군과 처음 전투를 벌였던 죽미령에 세워진 '유엔군 초전(初戰)기념관'.

낙동강 전선에서 포로가 된 한 북한군 장교는 "미군의 참전 가능성에 대해 들은 바 없었는데 오산에 미군이 와 있다는 것을 알고 몹시 놀랐다. 우리로서는 충격이었다"고 진술했다. 기습 남침을 받아 밀리면서 북한군의 남진 속도를 줄이기 위해 벌인 고육책인 '지연 작전'은 낙동강 방어선을 구축하는 시간을 벌어 주었다.

연대장 사망, 사단장 피랍, 대전 전투 패배

죽미령 패배 후 미 24사단은 천안에서 34연대장을 로버트 마틴으로 교체 투입했는데 그는 2.36인치 로켓포를 들고 직접 T-34 탱크로 달려갔다가 탱크 총격에 사망했다. 미 24사단이 19일 대전까지 밀려왔을 때는 북한군 3, 4사단과 105전차사단이 3개 방면에서 공격해 왔다. 윌리엄 딘 사단장은 직접 3.5인치 대전차포를 들고 전차 사냥에 나섰으나 중과부적이었다. 이틀 만에 대전을 북한군에 내줬다. 딘은 철수 과정에서 야간에 부상병에게 물을 떠다 주려다 산 낭떠러지로 떨어져 부대와 헤어진 뒤 실종됐다가 포로로

자료: '6·25 전쟁 1129일'

잡혔다. 그는 휴전 후 포로 교환으로 돌아왔다. 24사단은 7월 21일 후퇴하면서 옥천 전투에서도 패배해 첫 전투 이후 보름여 만에 1만 6000명 병력 중 약 7000명을 잃었다.

'버티느냐 죽느냐(stand or die)'

워커 미 8군 사령관은 7월 26일 낙동강 방어선으로 8월 1일까지 철수하라는 명령을 내렸다. 7월 29일 상주 미 제25사단 사령부에서는 '버티느냐 죽느냐'의 전선 사수 명령으로 유명한 훈시를 했다. "우리 뒤에는 후퇴할 곳이 남아 있지 않다. 덩케르크의 참패가 다시 있어서는 안 된다."

미군은 8월 1일 마산~왜관~낙동리~청송~영덕을 잇는 약 240km의 최초 낙동강 방어선을 설정했다가 11일 마산~왜관~포항을 잇는 180km로 축소했다. 부대 간 거리를 좁혀 적의 우회 돌파를 막고 방어선을 단축해 예비 병력을 확보하기 위한 것이었다. 히긴스는 "병력이 부족한 상황에서 큰 반원형으로 군을 배치할 수 있었던 것은 워커 장군의 공로"라고 평가했다.

왜관을 분기점으로 마산에서 왜관까지 서부 120km의 방어선(X선)은 미군 4개 사단, 왜관부터 포항까지 80km(Y선)는 국군 5개 사단이 담당했다.

북한은 8월 초중순까지는 대구와 마산을 집중 공격하다가 중하순에는 모든 전선을 공략했다. 한 곳이라도 뚫리면 대구를 점령하겠다는 의도였다. 낙동강은 둑이 가파르고 강폭이 400~800m로 공격보다 방어자에게 유리한 천혜의 방어선이었다. 8월 16일 미 8군은 B-29 98대가 융단폭격으로 폭탄 960t을 쏟아부었다. 폭격을 지휘한 스트레이트마이어 극동공군사령관은 "지금까지 가장 강력한 폭격 작전이었다. 왜관 서북쪽 가로 3.5마일, 세로 7.5마일 지역에 투하했다. 육안 폭격이 가능한 상태여서 10시 50분 시작해 13시

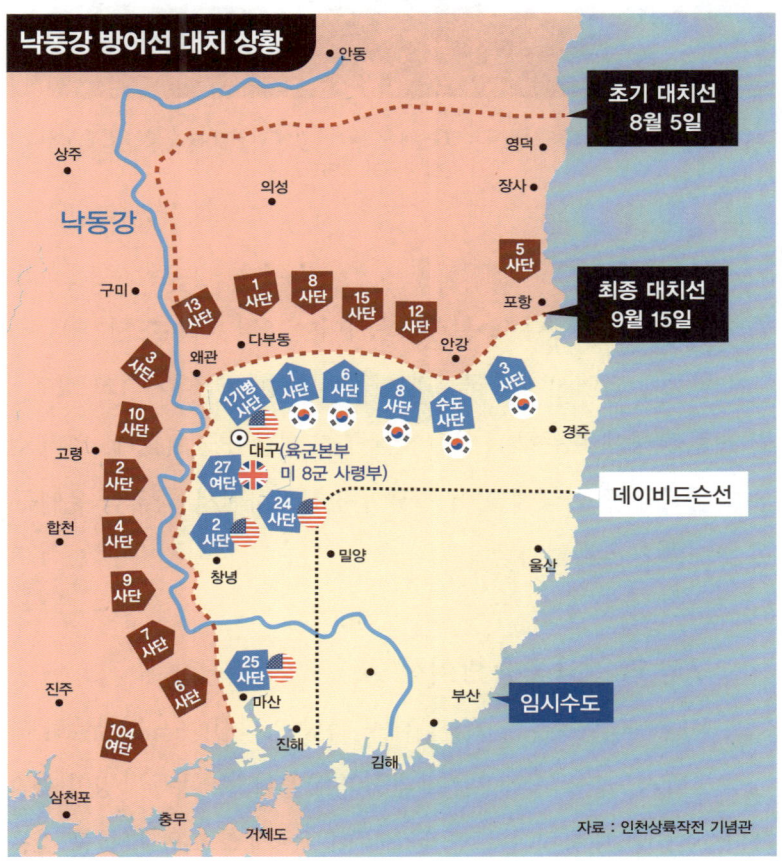

'호국의 다리'로 보행도로로 사용되고 있는 왜관철교. 중간에 아치가 없는 곳이 전쟁 당시 미군이 북한군의 낙동강 도하를 막기 위해 파괴한 곳이다.

종료했다"고 기록했다.(스트레이트마이어, 8월 16일 자 일기)

낙동강 방어선에서 국군과 미군이 북한군과 대치하고 있던 8월 29일 홍콩에 주둔하고 있던 영국군 27여단이 들어왔다. 16개 전투병 참전국 중 미국에 이어 영국까지 참여하면서 '다국적 유엔군'의 면모를 갖추기 시작했다.

구멍 많은 낙동강 방어선

융단폭격 이틀 후인 18일 대구 북방 가산산성을 점령했던 북한군이 박격포를 발사해 7발이 대구역에 떨어져 역무원 1명이 사망했다. 이승만 대통령은 프란체스카 여사에게 도쿄로 피신할 것을 권했다가 거절당했다. "대통령이 나를 불러 도쿄의 맥아더사령부로 떠나라고 했다. 거의 명령조였다. '적이 대구방어선을 뚫고 오면 제일 먼저 당신을 쏘고 내가 싸움터로 나가야 돼요. 당신만은 여기를 떠나주시오.'"

프란체스카 여사의 '난중일기'에는 낙동강 방어선의 급박한 상황이 이어졌다. '낙동강 전선 17개 지점에서 적군이 아군 저지선을 돌파했다는 나쁜 소식이 파우치로 전해졌다. 적이 왜관에 침입했다고도 한다.'(9월 2일 일기) '북괴군 유격대가 대구까지 침투했다. 그들은 자유지역(방어선 내의 지역) 어느 곳에나 퍼지고 만 것이다.'(9월 5일 일기)

시산혈하(屍山血河) 다부동 전투

미군과 국군이 접하는 왜관의 다부동은 백선엽의 제1사단이 맡았다. 1사단의 3개 연대는 3개 사단을 맞아 연대와 사단의 싸움이었다. 소대장이 보충되는 신병을 밤에 전선에서 처음 보고 손전등으로 얼굴을 비추며 "내가 소대장이다"라고 소개한 뒤 전투를 벌였다. 전사하면 이름이라도 확인하려고 신병 이름을 화랑 담뱃갑 쪽지에 적었다. 하지만 전선에 올라간 뒤 내려오지 않은 신병의 이름조차 확인이 쉽지 않았다. 이름을 적었던 소대장 또한 전사한 경우가 많았기 때문이다. 다부동 전투의 무명용사들은 그런 병사들이었다.

북한군 3개 사단은 대구 점령 목표를 세우고 관문인 다부동 돌파를 시도했다. 328고지와 839고지 유학산도 점령했다. 미국은 미 25사단 27연대를 1사단에 배속했다. 미군을 한국군에 배속시키는 것은 매우 이례적으로 다부동 상황이 그만큼 심상치 않았다. 양측 간에 피바다의 일진일퇴 공방전이 벌어졌다. 낙동강에는 피아를 구분할 수 없는 전사자의 시체가 떠내려갔다. 다부동 전적기념관 내부에 전시된 고지의 주인이 15번 바뀐 328고지 전투와 수암산 전투, 가산산성 전투, 유학산 전투 등이 당시의 처절한 전투 상황을 보여준다.

'동양의 베르됭 전투'로 불리는 다부동 전투에서 아군은 1만여 명, 북한군은 3만여 명이 전사했다. 특히 유학산 전투에서만 아군 2300명이 전사하고 적군 5690명이 사살돼 다부동 최대의 격전지였다. 그야말로 시체가 산을 이루고 피가 강을 물들였다.

더욱 가슴 아픈 것은 낙동강 전투에서 북한군 최전선에 나섰던 병력의 상당수는 북한군이 남한에서 징발한 사람들이었다. 그들을 총알받이로 세웠다. 안타까웠지만 국군은 그들을 향해 총을 겨눌 수밖에 없었다.

다부동 전투가 한창인 8월 21일 한 미8군 장교가 한국군이 전선에서 물러나면 미군도 철수하겠다고 했다. 백선엽 장군은 11연대 1대대가 방어하는 천평동 계곡으로 달려갔다. 그는 고지를 버리고 물러서는 부대에 "앞장설 테니 나를 따르라, 내가 물러서면 나를 쏴라"며 병사들을 독전했다. 적은 후퇴했던 병력이 다시 쏟아져 올라오자 증원 병력이 왔다고 착각했다고 한다.

탱크 모양 외관의 다부동 전적기념관.
연중무휴 일반에 개방해 놓고 있다.

유학산 정상의 유학정 앞에 해발 839m 표지석이 세워져 있다. 유학산은 국군이 탈환하기 위해
올라갔던 남쪽 사면은 경사도가 매우 커서 마치 공성전을 펴는 것 같았을 것이라는 생각이 들었다.

천평동 계곡을 두고 남북 양쪽에서 미군의 철갑탄과 북한군의 포탄이 교차하며 날아다녔다. 5시간가량 지속된 이 장면을 두고 외신 종군기자들이 '볼링 앨리(Bowling Alley)'라고 불러 치열한 다부동 전투의 대명사가 됐다.

낙동강 방어선에서 미군 담당 X선의 남단인 마산에서의 전투는 다부동 전투나 영천 전투 등에 비해 덜 알려져 있다. 하지만 부산까지의 거리가 50km에 불과한 이곳이 뚫렸다면 인천상륙작전이 진행되지 못하는 등 전황은 크게 달라졌을 수 있다. 미 25사단은 38선을 넘은 뒤 전남북을 거쳐 낙동강 전선으로 밀고 온 방호산 사단장의 북한 6사단을 맞아 국군 해병대와 함께 2개월가량 치열한 전투를 벌여 마산을 지켜냈다. 마산 전투는 '60일간 하루도 쉬지 않고 싸웠고, 아군은 1000명, 적군은 4000명이 죽은 대혈전이었다'고 한다.

낙동강 최후 결전 영천 전투와 '링크업 작전'

낙동강 공방전의 최후의 결전은 인천상륙작전 이틀 전인 13일까지 열흘간 치러진 영천 전투였다. 국군 2군단이 두 번 뺏기고 두 번 빼앗는 전투 끝에 지켜냈다. 영천 전투 승리로 유엔군이 한때 고려했던 한반도 전면 철수 계획은 백지화됐다. 영천에서 패배해 낙동강 방어선에 구멍이 뚫리면 인천상륙작전도 포기해야 하는 상황이었으나 끝내 영천을 탈환해 버텨주면서 상륙작전도 예정대로 진행할 수 있게 됐다. 이승만 대통령이 영천을 탈환한 직후인 7일 아

영천지구 전적비. 피를 흘리며 사망한 전우를 무릎에 안고 있는 병사의 표정이 결연하다.

직 전투가 진행 중인 상황에서 하양의 2군단 사령부를 찾아 격려했다.

　　인천상륙작전이 성공한 뒤 낙동강 방어선의 국군과 미 8군의 총반격 작전 과제는 상륙한 부대가 고립되지 않도록 밑에서 치고 올라가 협공하는 것이다. 일명 '링크 업(link up)' 작전으로 상륙부대와 지원부대의 랑데부 작전인 셈이다. 개전 이래 방어에 주력하던 아군이 본격적으로 공세로 전환하는 것이기도 했다.

초전에 패했던 오산에서의 '랑데부'

9월 16일 총반격에 나선 미 제1기병사단이 20일 왜관을 탈환해 낙동강 방어선을 막고 있던 북한군 포위망에 구멍이 뚫렸다. 북한군은 급속도로 붕괴되어 도주했다. 아군은 북한군이 재편성할 시간을 주지 않기 위해 하루 40km 이상을 전진하며 몰아쳤다. 9월

인천상륙작전의 미 제10군단과 낙동강 전선에서 반격해 올라온 미 8군이 경기도 오산에서 9월 26일 합류했다.

26일 오산에서 인천상륙작전 부대와 랑데부하고 30일에는 원주까지 밀고 올라갔다.

　　백선엽 장군은 당시 일패도지(一敗塗地)하던 북한군의 모습이 한심했다고 한다. 주둔했던 진지와 부대 지휘소에는 중화기와 탄약, 보급품이 그대로 버려져 있었다. 사기가 꺾일까 두려워 알려주지 않아 인천상륙작전이 있었는지도 모르고 후퇴하거나, 상륙작전으로 후방이 차단된 것을 알고 혼이 나간 모습 등 다양했다. 북한군은 기관총 사수들의 발목에 쇠사슬을 묶어 도망가지 못하고 최후의 저항을 하도록 했지만 기관총 사수들은 오히려 순순히 항복을 했다고 한다. 낙동강까지 내려왔던 북한군 7만여 명 중 38선 이북으로 철수한 병력은 2만5000~3만 명에 불과했다. 나머지는 사망, 포로 혹은 산속으로 피신해 무장공비가 되었다.

가뭄의 단비 같은 두 승리, 동락리와 화령장

　　병력과 장비 면에서 우세한 데다 기습 공격으로 국군이 미처 대비하지 못하는 사이 북한군은 빠른 속도로 남진했다. 북한군 6사단은 무인지경으로 호남을 쓸고 내려갔다. 서울~대전~대구의 중심축에서도 기세를 올렸다. 다만 동부전선에서는 국군이 북한군을 저지하는 쾌거가 있었다.

　　춘천 전투에서 선전했던 6사단 7연대는 충북 음성군 무극리와 동락리에서 벌인 동락리 전투(7월 5~8일)에서 북한군 15사단을 격파했다. 동락초 김재옥 교사(당시 19세)는 국군이 후방으로 떠났다고 거짓으로 알려주어 북한군 15사단 48연대 병력은 경계를 풀고 교정에서 휴식을 취했다. 학교를 빠져나온 김재옥은 인근 부용산으로 가 4시간가

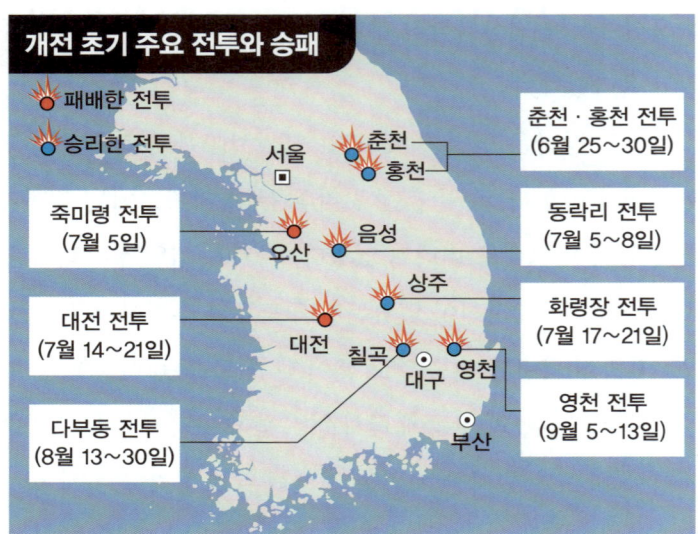

량 국군 7연대 병력을 찾아 헤맨 끝에 적의 정보를 제공했다. 7연대는 기습 공격으로 적 1개 연대를 괴멸시키는 전과를 올렸다. 2000여 명을 사살하고 132명을 포로로 잡았으며 122mm 야포 6문 등 다수의 장비를 노획했다. 김재옥 교사의 활약상은 영화 '전장과 여교사'로 만들어졌다. 이승만 대통령은 제7연대 전 장병에게 1계급 특진의 영광을 주었다.

동락리에서 괴멸당한 북한군 15사단의 48연대 잔여 병력과 49연대는 경북 상주의 화령장 전투(7월 17~21일)에서도 국군 2군단 소속 17연대에 3개 대대 병력이 섬멸당했다. 국군은 지역 주민과 피란민들로부터 적 부대의 진행 방향에 대한 정보를 수집한 뒤 미리 매복하고 있다가 적을 타격했다. 동락리 전투의 7연대에 이어 화령장 전투의 17연대도 전 장병이 1계급 특진했다. 17연대는 개전 시 옹진반도에서 북한군에 밀려 서둘러 철수했던 패배를 되갚았다. 17연대는 미 7사단에 배속돼 인천상륙작전에도 참가했다.

(7)

"그들은 왜 낯선 땅에서 피를 뿌렸나"

　　경기 파주군 적성면 '영국군 설마리 전투 추모공원'의 벽면 부조물에는 무사히 귀환한 남편을 꼭 안고 안도하는 아내의 표정과 뒤에서 아빠의 바지를 잡고 기뻐하는 딸의 모습이 있다. 하지만 이 병사처럼 집으로 돌아와 다시 가족을 만나지 못한 사람들도 많았다. 6·25전쟁 기간 영국군 사망자는 1078명, 실종자도 179명이었다. 옆 부조물에는 이곳 전투에 참가한 제29여단 글로스터 대대원 12명이 활짝 웃고 있다. 이들 중 상당수도 사망하거나 포로로 잡혔을 것이다. 6·25전쟁 3년간 전투병을 보낸 16개 참전국 장병 3만 7886명이 어디 있는지도 모르는 나라로 길게는 한 달가량 배를 타고 와 낯선 곳에서 전투를 벌이다 사망했다. 인적도 드문 감악산 자

락에 '당신을 영원히 기억하겠습니다'라는 문구를 새겨 놓은 추모와 감사의 비석만으로는 그들의 희생에 턱없이 부족하다는 느낌을 지울 수 없다.

"미국과 공동 책임" 의식한 영국

영국은 1950년 1월 가장 먼저 신중국을 승인하고 중국과의 대립을 원하지 않았다. 자국이 총독 통치를 하고 있던 홍콩 때문이었다. 영국은 중국의 대만 점령 주장도 인정해야 한다는 입장이었다. 맥아더의 만주 폭격 등 중국과 전면전을 일으킬 수 있는 이른바 '확전'에 가장 반대했다. 그렇지만 한국전쟁이 발발하자 유엔 안보리 상임이사국으로서 책임을 다했다. 미국에 이어 두 번째로 많은 전투 병력을 파견했고 미국에 이어 가장 먼저 한반도에 전투 병력을

경기 파주시의 '영국군 설마리 전투 추모공원'에 새겨진 벽화. 집에 돌아온 장병이 가족과 만나는 모습이 애틋하다.

경기 파주시 설마리 전투 추모공원에 '당신을 영원히 기억하겠습니다'라는 참전 용사에게 바치는 문구가 쓰여 있다. 왼쪽 베레모는 이 전투에 참가한 글로스터 대대가 1801년 이집트 알렉산드리아 전투에서 전공을 세운 것을 기념하는 것이다.

투입했다. 육군 파병 규모도 미국 다음으로 많았고 해군도 항모 1척을 포함 17척을 파견해 미국 다음으로 많았다. 희생자도 미국 다음으로 많았다.

영국은 18개월이던 군 복무 기간을 2년으로 늘려 연인원 5만 6000여 명을 보냈다. 영국은 호주 뉴질랜드 캐나다 등과 영연방군을 편성해 설마리 전투, 가평 전투 등에서 큰 전과를 올렸다. 영국은 1951년 7월 '영연방 1사단'을 창설했는데 호주 뉴질랜드 캐나다 벨기에 룩셈부르크 등 6개국이 참가한 것으로 '다국적 사단'은 세계 전사상 유례가 없다.

미국은 1950년 7월부터 이듬해 6월까지 유럽부흥계획에 따라 28억5000만 달러를 지원하는 법안을 통과시켰는데 영국은 한국전쟁에 지상군을 파병해 미국의 영국에 대한 지원이 축소되지 않기를 원했다.

참전 동기와 계기는 달라도 목적은 하나 '평화 유지'

6·25전쟁에 전투와 의료 지원을 위해 파병한 각 국가의 목적과 경위는 다양했다. 하지만 한반도에 발을 들여놓은 후에는 불법 침략 세력의 격퇴라는 목적은 같았다. 각국은 낯설고 이름도 처음 들어보는 나라에 전투병을 보내기 위해 부대를 새로 만들고 병력을 모집했다. 의무복무 기간을 늘려 병력을 충원했다. 많은 국가에서

6·25전쟁 한국과 북한 지원 국가

지원 항목	한국	북한
전투지원	미국 영국 등 16개국	중국 소련 2개국
의료지원	인도 스웨덴 노르웨이 덴마크 이탈리아 서독 6개국	체코 동독 폴란드 헝가리 루마니아 5개국
물자지원	일본 쿠바 베트남 이스라엘 등 38개국	몽골 1개국
총계	60개국	8개국

는 참가하겠다는 자원병이 넘쳐 엄격한 심사를 거쳐 선발하기도 했다.

16개국 파병, 4개국은 육해공 모두 보내

유엔 안보리는 6·25전쟁 발발 이틀 만인 6월 27일 군사원조를 한국에 제공하는 결의안을 통과시켰다. 7월 7일에는 유엔군사령부도 창설됐다. 파병 결의안이 통과되고 유엔군사령부 창설 1주일이 지났지만 미국 외에 지상군을 파병하겠다는 국가가 없었다. 트뤼그베 리 유엔 사무총장은 7월 14일 52개 회원국에 파병을 요청하는 서신을 발송했다.

미국은 6월 27일 해군과 공군이 평양까지 공습을 시작했고, 일본에 주둔해 있던 육군 제24사단의 스미스 특임대대가 7월 1일 부산에 도착해 5일 오산 죽미령에서 첫 전투를 벌였다. 미국 다음으로 육군이 도착한 것은 영국으로 8월 28일이었다. 낙동강 방어선에서 다부동 전투가 한창이던 때다. 당시 유엔 안보리 상임이사국이었던 자유중국(대만)은 장제스 총통이 3만3000명의 지상군 파병을 제안했으나 받아들여지지 않았다. 전쟁 3년간 16개국이 전투 병력을 파견했다. 육해공군을 모두 파견한 국가는 미국 호주 캐나다 태국 4개국이다.

6·25 당시 독립국가 93개국 중 60개국이 전투, 의료, 물자 지원 등으로 참여했다. "인류 역사상 단일 연합군으로 한 나라의 자유와 민주를 지키기 위해 참전한 규모로는 최대였다."

부산의 유엔기념공원은 세계 유일의 유엔군 묘지다. 매년 11월 11일 오전 11시에 1분 동안 부산을 향한 묵념 행사 'Turn Toward Busan'이 진행된다.

6·25전쟁 전투병 파병 16개국(참전 병력 숫자순)

	국가	참전병력(명)	사망(명)	한국 도착
1	미국	1,789,100	33,686	7월 1일
2	영국	56,000	1,078	8월 28일
3	캐나다	26,791	516	12월 18일
4	튀르키예	21,212	966	10월 17일
5	호주	17,164	340	9월 27일
6	필리핀	7,420	112	9월 19일
7	태국	6,326	129	11월 7일
8	네덜란드	5,322	120	11월 23일
9	콜롬비아	5,100	213	6월 15일(1951년)
10	그리스	4,992	192	12월 9일
11	뉴질랜드	3,794	23	12월 31일
12	에티오피아	3,518	112	5월 6일(1951년)
13	벨기에	3,498	99	1월 31일(1951년)
14	프랑스	3,421	262	11월 29일
15	남아공	826	36	11월 12일
16	룩셈부르크	100	2	1월 31일(1951년)

※참전병력은 육해공 해병대를 포함한 연인원 기준. 미국 영국은 사망 외 실종자 3,737명과 179명 추가.
※도착은 육군 기준, 육군 없는 남아공은 공군.
자료: '통계로 본 6·25전쟁', 국방부 군사편찬연구소

프랑스, 전후 복구와 혼란 속 대대 규모 파견

프랑스는 2차 대전에서 나치 독일에 점령당해 괴뢰 정부의 통치를 받는 등 전쟁의 폐허 상태에서 겨우 회복되고 있는 때였다. 북대서양조약기구(NATO) 가입과 인도차이나 전쟁으로 군 예산은 상당한 압박을 받았다. 유엔의 5개 상임이사국 중 한 나라였지만 그에 걸맞은 책임을 떠안을 여유가 없었다. 프랑스는 2차 대전이나 인도차이나 전쟁에서 싸운 경험이 있는 예비역들로 대대 단위 부대를 창설하기로 했다. 프랑스 대대는 한국전에 참전하기 위해 1950년 8월 창설됐다.

경기 양평군 지평면의 '지평리지구 전투전적비' 앞 좌우에 프랑스군과 미군의 전승충혼비가 있다. 미 2사단 23연대에 배속된 프랑스 대대가 주축이 됐음을 보여준다. 지평리 전투는 미국 영국 프랑스의 육군사관학교 교재에 전술 토론 자료로 사용된다고 한다.

프랑스의 참전 부대를 이끌고 온 랄프 몽클라르 중령은 '1차 대전의 영웅' 칭호까지 받은 3성 장군이었다. 2차 대전 때는 '망명 자유 프랑스군'을 이끈 레지스탕스 지휘관이었다. 몽클라르도 가명이었다. 몽클라르는 대대를 지휘하기 위해 계급을 중령으로 낮추는 것에 전혀 개의치 않았다.

참전으로 나토 가입한 튀르키예와 그리스

6·25전쟁이 발생하자 튀르키예에서는 '형제의 나라에 전쟁이 났으니 돕자'는 분위기가 일었다. 1만5000여 명이 자원했는데 고등학생들도 참가시켜 달라고 데모까지 했다. 튀르키예는 나토에 가입하기를 원했는데 전쟁은 좋은 기회가 될 수 있었다. 소련이 세력을 확장하고 있었기 때문이다. 튀르키예는 1951년 9월 20일 나토 창설 멤버 12개 국가 외에 처음으로 그리스와 함께 가입됐다.

그리스의 참전 부대 이름은 '스파르타 대대'다. 그리스는 2차 대전이 끝난 후에도 소련과 그 위성국의 지원을 받는 군내 공산당 세력과 6년간 내전을 치르고 있어 한국에 동질감을 느끼고 있었다. 그리스는 참전 후 첫 전투가 벌어진 경기도 이천의 381고지에서 중공군 1개 연대의 공격을 받고 치열한 백병전까지 치르며 물리쳤다. 참전비 좌우의 기둥과 동판에 새겨진 월계수 잎이 고대 문명 국가 그리스가 우리와 생사를 함께하며 싸웠음을 상징적으로 보여준다.

여주 시내 공원에 있는 그리스군 참전 기념비는 좌우가 그리스 신전에서 낯익은 기둥이라 멀리서도 그리스 기념비임을 알 수 있다.

영연방 국가들: 호주, 캐나다, 뉴질랜드

'가평 대대' '가평의 날' 호주

호주는 유엔 결의안 직후인 6월 30일 마침 극동군사령부에 파견 중인 2척의 함정과 1개 보병대대의 파견을 유엔에 통보했다. 호주 국내에서 자원병을 모집했는데 정규군의 98%가 지원 의사를 밝혀 심사를 거쳐 선발했다.

경기 가평의 영연방 전투 기념비. 태극기 유엔기와 함께 영연방 4개국 국기가 나란히 계양되어 있다.

　　1951년 10월 경기도 연천의 '마량산 전투'에서는 '능선 방향 공격' 전술을 구사했다. 능선을 달리며 공격하는 것은 적에게 노출이 쉬워 위험하지만 신속한 기동이 가능하다. 호주는 한반도가 산이 많아 일정 피해를 감수하더라도 능선을 따라 이동하며 위에서 공격했다. 산악 기동에 장점이 있다는 중공군도 혼비백산했다고 한다. 호주는 가평 전투에 영연방군 일원으로 참여했는데 자국 현충일인 4월 25일(1차 대전 당시인 1915년 뉴질랜드와의 연합군이 튀르키예 해안에 상륙했던 날)의 하루 전날을 '가평의 날'로 기념하고 있다.

　뉴질랜드 육군은 7월 27일부터 부대 명칭을 '한국부대(K-Force)'로 명명하고 파병부대원을 모집했다. 모집 9일 만에 다수의 원주민 마오리족을 포함해 전국에서 5982명이 지원했다. 6·25전쟁이 터졌을 때 캐나다는 한국과 대사 관계는 물론 대표부도 설치되지 않았다. 생로랑 총리는 "참전은 특정 국가를 상대로 한 싸움에 참가하는 것이 아니라 유엔의 평화회복을 위한 집단안보 활동의 일부를 담당하기 위한 것"이라고 명분을 밝혔다.

아시아: 태국 필리핀

　태국은 2차 대전 시 '추축국'인 독일 일본과 같은 진영에서 싸웠다. 따라서 6·25전쟁을 통해 신뢰를 되찾을 기회가 필요했다. 한반도와 지리적으로 가까워 아시아 국가 중 가장 빨리 파병했고 가장 오래 머물러 휴전협정 약 20년 후인 1972년 철수했다. 파병 당시와 철수할 때의 부대장이 부자간이어서 화제가 됐다.

　필리핀은 6·25전쟁 4년 전에 독립한 뒤 공산 반란군과 교전 상태에 있어 국내 정세도 매우 불안했다. 그럼에도 국군과 미군이 낙동강 방어선까지 밀려나자 공산군 토벌작전에 투입된 10개 대대 중 1개 대대를 파견했다.

유럽 국가들

　네덜란드는 보유 중인 지상군이 인도네시아에 주둔하고 있는 데다 1951년 5월에나 귀국할 예정이어서 파병에 소극적이었다. 하지만 국내 참전지원자와 언론이 '한국전 참전 지원병 임시위원회'를 결성해 정부에 참전을 강도 높게 요구했다. 국민 여론에 따라 지상군 파병이 이뤄졌다.

벨기에와 룩셈부르크 모두 1949년 영세중립국을 포기하고 나토에 가입했다. 변변한 상비군도 없는 상황에서 두 나라는 통합된 대대를 편성해 한국 파병을 결정했다. 벨기에가 엄격한 기준과 적성검사를 거쳐 선발한 장병 중에는 전 상원의원이자 당시 국방장관도 포함됐다. 벨기에 6·25전쟁 박물관이 있는 제3공수대대에는 '임진강' '학당리' '잣골' 등 벨기에 부대가 전투를 벌였던 지명을 딴 건물들이 있다고 한다. 룩셈부르크는 연인원 100명을 파견해 16개 전투 파병국 중에서는 가장 적었으나 당시 룩셈부르크 인구는 20만 명가량이었다.

아프리카: 에티오피아와 남아공

에티오피아는 2차 대전 때 이탈리아에 무장해제되었고 전쟁이 끝난 뒤에는 황실근위대 정도만이 남아 있었다. 하일레 셀라시에 황제는 황실근위대에서 1200명을 선발해 수도 인근 한국의 지형과 유사한 곳에서 훈련을 시킨 뒤 파병했다. 에티오피아는 '전사한 영웅들의 시신은 반드시 수습한다'는 전통이 있어 적진에 남겨두지 않는다. 붙잡힌 동료도 반드시 구해내 포로가 한 명도 없었다고 한다.

강원도 춘천의 '이디오피아길 1번지'에 있는 참전기념비는

1968년 하일레 셀라시에 1세 황제가 친히 제막하였다. 한국에 새로 부임하는 에티오피아 대사들은 이곳부터 찾는다고 한다.

아프리카 최남단의 남아공은 206명의 전투비행대대를 파견하되 먼 거리 수송 문제로 항공기나 장비는 없이 병력만 보냈다. 대대 병력은 40일간의 항해 끝에 일본 요코하마에 도착해 무스탕(F-51기)과 장비를 인수했다.

라틴아메리카에서 유일하게 참전한 콜롬비아는 1948년 4월 공산분자들에 의한 최악의 폭력 사건으로 참변을 겪었다. 공산 반정부 게릴라 활동으로 내부 사정도 혼란스러운 가운데서도 유엔의

강원도 춘천의 에티오피아 참전기념관.

결정에 따라 파병을 결정했다.

의료지원 6개국

전쟁 기간 중 의료지원을 한 나라는 당초 5개국에 독일이 추가돼 6개국이 됐다. 독일은 1953년 5월 6·25 참전 유엔군을 지원하기 위한 야전병원 설립 의사를 유엔본부에 전달했고, 이듬해 80여 명 규모의 의료지원단을 파견했다. 정전협정 체결(1953년 7월 27일) 이후 의료지원 활동을 했다는 이유로 6·25전쟁 의료지원국에 포함되지 않았다. 국방부는 2018년 6월 독일이 1954년 5월부터 부산에 적십자병원을 설립해 의료지원 활동을 펼친 것을 인정했다.

의료지원 6개국

국가	의료지원 형태	참전 연인원
스웨덴	적십자병원(SRCH)	1124
인도	제60야전병원	627
덴마크	병원선(Jutlandia)	630
노르웨이	이동외과병원(NORMASH)	623
이탈리아	제68적십자병원	128
독일	부산에 적십자병원 설립	80

자료: '통계로 본 6·25전쟁', 국방부 군사편찬연구소

8

한국을 지킨 맥아더의 집념, 인천상륙작전

대부도와 선재도를 지나 도착하는 영흥도는 시화방조제로 직선 도로가 뚫렸어도 인천항에서 자동차로 1시간 20분가량 걸리는 곳. 여기에 세워진 '해군 영흥도 전적비' 아래에는 임병래 중위 등 해군 8명과 대한청년단방위대원 6명의 전사자 명단이 화강암에 새겨져 있다. 주목할 것은 이들의 사망 날짜. 1950년 9월 14일과 15일, 인천상륙작전 전날과 당일이다. 미 10군단 주도의 유엔군 인천상륙작전이 순조롭게 이뤄진 데는 한국 해군과 민간인 청년대원들이 희생을 무릅쓰고 인천 앞바다 길을 열어 놓은 것도 크게 기여했음을 보여준다.

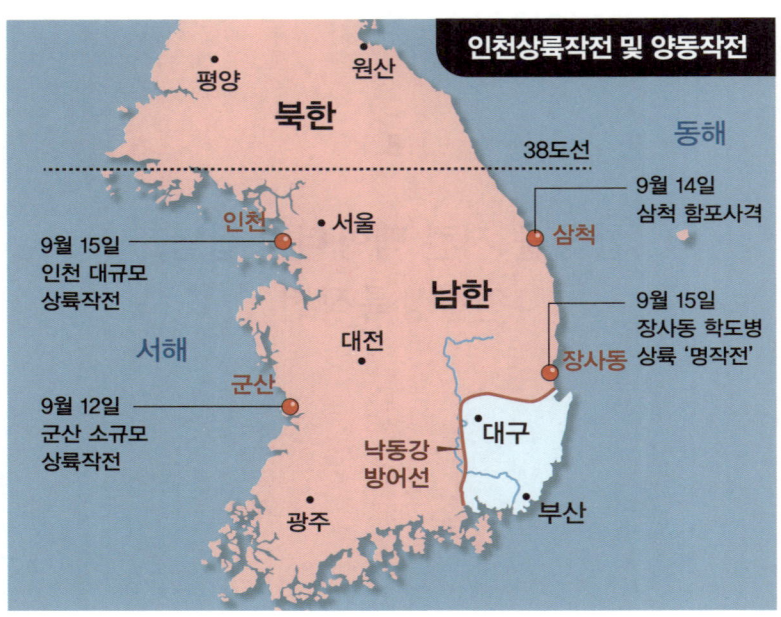

상륙전 인천 앞바다 정지 작업과 양동작전

영흥도는 인천항으로 가는 유일한 해로인 비어수도(飛魚水道)의 입구에 있는 전략적 요충지다. 상륙작전을 앞두고 해군은 8월 18일과 20일 덕적도와 영흥도를 차례로 탈환했다. 탈환 과정에서 적 40명을 사살하고 100여 명을 포로로 잡았다. 이때 사망한 4명의 아군 전사자 중 박동진의 이름을 딴 유도탄 고속정도 진수됐다.

미군 유진 클라크 대위가 이끄는 '클라크 첩보대'는 9월 1일부터 해군이 확보한 영흥도를 거점으로 청년단을 조직하고 켈로(KLO)부대와 함께 월미도, 인천 및 서울 시내까지 대원을 파견해 북한군의 해안포대 수량 및 배치, 북한군 병력 상황 등을 파악하는 '엑스레이(X-ray) 작전'을 수행했다. 상륙작전 직전인 14일 북한군 1개 대대가 영흥도를 기습했다. 임병래 소위와 홍시욱 대원은 다른 대원들이 피신할 시간을 벌기 위해 퇴각하지 않고 남아 적과 맞섰다. 둘만 남은 뒤에는 포로로 잡힐 경우 상륙작전 비밀이 노출되는 것을 막기 위해 자결했다.

상륙작전 전날 비어수도를 비추는 팔미도 등대를 확보하는 '트루디 잭슨 작전'을 무난히 수행해 15일 0시 30분 등대를 점화, 상륙작전의 '봉화'를 올린 것도 클라크 첩보대와 KLO 부대였다.

맥아더는 상륙 사흘 전인 12일 미영(美英) 혼성 부대가 군산에서 소규모 상륙작전을 벌이고 하루 전날에는 삼척에서 함포 사격을

우리나라 최초의 근대식 등대였던 인천 팔미도 등대로 오르는 길. 맥아더와 인천상륙작전에서 함포 사격을 하는 군함을 그려 놓은 대형 벽화가 있다.

1903년 세워진 우리나라 최초의 팔미도 등대.
인천상륙작전 때 상륙함대가 진입하는
비어수로를 비췄다. 100주년인 2003년 퇴역했다.

실시하는 양동작전을 폈다. 상륙 당일에는 포항 북쪽 낙동강 방어선의 북한군 뒤편 장사동에서 '명작전'으로 불리는 학도병 주도의 상륙작전도 벌였다.

상륙작전보다 더 어려웠던 내부 설득

인천상륙작전을 앞두고 8월 23일 도쿄에서 열린 전략회의에 참석한 콜린스 미 육군참모총장 등은 "토의가 아니라 계획을 포기하도록 설득하려고 했다"고 맥아더는 회고했다.

해군은 조수와 지형이 상륙에 위험하다, 썰물 때는 과거 수백 년간 황해에서 밀려와 쌓인 진흙이 부두에서 2마일까지 뻗쳐 있다. 비어수도는 조수가 6노트 속력으로 드나든다. 기뢰를 부설하기 좋고, 취약 지점에 배가 침몰하면 다른 배가 통과하기 힘들다. 수륙양용부대가 월미도를 2시간 이내에 무력화해야 한다. 오후의 밀물 이후에는 밤을 보낼 교두보를 확보해 다음 날까지 견뎌야 한다는 등의 반대 이유를 제시했다.

육군은 현재 전투지역에서 너무 멀다. 낙동강 방어선에서 제1해병여단을 빼면 방어선이 위태로워진다. 서울을 탈환해도 미 8군과 연계되기 어려워 상륙부대가 고립될 수 있다며 군산을 제안했다. 맥아더는 "인천으로 하지 않으려면 다른 사령관을 임명하라"며 버텼다.

맥아더의 비서 에드워드 로우니는 "맥아더는 펠로폰네소스 전쟁 이후 세계 역사상 주요 전쟁에 대해 6시간 동안 열변을 토하며 설득해 결국 동의를 받아 냈다"고 했다. 그는 회의 후 참모들에게 "인천상륙작전은 세계 역사를 통틀어도 22번째 위대한 전투로 남을 것"이라고 했다.

맥아더는 "북한도 인천 상륙은 불가능하다고 생각하고 있으니 오히려 기습을 해야 한다. 군산은 방어선 좌측에 병력을 조금 보태는 의미밖에 없다. 인천을 거쳐 서울을 점령해야 적의 보급로를 끊는다"고 주장했다.

"인천상륙작전이 아니면 희생을 내는 전투를 무한정 계속한다. 여러분은 장병들을 도살장에 있는 소처럼 피비린내 나는 방위선에 두길 원하는가? 이 순간에도 운명의 초침이 똑딱거리는 소리가 들리는 것 같다. 지금 행동하지 않으면 우리 앞에는 죽음이 있을 뿐이다. 상륙작전은 반드시 성공하고, 10만의 생명을 구할 것이다."

상륙에 불리한 요소 다 갖춰 '성공 확률 5000분의 1'

인천 앞바다 조수 간만의 차는 9m로 캐나다 펀디만의 20m를 제외하면 가장 높다. 간조 시 개펄이 최대 4km. 때를 못 맞추면 개펄의 수렁에 빠진다. 바닷가 모래사장은 없고 오히려 높은 방파제로 둘러져 있다. 부대의 상륙은 사다리를 놓고 올라가는 '전근대적 공성전' 같아서 방어에 절대적으로 유리하다. 적색해안에 상륙하는 해병대가 일본에서 제작해 가지고 온 알루미늄 사다리를 놓고 올라가는 장면이 상징적인 장면이 됐다.

하늘에서 촬영한 인천자유공원의 맥아더 동상은 마치 멀리 인천항과 앞바다를 내려다보고 있는 듯하다.

끝나지 않은 전쟁 6·25

인천상륙작전 당시 미 해병대원들이 알루미늄 사다리를 타고 항구의 벽을 올라가고 있다. 사다리는 일본에서 제작해 가져온 것이다.

　　인천항으로 접근하는 수로는 비어수로 한 곳이어서 해안포나 기뢰의 표적이 되기 쉽다. 북한군 전차와 병력 2만 명가량이 주둔해 있던 서울에서도 인천은 30km가량으로 5, 6시간이면 도달할 수 있다. 밀물은 12시간 간격이 있어 여차하면 첫 상륙부대가 후속 부대가 상륙할 때까지 홀로 맞서야 한다. 미 극동군 해군사령관 찰스 터너 조이 제독은 "해군 작전상 모든 지리적 핸디캡을 골고루 갖추고 있어 성공 확률은 5000분의 1"이라며 반대했다.

인천 월미도 진입로에 인천상륙작전 '적색해안 상륙지점'이 표시되어 있다.

상륙작전의 맹장 맥아더, 작전명 '크로마이트'

　　인천상륙작전 작전명 '크로마이트'는 보안을 위해 군사작전을 전혀 연상시키지 않는 단어를 사용한 것으로 크롬 광석 이름에서 따왔다. 상륙작전으로 '100-A'(낙동강 반격 후 군산 상륙), '100-B'(인천), '100-C'(군산), '100-D'(인천 상륙 후 주문진 추가 상륙) 등이 검토되었으나 '100-B'로 결정됐다. 조수 간만의 차가 큰 인천에서 상륙이 가능한 날짜는 9월 15일, 10월 11일, 11월 3일 세 날을 전후

인천상륙작전 참가 부대

	함정(척)	상륙부대
미군	226	10군단(제1해병사단과 제7사단)
한국	15	해병 제1연대, 육군 제17연대
연합함대(영국 프랑스 캐나다 호주 뉴질랜드 등)	20	영국 프랑스 캐나다 호주 뉴질랜드 등 참가
합계	261	약 4만 명(해공군 포함 시 7만5000명)

한 2, 3일이었다. 낙동강 방어선의 전황이 급박해 가장 빠른 9월 15일로 낙점됐다. 7월 21일 미 제7사단과 제1해병사단이 상륙부대로 선발돼 10군단이 구성됐다. 한국군은 해병 제1연대와 육군 제17연대가 각각 미 해병 1사단과 7사단에 배속돼 상륙작전에 참가했다.

맥아더는 전쟁 발발 직후인 6월 29일 한강 방어선을 시찰하고 돌아간 뒤 7월 4일 사령부에 인천상륙을 위한 '블루하츠(BLUE HEARTS)' 계획을 수립하도록 지시했다. 7월 22일 상륙 예정으로 추진했으나 북한군의 남진 속도가 너무 빨라 7월 8일 중단을 지시했다.

맥아더는 태평양전쟁에서 많은 섬을 공략하면서 '아일랜드 호핑(island hopping·섬 건너뛰기)' 방식으로 50여 회 상륙작전에 성공했다. 방어가 강한 섬은 건너뛰고 방어가 약한 섬을 공략해 일본의 보급선을 차단하면서 본토로 압박해 올라가는 작전이다. 맥아더는 1945년 9월 일본군을 무장해제하기 위해 인천항으로 들어올 때도 대부대를 인천에 상륙시킨 경험이 있다. 1950년 봄에는 주일 미군에 대해 일본 열도에서 대대급까지 상륙 훈련을 시켰다. 이런 다양한 상륙작전 경험이 6·25전쟁의 전세를 일거에 뒤집는 역사적인 상륙작전을 성공시키는 밑거름이 됐다.

9월 15일 하루

00:30	팔미도 등대 점화
02:00	함포 사격
06:33	미 제1해병사단 5연대 3대대 150명 월미도 상륙
06:55	월미산 정상 탈환
08:00	월미도 장악
17:30	5연대와 1연대, 인천항 적색해안과 청색해안 상륙
20:00	인천 탈환

"월미산 높이가 2~3m 낮아졌다"
맹폭 후 전격적인 상륙작전

해발 108m 월미도는 인천항을 둘로 나누며 내려다보고 있어 상륙작전을 위해서는 반드시 제압해야 했다. 월미도에는 북한 제226육전대 소속 1개 대대 500명가량이 월미산 정상 송신소 인근에 주둔해 있었다.

팔미도 등대가 켜진 뒤 새벽 2시 미군은 월미도에 일제히 함포 사격을 가했다. 맥아더는 마운트 매트니함에서 작전을 직접 지휘했다. 15일 오전 6시 33분 함포 사격이 멈춘 뒤 미 제1해병사단은 5연대 3대대 대원 150명이 월미도 북쪽 녹색해안에 상륙했다. 상륙

'그날을 기억하는 나무'. 월미산 공원에는 인천상륙작전 당시 포격에서 살아남은 나무 중 7그루를 '평화의 나무'로 선정해 보호하고 있다.

순간부터는 피아병력이 섞여 포격 지원을 받을 수 없기 때문에 휴대한 장비와 무기만으로 전투를 벌여야 했다. 같이 상륙한 M-26 전차 9대의 지원하에 월미산 정상을 점령한 것은 상륙 20여 분 만인 6시 55분이었다. 이어 오전 8시 월미도를 완전 장악했다.

같은 날 오후 5시 반 밀물 시간에 미 해병대가 현재 대한제분 앞 방파제 부근의 '적색해안'과 남쪽의 '청색해안'에 상륙했다. 미군은 인천 시내를 남북으로 진격하면서 참호를 파고 주둔하고 있는 북한군을 고립시켰다. 미군은 이날 오후 8시 인천을 탈환했고 이튿날 오전 일찍 대부분의 북한군은 투항하거나 인천에서 철수했다. 아군 인명 피해는 전사 21명, 실종 1명, 부상 174명으로 예상의 20% 수준이었다고 한다. 15일 해병 제1사단이 상륙한 뒤 다음 날 미 7사단이 뭍으로 올라왔다. 상륙작전 당시 인천의 인민군은 약 2천명이었다. 미군 사상자의 다수는 해군 오인사격에 의한 것이었다고 한다.

인천 상륙을 위해 모두 261척의 군함이 일본 요코하마 사세보 고베 그리고 부산 등에서 출발했다. 부산에서 출발한 한국 해병 1연대 장교는 출발할 때까지도 어디로 가는지도 몰랐다고 했다.

인천 탈환에는 1일, 서울 탈환에는 13일

북한군은 인천을 하루 만에 내주었으나 서울 방어에는 총력을 기울였다. 인천으로 상륙한 미 7사단이 경인 남쪽 공격에 투입됐다. 인천에서 허를 찔린 사실은 일부 부대에는 뒤늦게 전파됐으나 낙동강의 북한군에도 전해져 18일부터 본격적으로 붕괴되기 시작했다. "38선까지 후퇴하라"는 명령도 내려졌다. 9월 26일 상륙부대 미 10군단과 낙동강에서 올라온 미 8군이 '초전 죽미령 전투'가 있었던 경기도 오산에서 랑데부했다.

서울 방어에 인민군은 2만여 명이 투입됐는데 연희 104고지 전투가 고비였다. 하룻밤에도 2, 3차례 뺏고 뺏기는 백병전이 벌어졌다. '연희 104고지'는 서울 시내에서는 드물게 실제 전투가 벌어

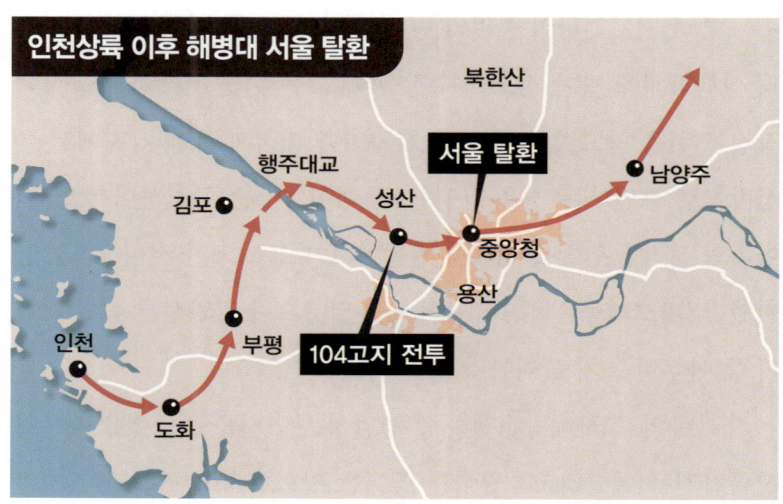

지고 6·25 전적비가 세워진 곳이다. 9월 28일 서울 수복은 3개월여 만이었다. 29일 오전 10시 맥아더 사령관이 김포비행장에 도착해 정오 중앙청 앞에서 이승만 대통령에 이어 연단에 올라 "서울을 돌려드린다"는 연설을 했다.

북한, 몰랐나 알고도 당했나

북한군에는 8월 26일 상륙작전 대비 지시가 내려왔다. '인천방어지구 사령부'가 마련돼 9월 15일까지 방어 준비를 마치라는 것이었다. 월미도와 인천 항구에 포대도 설치됐다. 하지만 막강한 화력을 당해내지 못했다. 중국은 개전 초기부터 후방 상륙작전을 경계하도록 하면서 인천과 원산을 지목했다. 하지만 북한군은 낙동강 방어선에 집중하고 있는 데다 보급선도 길어져 다른 지역의 상륙작전에 대비할 여력이 없었다는 분석이 많다.

중국 저우언라이 총리의 비서 레이잉푸는 8월 초 일본에 파견돼 상륙작전에 관한 정보를 수집했다. 그는 미군 부대가 공동상륙작전 훈련을 받고 있으며 일본 항구마다 미국과 세계 각지에서 온 선박들로 붐빈다는 것을 확인했다. 레이잉푸는 공격성이 강한 맥아더의 성격상 인천을 선택할 확률이 높다고 보고한 것이 8월 23일이었다. 마오쩌둥은 김일성에게도 전달했으나 김일성은 인천항 폭파 등 아무런 조치도 취하지 않았다.

북한의 '조국해방전쟁사'에 김일성은 인천을 점령했을 때부터 상륙작전을 예상하고 7월에는 방어를 강화하라고 했으나 조치가 이뤄지지 않았다고 지적하고 있다. 이는 김일성이 책임을 밑에 떠넘기기 위한 것으로 보인다는 분석이다.

인천상륙작전은 얼마나 공개된 작전인가

도쿄에서 맥아더 사령부를 취재하는 기자들 사이에서 인천상륙작전은 (언제 실행되는지는 정해지지 않았지만 언젠가 할 것으로 예상한) '누구나 아는 작전'이라는 별명이 붙었다고 한다.

프란체스카 여사는 상륙작전 보안이 허술했다고 지적했다. "미 8군에 들어갔던 우리 경관 한 명이 미군 병사와 대화했는데 글쎄 이 병사 말이 전쟁에 대해선 걱정 말아라. 2주일 내에 우리가 상륙작전을 벌여 공수부대로 적의 배후를 치게 된다고 하더라는 것이다."

애치슨 국무장관은 "인천상륙작전이 일본에서는 '상식 작전(Operation Common Knowledge)'이라는 별명으로 불렸고 사전에 정보가 누출됐는데 다행히 북한에는 전해지지 않았다"고 했다.

"비밀이 유지된 것은 새로운 병력 배치를 목격하고 그 이유를 추측할 수 있었던 일선 종군기자들과 고국에 있는 편집자들이 군의 전략 수행에 적극적으로 협력한 덕분이었다." 맥아더는 도쿄의 기자들이 인천상륙작전을 알고 있었지만 보도하지 않고 도와줬다고 했다. 공격 개시 1주일 전 마스터플랜의 세부가 완성되어 있었는데 대규모 작전을 수행하려면 사전에 비밀이 누설될 가능성도 있었다는 것이다. 기자들은 상륙작전에서 사용된 알루미늄 사다리 제작 의뢰만 보고도 인천을 예상할 수 있었지만 보안을 지켰다.

맥아더와 대선 출마

"맥아더는 대통령이 되려고 5000 대 1의 기적이 필요하단 말입니다."

영화 '인천상륙작전'에는 미군이 인천으로 상륙할지를 두고 북한 군부와 도쿄의 맥아더 사령부에서 각각 논란을 벌이는 장면이 나온다. 공통점은 맥아더가 인천 상륙을 고집하는 목적이 대선 출마 때문이라는 것이다.

영화 속 북한군 인천지구사령관은 "미제는 성공 확률 5000분의 1로 생각하지만, 확률이 적은 인천으로 왜 오나. 바로 맥아더 그 늙은이가 영웅으로 남고 싶어서다. 맥아더는 대통령이 되려고 5000 대 1의 기적이 필요한 것이다."

도쿄의 맥아더사령부에 모인 미 고위 인사들도 인천상륙작전을 반대하면서 맥아더의 대선 출마를 거론한다. "맥아더는 사다리와 등대가 있으니 상륙작전 걱정이 없다고 한다. 인천을 노르망디 삼아서 대권에 도전하려는 거요!" 인천 항구가 절벽이 높아 사다리가 필요했는데 일본에서 제작한 사다리를 놓고 올라가면 된다고 한 것을 비꼰 것이다.

맥아더는 1944년 공화당 대선 예비경선에 이름을 올린 적이 있다. 민주당 출신 루스벨트 대통령을 싫어한 공화당 일부에서 그에게 출마를 권유했다. 그는 네브래스카주 공화당 의원 아서 밀러와 주고받은 편지가 밀러에 의해 공개되면서 경선에서 중도 하차했다. 편지에는 밀러가 "미국에서 자행되는 독재가 사람들의 권리를 파괴할 것입니다"라고 한 내용이 있다. 맥아더는 "미국의 상황을 있는 그대로 바라보는 의원님의 현실 인식이 진정한 애국자들을 일깨우는 귀감이 될 것입니다"라고 화답했다. 현직 육군 대장이 군 최고통수권자를 향해 '독재'라고 하는 말에 맞장구를 친 것이다.

앞서 맥아더는 필리핀 근무 시절 자신의 참모를 지냈던 아이젠하워 육군참모총장이 1946년 5월 도쿄를 방문했을 때 아이젠하워에게 차기 대선 출마를 권유했다. 아이젠하워도 맥아더에게 출마를 권유하자 "나이가 많다"고 고사했다. 그러면서도 1947년 자신을 추종하는 사람들에게는 '제안이 오면 수용할 수 있다'고 말했다고 한다.

맥아더의 '크리스마스 대공세' 작전 실패에도 대선 출마가 거론된다. 1950년 11월 '크리스마스 때까지 귀국!'이라는 구호가 맥아더라는 개인 광고효과를 극대화시키기 위해 고안됐다는 것이다. 미 대선(1952년 11월)을 앞두고 대통령 후보가 되겠다는 야심을 품고 있었다는 것이다. 1950년 10월 트루먼과의 웨이크섬 회담 중에도 트루먼이 대선 출마 의향을 물었다. 맥아더가 정치적 야심이 있는지 떠보기 위한 것이었다.

"저는 추호도 그런 생각이 없습니다. 각하에 대항할 장군이 있다면, 그 이름은 아이젠하워지 맥아더는 아닙니다"라고 대답했다. 대통령은 웃으면서 개인적으로는 아이젠하워를 좋아한다고 대답하면서도 "아이젠하워는 정치에 대해서는 아무것도 몰라. 아이젠하워가 대통령이 된다면 그랜트(남북전쟁 시의 북부군 총사령관)도 완전무결한 대통령의 견본이 될 수 있을 거야"라고 말했다. 트루먼이 아이젠하워에 대해 낮게 평가했지만 2년 후 차기 선거에서 아이젠하워가 공화당 후보로 당선돼 프랭클린 D. 루스벨트 이후 20년 민주당 집권을 끝냈다.

맥아더는 유엔군 사령관에서 해임된 뒤 의회 고별 연설에서 '노병은 죽지 않고 사라질 뿐이다'라는 유명한 연설을 했으나 퇴임 후 사라지지 않았다. 트루먼 정부를 비판하면서 우익의 신념을 대변하는 당파적 정치가가 되었다. 특히 맥아더는 1952년 11월 대선을 앞두고 공화당 내에서 아이젠하워가 후보가 되는 것을 반대했다. 내심 대권의 꿈을 버리지 않았던 것이다. 하지만 2차 대전의 또 다른 영웅 아이젠하워의 벽을 넘을 수는 없었다. 제대로 꿈을 펼쳐 보지 못하고 접어야 했다.

영화 '인천상륙작전' 포스터.

9

맥아더의 '안이한' 북진과 호된 대가

'1950년 10월 26일 이른 아침. 인민군 복장으로 바꿔 입은 6사단 특공수색대 20여 명이 소련제 소형 트럭을 타고 압록강을 향했다. 북한군 검문소를 만나면 104탱크부대 소속 장교들이라고 속이고 통과했다. 고장(古場)에서는 북한군 소장 계급의 고사포여단장을 생포해 앞세우고 갔다. 압록강이 있는 초산에 도착한 뒤 주민들에게 국군이라고 신분을 밝히자 허리춤에서 태극기를 꺼내서 '국군 만세'를 외쳤다.

정일권 당시 육참총장이 후에 6사단장을 맡은 장도영 장군에게 들은 것이라며 소개한 압록강 첫 도달 장면이었다. 당시 6사단장은 김종오였다.

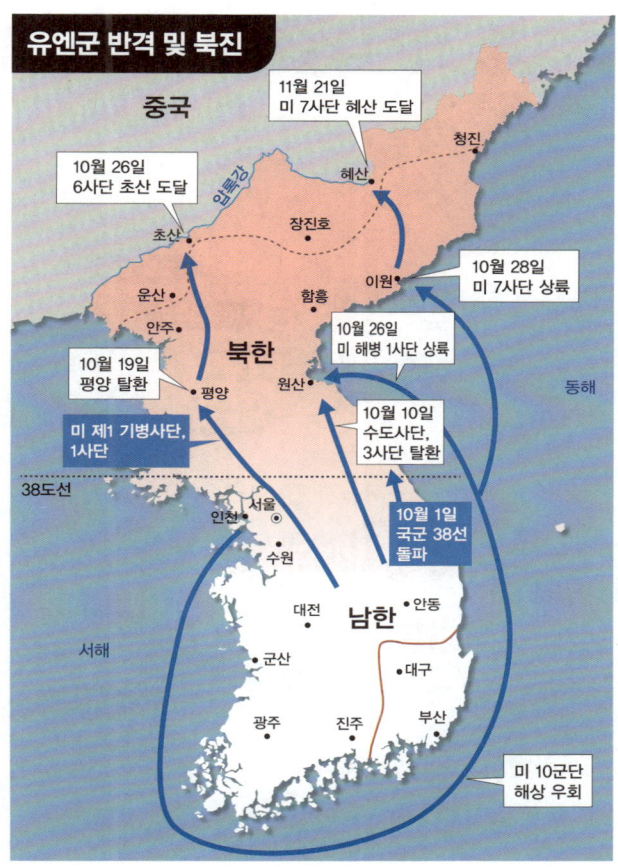

　국군 6사단 7연대 장병들이 압록강 변에 태극기를 게양하고 감격의 눈물을 흘린 것은 1950년 10월 26일 오후 2시경. 압록강 물을 수통에 담는 병사의 사진 한 장은 통일에 대한 기대와 열망을 상징했다. 그날 밤 장병들은 초산에서 밤을 지내며 '가거라 38선' 등 노래를 불렀다. 6사단은 매년 '압록강 진격 기념식'도 갖고 있다. 하

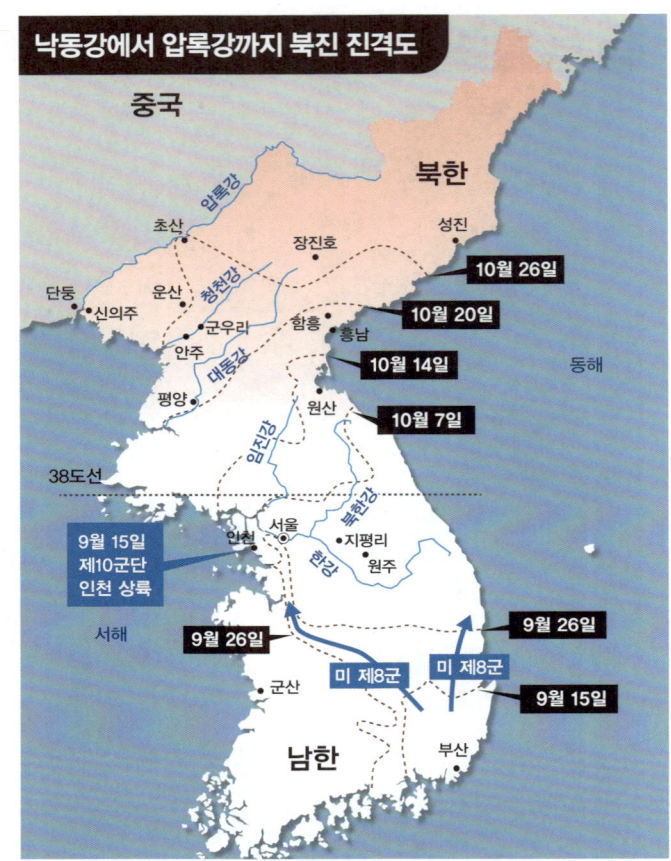

지만 이들의 기쁨은 다음 날부터 참혹한 패전과 후퇴로 이어졌다. 중공군은 깊숙이 들어와 매복하고 기다리고 있었다. 인천상륙작전 이후 38선을 넘어 압록강까지 내달은 맥아더의 유엔군은 중국 만주 폭격까지 고민했지만 중공군 참전으로 꽁무니를 빼듯 후퇴해야 했다.

'인천상륙 성공 여세 몰아 38선 돌파'

"미군의 참전 목적은 북한군 패망이지 단순히 38선 이북으로 격퇴시키는 것이 아니다."

인천상륙작전 전부터 이런 결의로 한국에 온 맥아더에게 서울 탈환 뒤 38선을 넘어 북진하는 것은 당연한 수순이었다. 맥아더와 많은 부분 견해를 달리했던 애치슨 국무장관도 1950년 8월 하순 상륙작전을 앞두고 "유엔군이 38선을 넘을지 말지 논란은 전혀 불필요하다"고 했다. 군대 움직임은 측량사가 설정한 선을 따라 진격하고 정지할 수 없으며 실제 군사 상황에 맞게 목표는 다시 설정될 수밖에 없다고 했다.

미 합참은 서울 탈환 하루 전인 9월 27일 "38선 이북에서 지상 작전을 해도 좋다. 단 어떤 부대도 중국과 소련 국경을 넘어서는 안 된다. 한국군 이외의 군대를 만주 국경에 진격시켜서도 안 된다"고 했다. 맥아더는 38선을 넘은 뒤 작전 반경에 많은 제한을 두는 것에 불만을 나타냈다.

이승만 "북진하라!" 국군에 친필 명령

"대한민국 국군은 대통령의 명령을 충실히 따르라." 이승만은 1950년 9월 30일 부산 경무대에서 군 지휘관을 소집해, 비록 작전 지휘권은 7월 유엔군에 넘겼지만 '국군은 즉각 북진하라'는 친필 명령을 내렸다. 이승만은 북진 논란에 "도둑을 쫓다가 울타리가 있으니 그만두라는 격"이라고 일갈했다.

김백일 1군단장은 10월 1일 오전 북진 명령을 내렸다. 국군이 38선을 넘은 10월 1일은 국군의 날로 정해졌다. 1군단 예하 수도사단과 3사단이 38선을 넘은 뒤 원산 입성을 두고 선두 경쟁을 벌여 10일 오전 거의 동시에 원산을 탈환했다. 인천상륙작전에 성공한 뒤 낙동강 방어선

경기 파주시 임진각의 미 187공수연대 한국전쟁 참전비. 1950년 10월 20일과 21일 순천 숙천에서 전투 낙하했다고 기록했다.

에서 올라온 미 8군을 오산에서 랑데부한 미 10군단은 다시 인천을 통해 바다로 나가 한반도를 돌아 원산에 상륙하도록 했다. 미 10군단 예하 해병 1사단은 멀리 남해안을 돌아온 데다 원산 앞바다에 부설해 놓은 3000여 기의 기뢰를 제거하느라 1주일가량을 원산과 울릉도를 오가며 시간을 보내다 10월 26일 원산에 '행정상륙(전투 없이 행정처리 하듯 상륙)'했다. 미군들은 원산 앞바다에서 요요 작전을 하는 것이라고 비꼬았다. 미 7사단은 원산에 상륙하지 않고 더 북쪽으로 올라가 11월 9일 이원에 상륙했다.

1950년 10월 20일 평양 북쪽 순천, 숙천 하늘은 낙하하는 미 187공수연대 낙하산으로 덮였다. 미군은 낙하산으로 병력뿐 아니라 중화기도 투하해 사용했다.

지형 고려 안 한 북진 목표 '뉴 맥아더 라인'

백선엽의 1사단과 미 제1기병사단은 평양 입성 경쟁을 벌였다. 차량을 이용한 미군이 하루 18km 진격한 반면, 1사단은 도보로 하루 25km를 올라가 10월 19일 정오 1사단이 먼저 평양 시내에 들어갔다. 백선엽은 당초 평양 진공 계획에 유엔군만 포함되어 있는 것을 보고 자신이 '평양이 고향이다'며 밀번 미 1군단장을 설득해 1사단이 평양 탈환 작전에 투입됐다.

평양 진입 다음 날 평양 북쪽 숙천, 순천 등에 미 187공수연대 4000여 명을 투입하는 공수작전이 실시됐다. 하늘이 낙하산으로 시꺼멓게 덮였다. 퇴로를 차단한 뒤 포로와 납치 인사 구출, 도주하는 김일성 등 북한 지도부 포획 등이 작전 목표였다. 하지만 1만 5000명으로 예상했던 북한군은 이미 청천강을 건너 3800여 명만이 포로로 잡혔다. 김일성은 1주일여 전 빠져나간 뒤였다.

공수작전은 맥아더 장군이 비행기를 타고 낙하 현장 상공에서 지켜봤다. 맥아더를 수행한 스트레이트마이어 극동공군사령관은 "맥아더는 대담함과 용기, 작전의 시의적절함, 조직력, 행동 등 다시 한번 훌륭한 지도력을 보여 주었다"고 극찬했다. 27일 이승만 대통령은 10만 인파가 모인 평양시민환영대회에서 연설했다.

평양 점령 후 맥아더 사령관은 새로운 북진 목표로 가까운 곳은 압록강까지 60km가량만 남겨놓은 선천~성진을 잇는 '뉴 맥아

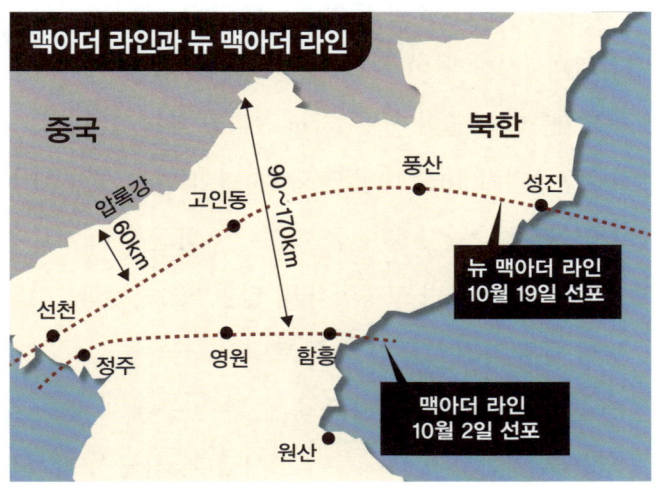

더 라인'을 선포했다. 38선을 넘은 직후 제시한 정주~영원~함흥을 잇는 '맥아더 라인'보다 30~110km 위다. 문제는 지형 검토 없이 북진 목표만 올린 것이다. 한반도 지형에서 평양과 원산을 잇는 평원선의 방어 폭은 270km가량이다. 하지만 압록강과 두만강에 가까워지면 방어 폭은 765km로 3배 이상 길어진다.

전황 낙관과 오판

평양 탈환 이후 미 제1기병사단의 분위기는 전쟁이 끝난 것이나 다름없었다. 탄약 반납 지시도 있었다. 평양 탈환 사흘 후인 10월 22일 워커 사령관은 맥아더에게 "20일 이후 한국에 도착하는 탄약 수송선을 다시 일본으로 돌려보내라"고 요청했다. 맥아더는 105mm와 155mm 포탄을 실은 함선 6척을 하와이로 보내라고 했다. 미 2사단장은 10월 25일 참모 회의에서 "크리스마스 전에는 고향으로 돌아갈 것이라는 명령을 받았다"고 말했다. 일부 미군 장병들은 도쿄 백화점의 크리스마스 선물 목록을 들여다보기에 바빴다. 귀국길에 가족들에게 줄 선물을 고르기 위해서였다.

트루먼은 당시 맥아더가 얼마나 전황을 (터무니없이) 낙관했는지 기록 없이도 알 수 있다고 회고록에 술회했다. "모든 저항은 추수감사절까지 분쇄될 것이다. 크리스마스 때까지 미 8군을 일본으로 철수할 수 있다. 미 2개 사단과 유엔군 다른 부대들은 총선거가 실시될 때까지 한국에 주둔시키겠다. 빠르면 이듬해(1951년) 1월 총선거가 실시될 수 있다." 이것이 낙동강 방어선에서 쫓겨 올

라온 북한군은 아무런 저항을 못하고, 중공군 참전이 확인되기 직전 '폭풍 전야' 같은 시기에 대한 맥아더의 인식이었다.

지휘권 이원화로 동서부 전선 '80km 빈틈'

"시속 125마일 속도로 상륙함대 쪽으로 접근하던 태풍 케지아가 동쪽으로 비켜가 운명의 여신은 맥아더의 편이었다. 인천에서는 큰 행운이 있었지만 압록강으로의 진격이라는 불가능한 기회로 나아가게 됐다."

애치슨은 인천 상륙 이후 맥아더의 '과속 북진' 우려를 이렇게 나타냈다. 실제로 38선을 넘은 맥아더는 전략 전술 작전 정보 등 여러 분야에서 실책 혹은 아쉬움을 남기는 조치들을 잇달아 취했다. 특히 북진 작전지휘권 이원화는 엄청난 후유증을 남겼다.

맥아더는 인천상륙작전 이후 북진하면서 서부전선은 워커의 미8군 사령관, 동부전선은 상륙작전을 수행한 아몬드 소장의 10군단으로 나눴다. 10군단은 도쿄 사령부 직속으로 두었다. 상륙작전을 반대한 워커에게서 10군단을 떼어내 지휘권을 둘로 나누고 북진 경쟁을 유도했다.

워커는 전선 시찰을 나온 콜린스 육군참모총장에게 "같은 전선에 두 명의 지휘관이 있을 수 없다. 나를 택하든 아몬드를 택하든 하라"고 사실상 항명했다고 한다. 중공군의 개입으로 후퇴하던 12월 3일의 일이다. 미 10군단은 장진호 전투 이후에야 8군 예하로 들어갔다.

지휘가 이원화돼 동·서부전선에 약 80~100km의 틈이 벌어졌다. 서로 경쟁적으로 북진하던 8군과 10군단 사이에 소통도 잘 안됐다. 애치슨은 "중간에 큰 공간이 생겨 측면이 적군에게 노출됐는데 도쿄 사령부는 30시간이 지난 뒤에야 입수되는 정보를 기초로 조정 지시를 내렸다"고 했다.

심각한 것은 중공군 지도부가 이런 상황을 꿰뚫고 있었다는 점이다. 베이징이 10월 21일 지원군사령부에 보낸 전보에서 "미국과 국군은 지원군(중공군 의미)이 참전하리라 생각을 못 하고 감히 동서 두 길로 나뉘어 마음 놓고 전진하고 있다"며 전선 사이를 파고들어 적을 나누어 포위한 뒤 각개 격파할 좋은 기회라고 지시했다.

중국 단둥의 항미원조기념관 야외에 6·25전쟁 당시 사용된 무기 장비와 같은 기종을 전시해 놓고 있다.

정보 부족, 위험신호 무시, 안일한 자세

제1기병사단 8연대의 허버트 밀러 중사는 운산에서 늙은 농부를 만났다. "중국군 수천 명이 있으며 상당수가 말을 타고 왔다"고 알려주었다. 농부를 대대까지 데려갔지만 누구도 관심을 기울이지 않았다. 중공군과 아군의 첫 전투인 운산 전투(10월 25일~11월 3일) 직전의 일이다.

미군과 국군은 초산과 운산 전투에서 상당한 피해를 입었다. 전투에서 붙잡힌 중공군 포로들이 대규모 참전 사실을 털어놓았으나 맥아더 사령부는 소홀히 취급하고 무시했다.

중공군은 1차 공세(10월 25일~11월 5일) 후 모습을 감췄다. 치고 빠지는 중공군의 전술을 알지 못한 것도 맥아더의 오판에 영향을 주었다. 워싱턴 지도부도 중공군이 참전한다 해도 압록강 연안의 수력발전소 등을 보호하기 위한 완충지대 확보 목적이라고 봤다. 공산당 정부가 들어선 지 얼마 안 돼 미국과 전쟁을 벌일 여유도 없을 것으로 판단했다.

맥아더는 중공군 개입을 무시하고 무모하게 북진했다는 비판에 대해 자신도 정보 부재 속에서 작전을 할 수밖에 없었다고 항변했다. 압록강 건너 중공군의 의도가 무엇인지 총력을 기울여 참전하기로 한 것인지 물어도 워싱턴은 회답이 없었다고 주장했다.

맥아더, 중공에 대한 무지와 오만

인천상륙작전 성공의 빛을 바래게 하는 맥아더의 잇단 중공군 대응 부실을 두고 여러 가지 해석이 나왔다. 먼저 무지와 오만이다. 워커 후임 8군 사령관 리지웨이나 마셜 장군 등은 중국 근무 경험이 있어 중공군에 대한 이해가 있었지만 맥아더는 한 번도 중국에 가보지 않았다. 필리핀 등에서 오래 머문 그의 머릿속 중국 대륙은 19세기에 머물러 있었다. 마오쩌둥이 어떤 방법으로 혁명을 통해 권력을 장악했는지 알지 못했고 알려고도 하지 않았다. 공군력을 과신했다. 공습을 받으면 발이 묶이고 기동성이 떨어진 일본군과 달리 야간에 엄청난 속도로 기동하는 중공군은 상황이 달랐다. 이 같은 중국과 중공군에 대한 무지가 맥아더의 오판과 실수를 불렀다는 것이다.

10월 15일 태평양의 웨이크섬에서 트루먼 대통령을 만난 맥아더는 중공군 개입 가능성에 대해 "거의 없다. 중국은 만주에 30만,

압록강을 따라 10만~12만5000명 정도가 배치되어 있다. 그중 5만 내지 6만 명 정도가 넘어올 수 있지만 그들은 공군이 없다. 밀고 내려오면 대살육이 벌어질 것이다"고 자신했다.

하지만 맥아더가 트루먼을 만났을 당시 맥아더 사령부는 중공군 2개 야전군(18개 사단)이 이미 만주로 이동했다는 정보를 가지고 있었다. 이 때문에 맥아더가 중공군 개입 가능성을 부인한 것은 미국 내 반전 여론을 부추길 수 있고, 가능성을 부인해야 중공군을 끌어들일 수 있기 때문이었다는 분석도 있다.

하지만 맥아더는 후에 회고록에서 자신의 정보부가 만주와 압록강 연안에 대부대가 집결되어 있는 것은 파악했으나 그들의 저의는 알 수 없다고 보고했다고 밝혔다. 이승만은 유엔군이 철수하지 않고 아직 한반도에 있을 때 중공군이 참전한 것이 다행이라고 봤다. "하나님이 한국을 구하려는 방법인지 모른다"고 했다. 철수한 뒤 참전했으면 다시 돌아오지 않았을 것이라는 이유다.

맥아더, 공군력 제한에 대한 불만

맥아더는 공군력 제한으로 만주와 시베리아가 적 병력의 절대적인 안전지대로 변해 적이 아무리 괴롭혀도 더 이상 손을 쓸 수 없는 것은 문제라고 불만을 나타냈다.

맥아더는 11월 7일 자 전문에서 "작전 제한으로 한만 국경을 넘나드는 적 공군기에 완전한 성역을 마련하여 주고 있다. 이래서는 아군의 사기와 전투 능률에 미치는 영향은 중대하다"고 했다.

이에 대해 트루먼은 "군사적 판단은 존중하지만 대통령으로서 내린 군사적인 판단 이상의 것을 경청하지 않으면 안 된다"고 회신했다. 소련은 미국이 아시아의 전쟁에 더욱 깊이 개입해 유럽에 눈을 돌릴 틈이 없기를 바란다는 것이 트루먼의 판단이었다.

맥아더의 북진과 후퇴에 대한 해명

"우리의 북진으로 적들은 시간이 어긋나서 예정보다 일찍 행동을 개시해야 했다. 그 결과 봄까지 대병력을 집결시켜 일거에 우리를 괴멸시키려 했던 계획에 차질이 생겼다. 북진하지 않았다면 가만히 앉아서 섬멸당하고 말았을 것이다." 대규모 중공군 참전이 확인된 후 후퇴한 것에 대해 맥아더는 "중공군에 대항하려면 아군 병력을 적어도 3배로 늘려야 하지만 그럴 수 없었다. 신속하게 후퇴해 적의 보급선이 길어지도록 해 공격하기 쉽게 하는 방법밖에 없었다"고 해명했다.

미국의 핵무기 사용 논란

중공군이 대규모로 참전한 뒤 중국 동북지방 등에 대한 핵무기 사용 여부가 논란이 됐다. 맥아더가 '크리스마스 대공세'를 명령해 1950년 11월 24일부터 시작된 유엔군의 총공세가 실패로 돌아가고 중공군의 남진이 계속되던 때였다. 트루먼 대통령은 핵무기 사용에 대한 발언으로 국제사회를 놀라게 했다.

그는 11월 30일 기자회견에서 "한국전을 수행하는 데 필요한 모든 방안을 강구하고 있다"는 성명을 발표하였다. 기자들이 핵무기 사용도 고려 중이냐고 묻자 "미국은 핵무기 사용에 대한 '적극적인 고려'를 항상 해왔으며 이러한 무기의 사용에 대한 권한은 전투사령관이 가지고 있다"고 했다. 핵무기 사용 권한을 맥아더에게 위임한 듯한 인상을 줬다.

트루먼(왼쪽)과 애틀리가 1950년 12월 4일 백악관에서 대화를 나누고 있다. 뒤쪽에는 애치슨 국무장관(왼쪽)과 마셜 국방장관.

트루먼의 기자회견 내용이 영국 언론에 크게 보도되자 영국 하원에서 애틀리 수상을 불러 따졌다. 애틀리 수상은 급히 워싱턴으로 날아가 12월 4일 트루먼을 만났다. 트루먼과 애틀리의 회담이 끝난 뒤 백악관은 황급히 해명 성명을 내놨다. "한국전쟁이 발발한 이래 미국이 보유한 모든 무기에 대해서 그 사용 가능성을 검토한 것은 당연한 일이다. 그러나 법에 의해 대통령만이 원자폭탄의 사용을 허가할 수 있고, 아직 그런 허가는 아무에게도 나간 일이 없다. 그런 허가가 있을 경우 현지 사령관은 그 무기의 전술적 운반 책임을 지게 된다"고 밝혔다. 트루먼은 원자탄은 사용되지 않을 것이며, 동맹국과 사전협의 없이는 미국이 결코 원자탄을 사용하지 않을 것임을 밝혔다.

하지만 이른바 중공군의 2차 대공세(1950년 11월 25일~12월 10일)로 미 2사단이 군우리 전투에서 참패를 당하고, 퇴로가 막힌 동부전선의 미 10군단은 흥남을 통해 해상 철수하는 등 중공군에 밀리는 상황에서 '핵무기 카드'는 여전히 남아 있었다. 맥아더뿐 아니라 미 행정부에서도 핵무기를 사용하면 중공군 참전으로 인해 빚어진 문제들이 일거에 해결되리라고 판단한 것이다.

맥아더는 12월 24일 트루먼에게 핵무기 투하 지역을 망라한 리스트를 제출하면서 26개의 원자탄 투하를 권고했다. 여기에는 북한뿐 아니라 만주의 중공군 및 북한군 보급선도 포함됐다. 미 합동참모본부는 핵무기는 아군에게도 피해를 주고, 정치적 파급효과도 크기 때문에 신중했고 결국 실행되지는 않았다.

핵무기 사용은 1953년 정전협정 체결 직전 다시 검토됐다. 공산 측이 미국의 요구를 쉽게 수용하면서 협정에 조인할 것이라는 계산에서였다. 핵무기를 사용한 '대량보복 전략'을 구상하던 존 덜레스 국무장관이 제출하고 미 합참이 검토했다. 하지만 북한이 유엔군 측의 휴전 협상 관련 내용을 대폭 수용하면서 실행되지 않았다.

참고 문헌

김계동 지음, 『한국전쟁 불가피한 선택이었나』, 명인문화사, 2014.
김철수 지음, 『그때는 전쟁, 지금은 휴전 6·25』, 플래닛 미디어, 2017.
남도현 지금, 『6·25, 끝나지 않은 전쟁』, 플래닛미디어, 2010.
데이비드 핼버스탬 지음, 정윤미 이은진 옮김, 『콜디스트 윈터』, 살림, 2009.
딘 애치슨, 『PRESENT AT THE CREATION』, NORTON & COMPANY INC., 1969.
박태균 지음, 『한국전쟁』, 책과 함께, 2005.
배대균 번역, 『마산방어전투』, 청미디어, 2020.
백선엽 지음, 유광종 정리, 『백선엽의 6·25전쟁 징비록』 1, 2권. 2020.
에드완 베르고 지음, 김병일 이해방 공역, 『6·25 전란의 프랑스 대대』, 동아일보사, 1983.
온창일 등 지음, 『6·25전쟁 60대 전투』, 황금알, 2010.
이상호 지음, 『맥아더와 한국전쟁』, 푸른역사, 2012.
이승만 구술, 프란체스카 지음, 조혜자 옮김. 『프란체스카의 난중일기』, 기파랑, 2010.
이중근 편저, 『6·25전쟁 1129일』, 우정문고, 2014.
정일권 지음, 『전쟁과 휴전-6·25 비록 정일권 회고록』, 동아일보사, 1986.
더글러스 맥아더 지음, 『맥아더 회고록』, 1, 2권, 일신서적, 1993.
데이비드 핼버스탬 지음, 정윤미 이은진 옮김, 『콜디스트 윈터』, 살림, 2009.
마거릿 히긴스 지음, 이현표 옮김, 『자유를 위한 희생』, 코러스, 2009.
윌리엄 T. 와이블러드 엮음, 문관현 등 옮김, 『조지 E. 스트레이트마이어 장군의 한국전쟁일기』, 플래닛미디어, 2011.
해리 S. 트루먼 지음, 손세일 옮김, 『시련과 희망의 세월-트루먼 회고록』, 1968.
황인희 지음, 『감사합니다. 잊지 않겠습니다』, 양문, 2022.
홍쉐즈(洪學智) 지음, 홍인표 옮김, 『중국이 본 한국전쟁』, 한국학술정보, 2008.

『1129일간의 전쟁 6·25』, 육군본부 육군군사연구소, 2014.
『UN軍支援史』, 국방군사연구소, 1998.
『6·25전쟁 참전사』, 국가보훈처, 2015.
『1129일간의 전쟁 6·25』, 육군본부 육군군사연구소, 2014.
『6·25전쟁 참전사』, 국방부 군사편찬연구소, 2014.
『캐나다 호주 뉴질랜드 6·25전쟁 참전사』, 국가보훈처, 2016.

제3장

위기와 극복, 중공군과 유엔군

10

中, '정의롭지 못한' 참전

"적들이 오늘 우리가 처한 엄중하고 위급한 형편을 이용하여 38도선을 침공하게 되는 때에는 우리 자체의 힘으로는 위기를 극복할 가능성이 없습니다. 적군이 38도선 이북을 침공하게 될 때에는 약속한 바와 같이 중국 인민군의 직접 출동이 절대로 필요하게 됩니다."

북한 신의주 압록강 건너 중국 랴오닝성 단둥의 항미원조기념관에는 김일성과 박헌영이 연명으로 마오쩌둥에게 보낸 긴급 파병 요청 편지가 전시되어 있다. 국군이 38선을 넘은 10월 1일 자다. 박헌영은 이 편지를 직접 들고 베이징으로 달려갔다. 이날 스탈린도 마오에게 참전을 강력히 요구하는 전문을 보냈다.

중공군의 참전이 김일성의 '구명 요청' 편지 한 장으로 결정될 것은 아니었다. 여러 우여곡절과 마오의 계산에 따라 이뤄졌다. 그럼에도 6·25전쟁의 큰 흐름을 바꾼 중공군 개입의 분기점에 이 편지가 있다.

마오의 '파병 의지'

중국은 6·25 발생 10여 일 후인 7월 7일 동북변방군을 편성해 25만의 병력을 배치했다. 비상사태에 대비하기 위한 것이었지 압록강을 넘어 병력을 보낼지는 결정되지 않았다. 베이징 지도부 내에 반대가 많았고 스탈린이 '항공 지원'을 해줄지도 변수였다.

1일 김일성의 편지와 스탈린의 전문을 받은 마오는 이튿날 베이징 중난하이에서 공산당 정치국 확대회의를 소집했다. 마오는 참전을 주장했으나 다수가 반대하자 "당분간 참전할 수 없다"는 뜻을 모스크바에 보냈다. 그러면서도 저우언라이 총리는 3일 파니카 주중 인도대사를 만나 "미군이 38선을 넘으면 중국은 관여할 것"이라고 경고했다.

정치국 확대회의에서 나온 참전 반대 의견을 모은 마오의 전문을 받은 스탈린은 5일 "중소의 연합세력은 미국보다 강하다"며 참전을 거듭 독려했다. 중공이 참전을 머뭇거리면 북한에 파견한 소련 인원을 철수할 수도 있음을 내비쳤다.

파병 의지가 강했던 마오가 꺼낸 카드는 펑더화이였다. 지방에서 마오의 긴급한 호출을 받고 올라온 펑은 중공군 참전에 적극

중국 랴오닝성 단둥의 항미원조기념관에 관람객들이 줄을 길게 서 있다. 북-중 접경 도시 단둥을 보러 온 관광객들이 기념관도 찾는다. 인원 제한을 위해 미리 등록을 받으며 관람료는 무료다.

적이었다. 그는 회의에서 "미국은 호랑이다. 결국은 사람을 잡아먹을 것이다. 언젠가 잡아야 한다면 빨리 잡는 것이 좋다"며 파병을 적극 주장했다. 마오는 펑을 중국인민지원군 사령관에 지명했다. 펑은 "설령 전쟁으로 우리 국토가 황폐해지더라도 국공내전 승리가 몇 년 지연됐다고 여기면 된다"고 했다.

8일 마오는 군에 참전 준비 명령을 내렸다. 이날 흑해의 소치에서 휴양 중인 스탈린에게 저우언라이와 린뱌오를 보내 자신의 결심을 전달했다.

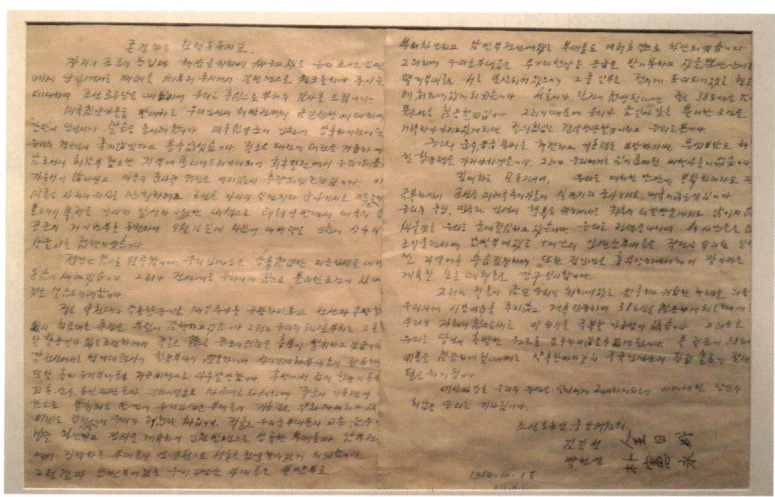

김일성과 박헌영이 1950년 10월 1일 마오쩌둥에게 보낸 구구절절 참전을 요청하는 편지.
중국 단둥 항미원조기념관에 전시된 이 편지를 통해 중국은 북한에 "이런 요청을 받고
도와준 것을 잊지 말라"고 환기시키는 것처럼 보인다.

중국 단둥의 '끊어진 압록강 다리' 위에 설치된 대형 석조 달력. 1950년 10월 19일
'중국인민지원군 사령원(관)' 펑더화이가 압록강대교를 건너 북한으로 들어갔다고 기록했다.

1950년 10월 긴박했던 한 달

1일	3사단 23연대 38선 첫 돌파
	맥아더, 김일성에게 항복 요구
	김일성 박헌영, 마오에게 참전 지원 요청 편지
	스탈린, 마오에게 참전 독려 전문
7일	유엔, 유엔군 38선 북진 승인
8일	미군, 38선 돌파 북진
	마오, 동북변방군 중국인민지원군으로 개칭
10일	수도사단과 3사단 원산 입성
15일	트루먼–맥아더 웨이크섬 회담
16일	중공군 선발대 압록강 도강, 김일성 평양 탈출
19일	중공군 본대 압록강 도하
	1사단과 미 제1기병사단 평양 입성
20일	미군, 평양 이북 '공수 낙하' 작전
22일	국군, 청천강 변 도착
25일	1사단, 운산 전투에서 중공군과 첫 교전
26일	6사단, 자강도 초산 압록강 도착
	이승만 원산시민환영대회 연설, "뭉치면 살고, 흩어지면 죽는다"
30일	이승만, 평양시민환영대회 10만 인파 앞 연설

'항공 지원 거절'에도 '반기(反旗)' 접은 마오

저우언라이가 스탈린을 면담한 다음 날인 10일 뜻밖의 소식이 마오에게 전해졌다. 스탈린과 저우언라이가 공동 명의로 "소련 공군이 아직 준비가 되지 않아 당분간 출동할 수 없다. 중소 모두 당분간 조선에 출병하지 않는다. 김일성에게 압록강 이북으로 철수토록 할 것이다"라는 전보를 보내왔다. 그러면서 "소련 공군 지원은 2개월 후에나 가능하다"는 것이었다. 중공군은 공군이 미미했다. 소련 공군의 지원이 없으면 막강한 미군의 공군 화력에 제물이 되는 것을 감수하면서 파병해야 하는 상황이 됐다. 스탈린은 중국의 희생을 강요하면서 정작 소련은 항공기 파견을 서둘지 않겠다는 뜻이었다. 마오는 분노했다.

마오는 12일 스탈린에게 북한에 파병할 수 없다고 통보하고 군에 8일 내렸던 파병 준비 명령을 철회했다. 스탈린에 대한 반기이자 스탈린으로서는 '아시아판 티토'의 유령이 나타난 격이었다. 그런데 마오는 하루 만에 파병으로 돌아서 꼬리를 내렸다. 마오는 "김일성이 동북에 망명정부를 세우기 전에 참전해야 한다"고 이유를 설명했다.

'동북의 북한 망명정부' 왜 마오의 아킬레스건인가

마오가 소련의 공군 지원 약속이 없음에도 참전할 수밖에 없다고 결심한 것은 '동북의 조선 망명정부'를 막기 위한 것이었다. 그 사안이 왜 그렇게 중요한가. 비밀은 1월 중국과 소련이 맺은 동맹조약과 관련이 있다는 분석이다.

북한이 중국 동북 지역에 망명정부를 세우고 군대를 주둔시키고 있으면 전쟁은 동북 지방까지 확대된다. 그럴 경우 스탈린은 중소 동맹조약에 따라 중공군의 작전을 지원한다는 명분으로 수십만의 소련 극동군을 동북에 파병할 근거를 갖게 된다.

스탈린은 5일 마오에게 보낸 참전을 독려하는 전보에서도 이러한 뜻을 밝혔다. 일본 항복으로 2차 대전이 끝나기 직전 소련은 일본과의 전투를 구실로 동북에 출병했다. 이어 장제스에게 중국 주권을 훼손하는 굴욕적인 조약을 강요했다.

6·25전쟁이 중국 국내로 확대돼 소련이 출병하면 전쟁의 승패에 상관없이 장제스 정부 때처럼 소련군이 주둔하게 된다. 이럴 경우 동북의 주권을 침해받을 수 있다는 것이 마오의 고민이었다. 이런 사태를 막기 위해서는 어떤 희생을 치르더라도 전쟁이 중국 국내로 확대되지 않도록 해야 했다.

그렇다고 '북한 동북 망명정부'가 들어섰는데 소련의 동북 출병을 거부하면 중소 동맹 조약도 난파될 우려가 있다. 마오가 신중국 건설에 필요한 군사 외교 경제적 지원은 어려워진다. 전쟁으로 미국과 적대 관계가 된 상황에서 소련까지 돌아서면 공산당 정권도 위협을 받는다고 생각했다.

동북에 군대를 보유한 북한 망명정부는 시도 때도 없이 군사적 모험을 감행할 수도 있다. 마오로서는 이것은 국경

중국 단둥 항미원조기념관의 '항미원조기념탑'. 동쪽으로 압록강 너머 북한을 향하고 있다. 기념관 자리는 한반도 서부전선에 투입된 중공군 13병단의 포병 지휘소가 있던 곳이다.

너머에 미군이 주둔해 있는 것보다 더 나쁜 시나리오가 될 수도 있었다. 마오가 내부의 반대 의견과 스탈린의 항공 지원 약속을 받지 못했음에도 파병을 결정한 속사정 중의 하나다.

스탈린과의 풍파가 일단락된 10월 18일 마오는 공산당 정치국 회의에서 파병 명령을 전달했다. "아무리 큰 어려움이 있어도 이제 인민지원군이 도강해 조선을 지원하는 것은 다시는 변하지 않는다. 출동 시기도 더 이상 늦출 수 없다. 미국을 이기지 못한다 하더라도 우리는 싸워야 한다."

중공 참전의 다양한 이유

마오의 한국전쟁 참전 이유 중에는 국공내전 기간 김일성으로부터 받은 도움에 빚을 갚는 것도 있다. 1946~49년 2차 국공내전 기간 국민당 군대를 우회하는 두 개의 수송 및 보급로가 북한 지역을 지났다. 북한은 중공군의 전략적 후방 기지로도 활용됐다. 부상자와 부대원 가족 1만5000명이 피해 있었고 물자와 무기 장비도 제공받았다.

스탈린은 마오에 대해 "마치 빨간 껍질에 하얀 속살이 있는 순무와도 같다"며 '제2의 마셜 티토'라고 의심했다. 이런 의심을 해소하기 위해 스탈린이 참전을 원할 때 참전해야 했다. 소련의 무기 도입으로 중국군을 현대화하고 중국의 유엔 가입에 도움을 받는 등 스탈린의 도움이 절실한 상황에서 의혹 해소는 꼭 필요했다.

1949년 8월 장제스가 남한을 방문해 이승만과 반공 동맹을 도

모한 것도 김일성을 돕기 위해 참전한 한 요인이다. 국민당군이 미군 지원 아래 한국에 공군기지를 건설한 뒤 중국 대륙 공중 폭격에 활용하려는 것을 마오는 수수방관할 수 없었다.

북한이 38선을 넘은 이후 미국이 제7함대를 대만해협에 파견한 것을 보고 마오는 미국이 내정불간섭 원칙을 어겼다고 비난했다. 마오의 필생의 과업인 중국 통일의 꿈을 수포로 만들 수도 있기 때문이다. 마오는 장남 마오안잉을 참전시키며 결의를 보였다.

소련은 중공군의 조기 파병 꺼렸다?

시기의 문제일 뿐 중공군의 파병은 예정된 것이었지만 왜 개전 후 4개월가량 지난 시기에 파병했는지는 논란이 있다. 유엔군이 북진해서 산악지대에 올 때까지 기다렸다는 분석이 있다. 하지만 그보다 더 참전 효과를 높일 시기도 있었기 때문이다. 맥아더가 웨이크섬 회담 때 중공군 참전에 부정적이라고 트루먼에게 얘기할 때도 중공군이 참전했다면 북한군이 낙동강까지 밀고 내려올 때가 더 적기였는데 오지 않았다고 했다. 히긴스는 "중공이 1950년 6월과 9월 사이 개입했다면 거의 희생을 치르지 않고 밀어붙일 수 있었을 것"이라며 "마오가 왜 미국의 화력이 증강될 때까지 기다렸는지 이해하기 힘들었다"고 했다.

소련이 중공의 조기 참전을 반기지 않았다는 시각이 있다. 10월에는 스탈린이 마오에게 참전을 압박했으나 초기에는 오히려 파병을 억제하려고 했다는 것이다. 이는 스탈린이 전쟁을 통해 노리는 목표와도 관련이 있다. 중공군이 참전한 뒤 전쟁이 승리로 끝나면 적화 통일된 한반도에 대한 중공의 공(功)이 커서 소련의 영향력은 중국보다 줄어들 수밖에 없다. 미국과의 전투에서 힘이 빠지고 소련에 대한 의존이 커지게 하기 위해 마오를 참전시켰다는 '스탈린 음모론'에 따른 시각이다.

10월 스탈린이 마오에게 파병을 압박한 것은 유엔군이 인천 상륙과 서울 수복 이후 38선을 넘어와 한반도 전체가 미국의 세력 범위에 들어가게 될 상황이 됐기 때문이다. 소련으로서도 중국의 출병은 더 이상 늦출 수 없었다. 결과적으로 중국이 참전하면 북한에 대한 소련의 영향력이 줄어들 수 있다는 스탈린의 우려는 현실이 됐다. 하지만 미국과 중국이 군사적으로 충돌해 적대관계가 되게 하려는 스탈린의 목적은 달성됐다.

"중국 발전이 50년 후퇴해도 참전한다"

공식 참전 결정 이전 중국 지도부는 북한에 대한 참전 의지를 밝혔다. 8월 4일 공산당 정치국 회의에서 참석자들은 "미국이 원자폭탄을 사용하더라도 최후까지 싸울 수밖에 없다"고 참전 방침을 정했다. 8월 20일 저우언라이는 "조선은 중국의 이웃이다. 조선 문제 해결에 관심을 갖지 않을 수 없다"고 참전 의사를 공개적으로는 처음 암시했다.

중공군 녜룽전 참모총장은 "미국과의 전쟁으로 중국의 발전이 50년 이상 후퇴해도, 저항하지 않으면 중국은 영원히 미국의 통제 아래 놓이게 될 것"이라고 말했다. 녜룽전의 말처럼 참전 이후 중국은 약 30년간 국제사회와 죽의 장막 너머에서 고립됐다. 스탈린이 참전을 종용한 의도대로 미중 관계는 적대적이 됐다. 중소 간에도 분쟁이 계속됐다. 손튼 교수의 관점에서 보면 중공이 1979년 미중 수교까지 '30년의 고립과 쇠락'을 겪은 데는 '정의롭지 않은 6·25전쟁 참전'이 있었다.

6·25전쟁에 대한 트루먼 스탈린 마오쩌둥의 책략과 계산을 분석한 리처드 손튼 교수의 저서.

마오, '서방-소련 사이 양다리', 결과는 '왕따'

마오는 2차 대전 이후 세계 질서가 냉전으로 양극화하는 과정에서 소련과는 이념적인 동질성을 같이하면서 서구 국가와도 실리적인 관계를 맺는 '양다리 전략'을 구상했다. 국공내전 시기 장제스의 국민당 정부와 유사하다. 하지만 마음대로 되지 않았다.

미국과 소련 모두 중국을 상대국과 떼어 놓기 위해 고심했다. 소련은 북한의 남침까지 승인해 미중을 적대관계로 돌려놓으려고 했다. 스탈린은 마오쩌둥의 대만 점령을 저지하기 위해 한반도 전쟁이란 선수(先手)를 쳤다. 그러면서 중국이 너무 빨리 참전해 일방적인 승리를 거둬 중국에 공이 돌아가지 않도록 고심했다.

6·25전쟁에서 중국은 미국과 전쟁을 치르면서 적대관계가 됐다. 서구 사회로부터는 죽의 장막으로 단절돼 투자와 개발 과정에서 도움을 받을 수가 없게 됐다. 중국은 개혁 개방으로 서구와 다시 손을 잡기 전까지 수십 년 동안 후진성을 면치 못하게 됐다. 결국 '정의롭지 못한 전쟁'에 참가한 대가로 마오쩌둥만 '왕따'가 됐다는 것이 리처드 손튼 교수의 시각이다.

마오와 스탈린 누가 패자(敗者)인가

중국 간쑤성 란저우대의 한 대학교수가 2023년 5월 수업 중 "중국은 6·25전쟁에서 하나를 얻고 아홉 개를 잃었다(一得九失·일득구실)"라고 말해 누리꾼들이 항의하는 일이 있었다. 이 교수가 언급한 9개의 '실(失)' 중 미국과 대립 관계, 서방과 결별, 한국과 적대시 등 외부와의 고립이 3가지다. 대기근과 문화대혁명 유발은 중국의 퇴보를 불렀다고 했다. 이 밖에 소련 의존, 수십만 군인 사망, 북한에 대한 통제력 상실과 북한의 핵 위협 직면 등이다.

마오쩌둥도 후에 6·25전쟁 참전을 후회했다는 자료가 있었다. 중국 잡지 염황춘추(炎黃春秋) 2013년 제12호에 따르면 마오는 1956년 9월 23일 베이징을 방문한 미코얀 소련 부수상과의 회동에서 "조선전쟁(한국전쟁)은 근본적으로 잘못됐다. 스탈린이 마땅히 책임져야 한다"고 말했다. 이듬해 7월 5일 다시 미코얀과 만났을 때도 "스탈린과 김일성이 중국에 전쟁 개시 시기와 작전 계획을 고의로 감췄다. 중국은 피동적으로 연루됐다. 이것은 잘못됐다"고 말했다. 시진핑 주석이 부주석 시절부터 줄곧 "중국군의 6·25 참전은 정의로운 전쟁이었다"고 언급하는 것과는 다르다.

키신저는 저서 '중국이야기'에서 한국전쟁 최대의 패자는 스탈린이라며 다른 해석을 내놨다. 스탈린이 부추겼던 중-미 관계의 간격 두기는 중소 관계의 개선으로 이어지지 않았고, 중국이 티토주의로 가는 것도 막지 못했다는 이유다. 전후 10년이 되지 않아 소련과 중국은 첫 번째 적수로 변한 반면 다시 10년이 지나기 전에 동맹 관계의 역전(미중 데탕트)이 이뤄졌다는 것이다. 하지만 6·25 발발 전, 애치슨 라인을 선포할 때만 해도 미국은 마오의 신중국을 인정하고 수교하려는 정책을 추진 중이었다. 중국이 '죽의 장막'에서 벗어나 개혁 개방의 길로 갈 때까지 30년이 걸린 것을 키신저는 과소평가한 것이다.

미 제2사단과 한국의 오랜 인연

미 육군 제2사단은 한국군 6사단만큼이나 6·25 전쟁 중 영욕이 극명했던 사단이다. 참전 1년도 안 돼 적에게 네 번 포위돼 참패와 설욕전을 주고받았다. 초기 군우리 전투에서 중공군에게 '인디언 태형'이라고 불릴 만큼 참패를 당했으나 원주 전투와 지평리 전투에서 설욕했다. 이어 벙커고지 전투와 단장의 능선 전투에서도 큰 전과를 올렸다.

1차 대전 당시인 1917년 10월 26일 프랑스 브루몽에서 창설됐고 2차 대전 때는 노르망디 상륙작전에 참가했다. 사단 번호가 '2'인 것처럼 조기에 창설된 전통 있는 부대다.

6·25전쟁 때는 주둔지 워싱턴주 포트루이스를 떠나 선도 부대가 1950년 7월 23일 부산에 상륙했다. 국군과 미군이 낙동강 방어선으로 밀려나고 있을 때였다. 미 제2사단은 정예부대라는 이유로 맥아더가 10월 15일 웨이크섬에서 트루먼과 회담을 할 때 전황이 좋아지면 철수시켜 유럽 전선으로 이동시킬 수 있다고 언급했다.

경기 파주시 임진각의 미 2사단 참전비. '자유를 위하여 전사한 용사들을 위하여'라는 문구와 함께 1950년부터 한국에 주둔하고 있음을 표기했다. 미 2사단 '인디언 부대' 마크에 '인디언'이 있다.

인디언이 부대기에 표시된 것처럼 별명이 '인디언 헤드'다. 2사단은 휴전 후인 1954년 9월 철수했다가 1965년 주둔지 교환으로 제1기병사단 대신 재배치됐다. 지금까지 줄곧 한국에 주둔해 있고 사단 본부도 한국에 있다. 한국전 당시 왔던 미 육군 9개 사단 중 한국에 남아 있는 유일한 사단이다. 창설 이래 한국에 가장 오래 주둔했고, 절반 이상을 한국에 있는 유일한 미군 부대다. 2018년 평택으로 사령부가 옮기기 전까지 휴전선 최전방에 배치돼 '인계 철선' 역할을 해왔다.

1976년 8월 18일 판문점 공동경비구역(JSA)의 미루나무 도끼 만행 사건으로 희생된 미군 2명도 2사단 장병이다. 2002년 6월 13일 여중생 두 명이 희생된 안타까운 사건도 2사단 훈련 장갑차에 치인 것이다.

⑪ 중공군, 정교한 '덫'의 전술

 '수풍댐 상류, 영하 10도의 압록강 물속으로 방한복과 신발 양말을 벗어 등 뒤에 묶은 반나체의 병사들이 걸어 들어갔다. 강을 건너왔을 때는 온몸에 얼음이 주렁주렁 매달려 은색 갑옷을 착용한 유령들 같았다. 응급처치를 담당하는 여군도 마찬가지였다. 강이 얼어붙기 전 이렇게 수만 명이 건넜다. 주간에는 동굴, 기차 선로 터널, 탄광 갱도, 마을 초가집에 숨어 있다가 어두워지면 이동했다.' 한 연구서에 묘사된 중공군의 도하 장면이다.

 중공군은 북한에 들어온 뒤 미군의 공군력을 두려워해 야간에 병력을 이동시켰다. 낮에는 병사 한 사람 한 사람이 야산의 나무를 베서 등에 지고 이동하다가 미 공군기가 뜨면 그 나무를 세워 놓고

중국 랴오닝성 단둥 '압록강 단교' 위에 중공인민지원군 사령관 펑더화이가 병력을 이끌고 도강하는 장면을 재현해 놓았다. 참전 중공군을 '인민지원군'이라고 한 것은 국가가 전쟁에 나선 것이 아니라 각 개인이 지원해서 나선 것이라는 의미다. 전국에서 연인원 120만 명 이상을 동원한 전쟁에 맞지 않는 '눈 가리고 아웅'식 명분일 뿐이다.

주저앉아 공습을 피하기도 했다. 산 가득히 나무를 태워 그 연기로 연막을 형성해 미군 조종사의 시야로부터 숨기도 했다.

중공 항미원조지원군 훙쉐즈 제1부사령관은 "1950년 10월 19일 4개 군과 3개 포병사단이 안둥(安東·이하 단둥), 창뎬허커우(長甸河口), 지안(集安) 3곳 다리를 건너 씩씩하게 조선으로 들어갔다"고 했다. 하지만 일부 병력은 야음을 틈타 다리가 아닌 강물을 직접 건넜다.

'압록강 다리 폭파 전 일거에 투입'

유엔군의 38선 돌파로 중공군 참전은 시간문제가 됐다. 스탈

북한과 중국 교역의 70%가량이 이뤄지는 중국 단둥과 북한 신의주를 잇는 다리가 중조우의교로 불리는 압록강 다리다(왼쪽). 철로와 도로가 병행하고 시차를 두고 교차 운행한다. 우측은 북한 쪽 일부가 끊어진 '압록강 단교'.

린과 마오쩌둥 간 중공군 파병을 둘러싼 막판 신경전 끝에 파병이 최종 재결정된 것은 10월 13일 0시 이후여서 중국 측 연구서는 '13일의 재결정'이라 부른다고 한다. 소련군 공군 지원이 없어 마오쩌둥이 갑자기 출병 중지 명령을 내리는 우여곡절이 있어 출병 날짜는 19일로 늦춰졌다. 초반 투입 병력은 1차 25만여 명, 2차 15만 명, 3차 20만 명으로 총 60만 명이었다.

북한 파병 준비를 위해 단둥에 온 중국인민지원군 부사령관 훙쉐즈는 10월 7일 미군 전투기가 단둥이나 압록강대교를 폭격하지 않는 것을 보았다. 전쟁 확대를 피하기 위한 것이라는 것은 후에 알았다. 그는 미군 전투기가 압록강철교를 폭파하기 전에 4개 군

(군단)을 투입하기로 했다고 술회했다.

유엔군의 빠른 북진으로 작전 변경

중공군은 당초 압록강을 건넌 뒤 북한의 허리 부분까지 진격해 방어선을 구축하려고 했으나 유엔군의 북진 속도가 빨라 작전을 변경했다. 압록강을 넘어오기 전부터 북쪽 산악지대에서 진지전과 기동전을 배합한 반격 습격 매복 등을 구상했다.

미군은 중공군이 압록강을 넘어와 산악지대에 숨어 있는 것을 몰랐고 중공군은 미군과 국군이 압록강에 그렇게 빨리 도달할지 예상 못했다. 초반에는 서로가 서로를 잘 모르는 상태였다. 하지만 그 후 상반된 대처가 전황을 갈랐다. 중국은 현대화된 장비와 해공군을 갖춘 미군과 정면 대결보다 우회 공격과 분산, 은폐 등으로 대응했다.

중공군의 미군 대응 전술 지침

지구전, 적 측면 우회 각개 격파
접근전, 야간전, 속전속결, 적의 강한 화력의 장점 발휘 방지
낮에는 병력 분산 은폐해 공습 회피
전투기 활동 제한되는 야간전투
폭격 우려 있는 철로 도로 이동 회피
진지 매복 후 북진하는 상대 공격

'7차례 공세'를 알리는 신호탄 운산 전투

미군이 중공군의 공세에 일정한 패턴이 있다는 것을 알게 된

중공군의 7차례 공세

순서	시기	기간(일)	특이 사항
1	1950년 10월 25일~11월 5일	12	공세 후 중공군 잠적
2	1950년 11월 25일~12월 10일	15	장진호 전투
3	1950년 12월 31일~1951년 1월 10일	11	1·4 후퇴
4	1951년 2월 11~18일	7	유엔군 37도선까지 후퇴
5	1951년 4월 22~30일	9	1차 춘계공세, 최대 단일 군사작전으로 70만 명 동원
6	1951년 5월 16~20일	5	2차 춘계공세, 공세 실패 후 본격 지구전, 전선 교착 상태 지속
7	1953년 7월 13~27일	15	휴전 서명 직전 최후 공세

것은 3차례나 대공세를 당한 뒤였다. 일주일에서 보름가량 '인해전술(人海戰術)'로 공격을 해오다 일정 기간 지난 뒤 다시 공격하는 패턴이 반복됐다.

중공군 출병을 신고한 운산 전투(1950년 10월 25일~11월 4일)에서 교훈을 얻지 못한 대가는 '과속 북진'하던 미군과 국군의 전황을 훅 뒤집을 정도로 컸다.

운산 전투는 국군 제1사단과 미군 제1기병사단이 중공군과 처음으로 치른 전투다. 중국은 첫 전투가 벌어진 10월 25일을 참전 기념일로 삼고 있다. "미군의 최정예라는 제1기병사단의 콧대를 꺾어 흥분되는 일이었다"고 평가하기 때문이다.

국군 1사단은 25일 금광으로 유명한 운산에서 15연대가 박격포 세례를 받았다. 첫날 전투에서 35세가량의 포로 한 명이 생포됐다. 두툼하게 누빈 무명 방한복으로 겉은 카키색, 속은 흰색이어서 눈이 오면 위장복도 됐다. 그는 자신이 제39군 소속으로 광둥성 출신이라고 밝힌 뒤 인근에 2만 명가량의 중공군이 있다고 술술 털어놨다. 직접 신문한 백선엽 사단장은 미 8군을 통해 도쿄의 맥아더 사령부에 보고했다. 도쿄 사령부는 조선족 의용병이 가담한 것이라며 대수롭지 않게 받아들였다.

국군 15연대는 운산에서 '전투부대로서 존재하기를 멈췄다'고 할 정도로 괴멸됐다. 미 제8기병 연대도 중공군에게 포위돼 병력 과반수를 잃었다. 중공군 포로가 제공한 정보를 흘려버린 대가였다.

중공군은 운산 전투 후 잠적했다. 병사들이 휴대한 식량과 탄약이 바닥나 재충전의 시간이 필요했다. 하지만 더 중요한 이유는 중공군의 대규모 투입 사실을 모르는 것을 역이용해 더 큰 승리를 할 수 있다는 판단에 따른 것이었다고 했다. 일시적 후퇴로 일종의 진공 상태를 만든 다음 전투력이 더욱 우수한 적을 추가로 유인해 매복 전술로 섬멸하려는 계략이었다. 중공군의 노림수는 적들에게 겁을 먹고 후퇴하고 있다는 그릇된 인상을 주는 것이었다. 유엔군은 이런 중공군의 계략에 말려들었다.

애치슨은 한국전쟁에서 가장 중요한 시기는 10월 26일부터 11월 17일까지 3주일이라고 했다. '한국에서 재난으로 가는 것을 막을 마지막 기회를 잃었다'고 했다. 1차 대공세 이후 중공군의 실체를 파악하지 못한 것을 지적한 것이다.

'미끼 던지고 보름달 계산하고', 정교한 덫

1차 공세 후 매복하고 있던 중공군은 유엔군의 북진 속도가 느려진 것을 걱정했다. 함정에 빠트리기 위해서는 적이 먼저 밀고 올라와야 했다. 중공군은 의도적으로 비호산, 덕천 등을 포기해 상대를 유인했다. 후퇴하는 것이 부자연스러워 작전이 노출되는 것은 아닌지 걱정했다고 한다. 주력부대는 10여 km 후방에 있고, 소규모 부대로 기습공격을 해 공격개시선까지 쫓아오도록 했다. 중공군 총사령관 펑더화이는 1차 운산 전투 후 바로 자취를 감추는 등 일부러 약하게 보이려고 했다고 했다. 적을 교만하게 만들어 깊이 유인하려는 전술이었다는 것이다.

2차 공세를 앞두고는 핵심 정예부대를 '미끼'로 던졌다. 항일전쟁과 국공내전에서 '철군(鐵軍)'으로 알려진 112사단을 적의 공격에 노출시켰다. 적이 허술하다고 판단하고 진격해 오도록 한 것이었다.

3차 대공세 전에는 달 뜨는 시기를 살폈다. "보름달 뜨기 며칠 전이 공격 개시에 가장 좋다. 전투가 최고조에 이를 때 보름달이 되어 가장 밝다." 우리에게 신정 공세로 알려진 12월 31일 3차 공세 개시 날짜는 그렇게 정해졌다. 크리스마스 분위기도 채 안 가고, 연말연시 경계심이 풀어진 틈을 이용하자는 계산도 있었다. 중공군은 밤에 산악을 이동할 때는 고무 군화를 신고 어두운 산허리를 소리도 없이 돌아다니다가 침입해 왔다.

중공군이 70만 명의 대규모 병력을 동원해 5차 대공세를 편 것은 미군이 동해안 통천 원산 등으로 상륙할 가능성이 있다는 정보에 따라 반격하기 위한 것이었다. 38선을 치고 올라오면서 상륙작전으로 39도선의 안주~원산선으로 측면 공격해 오면 주요 보급선이 차단돼 큰 위협이 된다고 봤다.

'북한 산악지대로 유인'

중공군이 인천상륙작전을 할 때부터 유엔군을 북한의 산악지대로 유인했다는 분석도 있다. 중국은 낙동강 전선까지 밀고 내려간 북한에 후방 역습을 경고했지만 상륙작전이 성공한 후에는 미군이 북한까지 진격하도록 지상군 투입을 늦췄다는 것이다. 북한 최북단 산악지역에서 맞붙는 것이 중공군의 보급선도 짧고 방어에도

전쟁 기간 중공군 병력 수 증가

	1950년 10월 28일	1950년 12월 초	1951년 7월 10일	1953년 7월 27일
사단 개수	18	31	51	58
병력(명)	203,640	531,500	948,299	1,221,058
시기	1차 공세	2차 공세	6차례 공세 후 휴전회담 시작	정전협정 서명

자료: '통계로 본 6·25전쟁', 국방부 군사편찬연구소

유리하다고 판단했다. 미리 투입해 중공군이 38선까지 내려간 뒤 미군이 함흥이나 남포 등 더 북쪽으로 상륙하면 불리하다고 판단했다는 것이다.

미군이 압록강으로 진군할 때 마오쩌둥은 "맥아더가 고집과 오만을 부릴수록 우리에겐 유리하다. 오만한 적은 쉽게 무너지기 마련이다"며 최대한 북쪽으로 접근해 보급로에 문제가 생기기만을 기다렸다.

미 2사단, 군우리 전투 '인디언 태형' 굴욕

중공군의 '매복과 덫'의 전술에 처절한 패배를 당한 것이 군우리 전투다. 국군 6사단을 시작으로 미군과 국군이 압록강에 도달한 직후부터 중공군의 맹렬한 기세로 이제는 포위망을 뚫고 후퇴하기 급급했다. 압록강에 처음 도달했던 국군 2군단 6사단은 초산에서 매복 포위당해 괴멸됐다. 7사단과 8사단 역시 중공군 공격에 하룻밤 사이 무너졌는데 두 사단의 사단장은 부대를 이탈한 뒤 서울 거리를 떠돌다 헌병에 체포돼 군법재판에서 무거운 판결을 받았다.

낙동강 전선에서 일제히 북진할 때 호남지방을 돌며 후방 게릴라 잔병 소탕을 하던 미 2사단이 국군 2군단이 무너져 뚫린 곳에 급거 투입됐다. 미 2사단은 청천강 변의 평남 개천군 군우리의 좁은 계곡에서 중공군 제42군의 포위망에 걸려들었다. 미리 매복하고 있던 중공군이 정찰을 맡은 전차 소대를 먼저 통과시켰고, 뒤따르는 헌병 정찰대와 수색중대 정찰대, 그리고 본대를 분리 타격했다.

군우리 전투는 적이 매복하고 있을지도 모를 골짜기를 야간에 이동한 것이 큰 실책이었다. 낮이라면 미군의 공군 및 화력지원의 도움을 받을 수 있지만 야간에는 홀로 적과 맞서야 한다. 카이저 사단장은 곧바로 현직에서 물러났다. 미군의 전사(戰史)는 카이저 소장의 실수를 상세히 기록해 교훈으로 삼는다고 한다.

미 2사단은 앞뒤가 차단된 상황에서 계곡 위에서 집중 포격과 사격을 받아 사흘 만에 병력의 20%만이 살아남았다. 전투가 끝난 뒤 트럭과 장비, 야포와 각종 무기 그리고 막대한 양의 물자가 고스란히 중공군에 넘어갔다. 그중 상당수는 베이징의 마오쩌둥과 저우언라이 등이 있는 최고 지도부에게도 전해졌다고 한다.

미 2사단의 부대 마크가 '인디언 헤드'이고 인디언들이 계곡 양측에서 공격하는 전술과 닮아 '인디언 태형'을 당했다고 미 전사는 기록한다. 군우리 전투(1950년 11월 29일~12월 1일)에서는 6·25 당시 미군의 사단급 부대가 당한 최악의 피해를 입었다.

남진(南進) 속도와 범위 두고 공산 측 내부 이견

미군이 중공군 공세에 38선 남쪽으로 철수한 것은 12월 16일이지만 중공군이 뒤따라 넘은 것은 열흘 뒤인 26일이다. 마오는 12월 4일 평양 탈환 직후 서울까지 점령해야 한다고 주장했다. 펑더화이는 너무 내려가는 것은 보급선도 길어지고 유인 작전에 걸릴 수 있어 서울 점령은 북한군에 맡겨야 한다고 했다.

1951년 1월 8일, 펑더화이는 부대의 진공을 멈추고 전군에 2개월간의 재정비를 명령했다. 중공군이 38선을 넘고 서울을 재점령한 뒤에는 중공군을 남쪽으로 더 유인한 다음 육해공 공동 상륙작전을 펴서 독 안에 든 쥐처럼 만들려는 계획인지도 모른다고 우려했다. 펑더화이는 "37도선에서 공격을 멈췄는데 우리를 낙동강으로 깊이 유인하려던 적은 우리 방어가 견고하게 완성되지 않은 것을 알고 1월 하순 반격을 가했다"고 당시를 분석했다.

북한 주재 소련대사 라자예프는 "전투에 이기고도 적을 추격하지 않는 작전을 지시하는 사령관은 누구냐?"고 항의하다 스탈린에 의해 조기 귀국당했다.

중소의 '제한전'

미국에서도 맥아더의 만주 폭격 등 확전론과 트루먼의 제한전론 간에 갈등이 있었지만 중소도 확전을 피하고자 했다. 1951년 4월 11일 트루먼이 맥아더를 해임하자 중국공산당 지도부는 '공포로부터 해방됐다'고 반겼다고 한다. 전쟁이 한반도에 국한될 것이라고 확신했기 때문이었다. 미국이 참전하지 않을 것이라는 예상에 따라 김일성의 남침을 승인하고 지원했던 소련과 중국은 미군이 신속히 지상군을 보내 참전하자 직접적인 대결이나 확전을 막으려고 했다.

중공은 공중전을 확대시키지 않아 미국의 핵공격 또는 중국 본토에 대한 보복행위의 위험을 피하려고 했다. 트루먼이 중국 본토로 전쟁을 확대하지 않은 데는 중공이 공군력 행사에 신중한 것도 한 요인이라는 분석이다. 소련도 미국과의 직접적인 대결을 피하기 위해 공군 작전에서 제한을 두었다. 전쟁에 참가했다는 어떠한 흔적도 남기지 않도록 신경을 썼다. 이유는 다르지만 미국도 소련 공군의 참전 사실을 비밀로 했다. 소련이 참전한 것이 부각되면 여론을 자극해 전쟁이 확대될 수 있기 때문이다.

소련 공군 참전 및 교전 수칙

소련 영토에서 이륙해 작전 투입 금지
중국 혹은 조선 비행기로 위장, 조종사는 중국 군복 착용
조선 작전 투입 사실 누설 금지 각서와 선서
비행 중 러시아어 사용 금지
유엔군 통제구역 혹은 전선 인접지역 비행 금지
서해 상공 교전 금지
평양~원산 남쪽(39도선) 적기 추격 금지

절반만 끊어진 '압록강 단교(斷橋)'

중국 랴오닝성 단둥의 압록강 단교는 북한 쪽이 없고 중국 쪽 교각만 남아 있다. 다리의 절반만 폭격으로 부서진 것이다. '압록강 단교'로 보존되어 많은 관광객이 찾는 이곳은 중공군의 개입으로 인한 6·25전쟁을 읽는 중요한 코드가 담겨 있다.

다리가 절반만 끊어진 것은 '미군의 공습은 저기까지'라는 의미가 담겨 있다. 압록강 중간을 경계로 국경이 나뉘는데 북한 쪽 절반만 폭격한 것은 중국으로의 확전을 막겠다는 트루먼 대통령과 군 및 보급품 차단을 위해 다리 전체를 끊어야 한다는 맥아더 사령관의 절충점을 보여준다. 중공군 개입에 대응하기 위해 다리는 폭격하지만 절반밖에 하지 못한 것이다. 확전론과 제한전의 갈등이 절반만 파괴된 끊어진 다리에 응축되어 있다.

"워싱턴이 내린 제한 명령으로 나는 중공군의 대량 개입을 저지하기 위하여 취할 수 있는 한 가지 방법만은 남아 있다고 생각하고 있었다. 나는 스트레이트마이어 장군에게 B-29 폭격기 90대로 압록강 철교를 폭파하라고 명령했다. 폭격을 잘못하여 폭탄이 만주 땅에 떨어질 위험이 있어서 나는 그때까지 그 명령을 내리지 않고 있었다."

1950년 11월 6일 맥아더의 명령에 따라 압록강 철교 등을 폭격하겠다는 스트레이트마이어 극동공군사령관의 전보를 받고 워싱턴이 발칵 뒤집혔다. 중간선거 전날 캔자스시에 있던 트루먼에게 애치슨이 긴급 전화를 걸어 "사안이 중대해서 즉각적인 결정이 필요하다"고 했다. 트루먼은 "아군에 대한 즉각적이고 심각한 위협이 있을 경우에 한해서 허락할 것"이라고 했다. 미 합참은 도쿄에서 폭격기가 이륙하기 1시간 20분 전 전문을 발송했다. 영국과 협의 없이 만주에 영향을 미치는 행동을 취하지 않기로 했다고 알리고 명령이 있을 때까지 국경 5마일 이내 표적에 대한 폭격을 연기하라고 했다.

중국 랴오닝성 단둥의 '압록강 단교'. 강 가운데부터 북한 쪽은 1950년 11월 미군 폭격으로 부서져 교각만 남아 있다.

중국 랴오닝성 단둥의 '압록강 단교' 위를 관광객들이 걷고 있다. 건너편은 북한 신의주.

그러자 이번에는 맥아더가 "대규모 병력 및 물자가 압록강 교량을 통해 만주로부터 쏟아져 들어오고 있어 휘하 부대를 위태롭게 하고 궁극적으로 와해되도록 위협하고 있다"며 폭격의 필요성을 강조한 장문의 전문을 보냈다. 합참의 지시는 중대한 재난을 초래할 수 있기 때문에 이 문제를 즉시 대통령이 제기해 주시기를 바란다고 덧붙였다.

브래들리 합참의장이 맥아더의 전문을 전화로 트루먼에게 그대로 읽어주었다. 부대가 위협을 당하고 있다는 점이 마음에 걸린 트루먼은 결정을 번복했다. 다만 "압록강 교량의 한반도 측 연결 부분을 포함하는 한만 국경에 대한 폭격을 허락한다. 압록강의 댐이나 수풍발전소 폭격을 허락하는 것은 아니다." "만주의 영토와 영공을 침범하지 않도록 해야 한다."

스트레이트마이어는 "워싱턴은 불가능하다는 것을 알고 허가했다. 다리 절반만 폭격하려면 압록강 하류에서 일직선으로 비행하면서 폭격해야 한다. 그러면 적은 비행 코스를 알고 고사포를 발사할 것이다"라고 했다. 실제로 이 작전으로 대공포 사격을 받아 부상을 입은 조종사는 "워싱턴과 유엔은 도대체 누구 편입니까"라고 물었다. 맥아더는 '절반 폭격' 지시에 반발해 자신을 해임하라고 요청하는 전보 문안을 준비했다가 참모들의 만류로 찢어버리고 보내지 않았다. 맥아더는 "미국 역사상 야전사령관에게 주어진 결정 중에서 이처럼 융통성이 없고 무모한 결정은 유례를 찾아볼 수 없다"고 불만을 토로했다. 영화 '디보션'에는 미 항모에서 출격한 비행기가 대공 사격을 받으며 압록강을 거슬러 올라가 아슬아슬하게 교각 사이를 지나며 폭격하는 장면이 나온다.

수정 명령에 따라 압록강 교량에 대한 폭파가 11월 8일부터 14일까지 계속됐다. 8일 스트레이트마이어의 일기는 이렇게 기록했다. "첫 비행에서 B-29 3대가 교각 사이의 수면 위로 비행하며 폭격을 했다. 중공군은 (실력은) 보잘것없었지만 대공 포격을 해왔다. 두 번째 비행에서는 4대의 B-29가 다른 쪽 교량 첫 번째 교각 사이 수면 위로 비행했는데 결과에 만족한다. 내일은 B-29가 남은 교량들을 휩쓸고 지나갈 예정이다."

⑫ 혹한과 인해전술 이긴 장진호 철수 작전

　미국 워싱턴DC 링컨기념관을 바라보고 좌측에 있는 '한국전 참전 기념공원'에는 두꺼운 외투를 걸치고 작전에 투입된 형상의 병사들 동상이 있다. 6·25전쟁 장진호 전투에 참가한 미 제1해병사단 병사들이다. 중국 랴오닝성 단둥 항미원조기념관의 내부 전시가 시작하는 곳에는 장진호 전투에서 뺏은 미 제7사단 31연대 깃발을 걸어놨다. 장진호 전투는 미국과 중국 모두에게 한국전쟁을 대표하는 전투이자 서로의 자존심이 걸린 역사의 한 장면이라는 것을 상징적으로 보여준다.

　윤석열 대통령이 4월 27일 미국 상하원 합동 연설에서 "미군은 장진호 전투에서 12만 명의 인해전술을 돌파하는 기적 같은 성

미국 워싱턴DC '한국전 참전 기념공원'에 장진호 전투에 참가한 미군을 형상화한 동상이 세워져 있다. 앞쪽에 '알지 못하는 나라, 만난 적도 없는 사람들을 지키라는 국가의 부름을 받고 나선 우리의 아들딸들에게 국가는 경의를 표한다'는 문구가 새겨져 있다.

중국 랴오닝성 단둥의 항미원조기념관에 걸려 있는 미 7사단 31연대 깃발. 중국은 장진호 전투에서 승리했다는 것을 보여주기 위해 전시관의 초입에 걸어 놓았다.

과를 거뒀다"고 발언하자 의원들이 기립 박수를 보냈다. 다음 날 중국 외교부 대변인은 "장진호 전투는 중국이 위대한 승리를 거둔 것"이라고 반발했다.

미 10군단 뒤늦은 원산 상륙

10월 1일 38선을 돌파한 동부전선의 국군 1군단은 10일 원산을 점령했다. 6사단이 초산에서 압록강 물을 수통에 담던 10월 26일 이승만 대통령이 원산에 찾아와 "뭉치면 살고 흩어지면 죽는다"는 연설을 했다.

인천상륙작전 이후 미 8군과 10군단의 지휘권을 이원화해 10군단은 육로로 북진하지 않고 다시 인천으로 돌아가 바다로 한반도를 돌아오느라 26일에야 원산항에 상륙했다. 맥아더가 미 10군단을 원산에 상륙시킨 것은 워커의 미 8군이 평양으로 진격할 때 동쪽에서 협공하려는 것이었다. 그런데 10군단이 원산에 상륙한 10월 26일 국군은 이미 원산을 점령한 지 보름이 지난 뒤였다. 평양도 19일 국군 1사단과 미 제1해병사단이 탈환한 후였다.

국군 6사단 '초산 과속'의 역풍

평양 점령을 돕기 위해 서진(西進)할 필요가 없어지자 11월 15일 맥아더는 군단의 진격 방향을 바꿨다. 장진호 서쪽의 유담리를 거쳐 자강도 무평리와 강계 등 서북 방향으로 올라가 중공군의 후방을 공격하려는 것이었다. 하지만 10군단이 원산에 상륙한 10월

26일 8군 지휘하의 국군 2군단 6사단은 이미 초산에서 압록강에 도달했다. 6사단은 '초산 과속'으로 압록강 도달 이튿날부터 중공군의 매복 포위 공격을 받아 막대한 피해를 입었다. 그 여파는 2군단 전체의 참패로 이어졌다.

국군 6사단이 초산에 도달했을 때 전선을 보면 좌우 부대와의 보조 없이 불쑥 튀어나와 있다. 19일 압록강을 건너와 매복해 기다리고 있던 중공군에게 돌출된 6사단은 공격의 호재를 제공했다. 측후방에 빈틈이 많기 때문이다. 6사단은 퇴로가 차단됐고 6사단을 도우려던 2군단 예하 7사단도 큰 타격을 입었다. 중공군의 분리 포위 타격에 당한 것이다.

압록강에 가장 먼저 도달했던 6사단 7연대장 임부택 중령은 "보급이 두절되고 탄약이 떨어져 진퇴유곡이었다"며 사단장으로부터 휴대용 전투 장비를 제외하고는 모두 파괴 또는 소각하고 이동(후퇴)하라는 명령을 받았다고 했다.

6사단의 원래 주둔지는 탄광과 석회광이 있어 광산 개발이 활발했고 광물회사가 보유한 트럭이 많은 강원도 춘천과 영월 일대였다. 전쟁 후 이들 트럭을 징발해 기동력이 뛰어나 개전 초기 춘천 홍천전투 등에서 전과를 올렸다. 하지만 압록강 북진 작전에서는 홀로 앞서나갔던 것이 오히려 역풍을 불렀다.

구멍 뚫리고 퇴로 차단

'초산 과속'으로 괴멸된 6사단과 7사단, 즉 국군 2군단에 구멍이 뚫렸다. 워커와 알몬드 간 지휘권 분할로 동·서부 전선 사이에 80km 이상의 틈이 있는 데다 두 전선 사이의 2군단마저 무너지자 중공군은 유유히 내려와 11월 9일 원산을 점령한 뒤 미 3사단을 위로 쫓아 올렸다. 이때 멀리 함경북도까지 진격해 있던 미 10군단과 국군 1군단은 퇴로가 끊겼다. 이후 개마고원의 인공호수 장진호에서의 혹한 전투, 흥남 해상철수, 10만 피란민의 눈물 등이 이어졌다.

동부전선에서 아군 퇴로가 차단되고 포위 공격을 받는 급박한 상황인데도 11월 24일 맥아더의 '크리스마스 대공세'가 나왔다. 크리스마스에는 고국으로 돌아가기 위해 대공세를 펼치라는 명령이었다. 알몬드 10군단장은 현장의 실상을 전하기는커녕 사령관의 뜻에 부응해 북진에 가속 명령을 내린 것이 11월 27일이었다.

중공군은 1차 공세(10월 25일~11월 5일) 이후 잠적하듯 모습을 감췄지만 미 10군단 제1해병사단이 함흥을 거쳐 장진호 방향으로 올라오는 것을 주시하고 있었다. 길게 전선이 늘어져 분산되는

장진호 전투 중공군(9병단 10개 사단)의 배치와 임무

중공군	배치 지역	담당
27군 4개 사단	장진호 동서안	제1해병사단, 7사단 31연대 공격
20군 4개 사단	유담리 하갈우리	주보급로 차단
26군 2개 사단	고토리	후방 봉쇄

것을 지켜보며 공격을 기다리고 있었다. 미 제1해병사단이 장진호 주변 유담리 하갈우리 신흥리 등에 흩어져 있는 것을 보고 있던 중공군 9병단 3개군 소속 10개 사단이 공격을 개시한 것도 알몬드가 진격 명령을 내린 27일이었다. 중공군의 '인해전술(人海戰術)'이 본격적으로 모습을 드러낸 전투가 시작됐다.

사전 '경고' 무시한 대가

중공군이 11월 27일 대공세를 시작하기 한 달 전인 10월 28일 국군 26연대(혜산진 부대)는 장진호~흥남 사이 수동에서의 소규모 전투에서 중공군 16명을 생포했다. 이들은 자신들이 124사단 박격포 부대 소속이라며 3개 사단이 북쪽에서 장진호를 향해 오고 있다고 털어놨다. 알몬드 10군단장은 즉각 도쿄 맥아더에게 보고했다. 사령부는 놀라지도 않고 관심도 갖지 않았다. 이미 대규모로 장진호 주변으로 들어와 있던 중공군의 정보에 어두웠던 아군의 힘겨운 장진호 전투의 시련은 이때 시작됐다.

27일 공세 하루 전에는 장진호 서쪽 유담리에서 중공군 3명이 민가에 숨어 있다가 미 제1해병사단 7연대 정찰대에 투항했다. 이들은 "20군의 60사단, 58사단, 59사단이 유담리에 6일간 주둔해 있었으며 미군 2개 해병연대가 하갈우리와 유담리 사이 덕동고개를 통과한 뒤 해병항공대의 근접지원을 피해 어두워진 후에 공격할 것"이라고 매우 구체적으로 진술했다. 하지만 말단 병사가 대규모 작전계획을 알고 있을 리 없다. 허위 정보를 전할 임무를 띠고 민가

중국 단둥 항미원조기념관의 장진호 안내 전시관 입구에 '빙설 장진호'라고 표기되어 있다. 장진호 전투가 혹한의 전투였음을 전시관만 봐도 알 수 있다.

에 남겨진 미끼일 수도 있다며 포로의 말을 믿지 않았다. 이 정보는 장진호 동쪽의 미 7사단 31연대에 전달되지 않아 아무런 대비를 하지 못해 '장진호 동쪽의 참극'으로 이어졌다.

26일 밤 7연대 3대대 쪽에서도 민간인 한 명이 붙잡혀 심문을 했더니 "남서 방면으로 중공군 길 안내를 해주고 가는데, 행군 종대의 길이가 3시간 걸리는 길이었다. 말이 끄는 대포도 있었다"라고 했다.

중공군 포로의 진술을 믿지 않은 것은 첫 운산 전투 이후에도 마찬가지였다. 당시 포로는 전체 부대의 이동과 배치, 병력 수, 일부 작전 내용까지 비교적 상세히 알고 있었고 순순히 털어놨다. 백선엽 장군은 후에 국방부의 '전사(戰史)'를 보고 궁금증을 풀었다고 했다. 중공군 지도부가 싸움에 임하는 장병들에게 왜 싸워야 하는지 정신교육과 함께 전투 작전의 세세한 정보도 공유해 위아래 없이 동료 의식을 갖게 한 것이라고 했다. 이 때문에 포로의 진술은 매우 값진 정보였지만 맥아더와 사령부는 줄곧 소홀히 취급하거나 아예 무시했다.

덕동통로, '폭스 힐 중대의 기적'

유담리에서 27일부터 북한군 3개 사단의 공격을 받은 미 제1해병사단 5연대와 7연대가 철수할 때 퇴로는 덕동통로 한 곳뿐이었다. 이곳 돌파 임무를 맡은 7연대 F중대(폭스 힐 중대)는 5일간 덕동통로에 고립되어 있으면서도 중공군 3개 대대를 섬멸하는 전과를 거두며 지켰다. 폭스 힐 중대가 하갈우리에 도착했을 때 중대원 247명 중 생존자는 60명에 불과했다. 대부분은 중증 동상에 걸려 있었다.

유담리의 주력부대가 사단본부가 있는 하갈우리의 부대와 합류할 수 있는지는 사단의 존망과도 직결된 것이었고, 이는 덕동통로라는 혈로를 지키느냐에 달려 있었다. 이런 상황에서 나온 '폭스 힐 중대의 기적' 같은 전과는 ①혹한 속에서도 진지 배치 직후 참호를 구축하는 기본 수칙을 지킨 점 ②하갈우리 포병부대의 지원 사격 ③덕동통로를 우회해 중공군의 후방을 공격하는 작전 주효 ④ C-47 수송기를 통한 탄약 등 공중 투하 ⑤무엇보다 고립된 부대를 버리지 않을 것이라는 확신에 따른 부대원의 사기 등이 요인으로 꼽힌다.

미 해병대는 유담리 하갈우리 고토리 등에서 밤에는 피리, 꽹과리 소리를 내며 끊임없이 몰려드는 유령 같은 중공군과 전투를 벌였다. 하갈우리를 포위해 밀집 포위한 중공군의 숫자가 많아 '들판 전체가 일어나서 앞으로 걸어오는 것 같았다'고 했다.

후퇴하는 부대가 모두 하갈우리에서 흥남 방면으로 18km가량 떨어진 고토리에 집결한 것이 12월 7일 밤이었다. 병력 1만 명과 차량 1000대 이상이 18km를 이동하는 데 40시간이 걸렸다.

황초령 수문교, 공중 투하로 복구 후 계곡 통과

이튿날인 8일 황초령을 넘는 첫 관문은 450m 깊이의 계곡을 연결하는 수문교 중 중공군이 폭파한 약 7m 구간을 복구해 건너는 것이었다. 다리를 복구하지 못하면 차량과 전차 야포 등 장비를 버려야 했다. 7일부터 극동공군 전투공수사령부가 C-119 수송기 8대를 이용해 낙하산으로 임시 교량 경간목을 공중 투하했다. 1t이 넘는 경간목 4개 중 두 개는 중공군이 있는 곳으로 떨어지고 중공군의 간헐적인 공격이 계속되는 등 우여곡절 속에 9일 오후 사단 공병대대가 수문교 복구를 마쳤다. 대규모 교량 설비를 공중 투하

장진호에서 흥남으로 가는 중간에 있는 황초령의 수문교를 미군들이 복구하고 있다.
자료 : 영문 위키

해 계곡의 다리를 복구하기는 매우 이례적인 사례로 꼽힌다. 야간을 이용해 병력과 장비뿐 아니라 다수의 피란민도 다리를 건너 11일 흥남에 도착했다. 유담리에서 11월 27일 중공군 공격을 받고 후퇴하기 시작한 뒤 128km를 사방에서 포위 공격하는 중공군과 사투를 벌인 지 약 2주 만이다. 미군은 후위 부대가 모두 수문교를 건넌 것을 확인한 뒤 다시 폭파해 중공군의 추격을 막았다.

한 장교는 북진 명령을 받고 장진호 부근으로 전진해 가던 상황에 대해 "중공군은 만반의 태세를 갖추고 우리를 노리고 있는데 그런 적의 진지에 제 발로 걸어 들어가는 기분"이었다고 했다. 그는 "가는 곳마다 끝도 없이 밀려오는 중공군의 인해전술에 지칠 대로 지쳤다. 도쿄 사령부에서 오는 명령은 하나같이 말도 안 됐다. 우리를 죽이려고 혈안이 된 사람들이 아닌가 하는 생각이 들 정도였다"고 말했다.

살인적인 추위, '세계 2대 동계전투'

'땅이 35cm까지 얼어 참호를 팔 수 없어 전투가 심할 때는 동료의 언 시신을 쌓아 방벽으로 이용하는 일까지 있었다.' 당시의 참혹한 전투 상황을 보여주는 한 사례다.

"북한군이나 중공군보다 더 위협적인 건 한반도의 험한 산악과 악천후였다. 살을 에는 겨울 날씨가 미군에게는 최대의 적이었다." 장진호 전투는 2차 대전 당시 스탈린그라드 전투와 맞먹는 세계 2대 동계전투로 불린다.

전투 당시의 기온은 영하 37도까지 내려갈 때도 있었다. 습도가 높고 강풍이 불어 체감 온도는 더욱 떨어졌다. 양측이 인명 피해를 집계할 때 사망, 실종과 함께 '동사자'를 분류해 파악했다. 양측 모두 자다가 동사하는 경우가 적지 않았다. 전투 중 죽은 척하고 있으면 생사 확인도 않고 옷을 벗겨가 얼어 죽었다.

눈을 녹여 식수로 쓰고, 총기나 대포의 철판에 맨손이 달라붙어 떨어지지 않았다. 깡통으로 지급되는 전투식량이 얼어 옥수수나 콩을 떼어 입에 넣는 것도 쉽지 않았다. 한 군의관은 "수혈용 혈액과 진통제의 모르핀도 얼어, 위생병은 모르핀이 얼지 않도록 입속에 넣고 부상자가 있는 곳으로 뛰어갔고, 혈액이 얼어 수혈을 하지 못해 많은 전우가 눈앞에서 죽어가는 고통을 봐야 했다"고 증언했다. 히긴스는 "동상을 대수롭지 않게 무시해서는 안 된다. 이곳에서 동상은 많은 해병의 손가락, 발가락, 발, 다리가 절단되는 것을 의미했다"고 했다.

자동화기들은 정상보다 매우 느리게 작동했고 수류탄은 잘 터

지지도 않았다. 박격포탄이나 야포 포탄에 부착하는 장약의 추진력이 약해져 포탄의 비거리가 짧아져서 아군 병력을 위협하기도 했다. 연료가 얼어 고체 덩어리가 되고 폭약을 터뜨려 구멍을 뚫은 뒤에야 참호를 파기도 했다.

중공군 장교도 "영하 20도는 보통이고 30도까지 내려가는 혹한이 계속됐는데 일부는 솜옷이나 털모자를 걸쳤으나 대부분 방한장비도 갖추지 못했다. 동상에 걸린 병사들이 속출해 전투력 손실이 엄청났다"고 털어놨다.

스미스 사단장의 '느림보 북진'

장진호 전투는 미군과 국군의 '북진 과속'이 유인 매복 포위 전술을 구사하는 대규모 중공군과 부딪혀 전열이 붕괴되는 과정에서 발생했다. 하지만 비슷한 시기 서부전선에서 미 2군단이 군우리 전투에서 치욕적인 패배를 당한 것과는 크게 달랐다. 미 제1해병사단 올리버 스미스 소장이 현장 지휘관으로서 발휘한 신중함과 치밀함이 '전략적 후퇴를 하면서도 패배가 아닌 전투' '후방으로 진격하는 전투'로 만들 수 있었다.

스미스는 빨리 북진하라는 알몬드 군단장의 명령에 자신의 재량권 안에서 최대한 시간을 끌었다. 산세도 험하고 지독하게 추운 장진호 동쪽에 엄청난 수의 중공군이 숨어 있을 거라는 강한 확신이 들었기 때문이다. 알몬드 군단장의 비현실적 요구 사항에 진격 속도를 거의 명령 불복종에 가까울 정도로 늦췄다.

동부전선의 3개 부대 중 스미스 사단의 북진 속도가 가장 느렸다. 11월 10일부터 26일까지 하루 평균 1.5km였다. 스미스가 중공군

동부전선 부대의 북진 정점에서 흥남까지 거리

부대	북진 장소	거리
국군 1군단	청진	480km
미 7사단	혜산진	320km
미 제1해병사단	장진호	240km

이 덫을 놓고 있다고 확신한 경험적 증거 중 하나는 미군에 밀려 북으로 쫓겨가던 중공군이 황초령에서 다리를 폭파하지 않은 것이다. 그 다리를 건너오라고 손짓하는 것과 마찬가지라고 느꼈다.

전진하며 후방 대비한 신중함

스미스는 진격 속도 조절과 함께 호수 동쪽으로 보냈던 5연대를 다시 불러들여 부대 응집력이 떨어지는 것을 최대한 막았다. 스미스가 해병대가 아니라 육군이었다면 알몬드는 틀림없이 그를 해임했을 것이라고 했다.

스미스는 사단 병력을 한 방향으로 모아 전진하면서 부대 간 간격을 유지해 적의 중간 침투를 막았다. 앞으로 나아가면서도 후방 주요 지점에는 작전과 보급을 위한 캠프를 설치했다. 특히 스미스는 해발 2000m의 고산지대 하갈우리에 쌍발수송기가 이착륙할 수 있는 임시 활주로를 건설했다.

12월 1일 공사가 절반도 안 끝난 야전활주로에 C-47 수송기 1대가 시험 착륙에 성공해 이튿날부터 본격적인 항공 수송이 시작

됐다. 관제탑은 무전기를 탑재한 지프가 대신했고 활주로가 짧아 엔진을 역회전시키면서 착륙했다. 12월 10일까지 하갈우리와 고토리에서 총 240회에 걸쳐 4689명의 부상자를 후송했다. 함흥 흥남 원산 등에 있던 해병대 행정부대원과 부상에서 회복한 병력 500여 명도 기꺼이 지옥의 한복판으로 날아와 병력을 보충하고 사기를 높였다. 이 같은 스미스의 신중함으로 미군은 중공군에 엄청난 출혈을 강요하면서 포위망을 탈출했다.

'다른 방향으로의 진격'

스미스 사단장은 하갈우리에서 많은 기자들의 질문을 받았는데 하갈우리로의 이동이 '후퇴하는 것이냐'는 질문이 이어졌다. 한 영국 기자는 '후퇴 작전'이냐고 물었다.

"후방이 없으면 후퇴가 아니다. 포위당해 있을 때는 후퇴도 철수도 할 수 없다. 유일한 방법은 돌파해 나가는 것이다. 그러기 위해서는 공격해야 하는데 지금 우리가 하려는 것이다."

그의 이 말은 24시간도 안 돼 미국 전역에서 발행되는 신문에서 "후퇴라니, 빌어먹을. 우리는 다른 쪽으로 공격 중이라고!"라는 말로 보도됐다. 5연대장 레이먼드 머리 중령은 스미스 사단장의 이 말을 인용한 훈시에서 '후퇴가 아니다'는 의미를 더욱 분명히 했다. "우리가 향할 바다 쪽 뒷길에 더 많은 중공군이 우리의 진로를 막고 있다. 우리는 다른 방향으로 공격하는 것이다. 우리에게 후퇴란 없다." '다른 방향으로의 진격'이란 말은 미 해병의 장진호 후퇴 작전

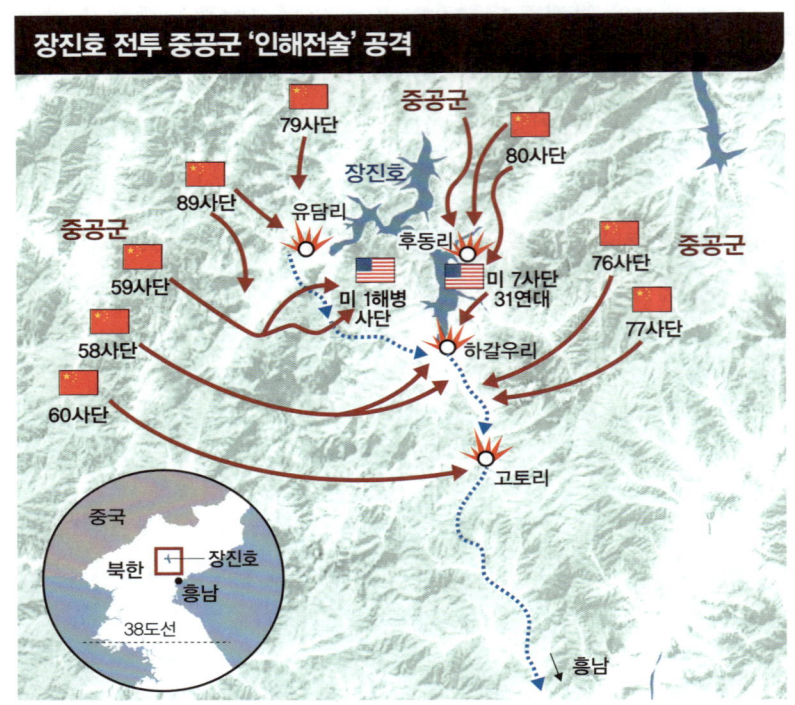

을 상징하는 한마디가 됐다.

장진호 전투의 '나비 효과'

미 제1해병사단과 7사단 31연대는 장진호 전투에서 후퇴하면서도 2주가량 중공군 10개 사단을 묶어 뒀다. 이로써 더 멀리 북으로 올라갔던 동부전선의 국군 1군단과 미 10군단 잔여 부대가 후방으로 내려오는 시간을 벌어줬다. '전략적인 패배 속에서 이루어 낸

일련의 전술적 승리'라는 말이 장진호 전투의 성격을 잘 표현했다. 중공군의 대규모 참전을 모르고 대비하지 못한 데다 동·서부 전선이 서로 보조를 맞추지도 않고 '무사안일' 북진을 하다 퇴각하는 '전략적 패배'가 있었다. 그 와중에도 미 해병 1사단은 2주가량에 걸쳐 흥남으로 철수하면서 포위한 중공군에게 큰 피해를 입혀 '전술적 승리'를 거둔 것이다.

중공군 9병단은 장진호 전투에서 입은 타격으로 병력 보충 등을 한 뒤 이듬해 3월에야 전선에 복귀했다. 3개월 이상 공백기가 생긴 것이다. 서부전선에서 유엔군이 파죽지세로 밀려 38선이 돌파되고 1월 4일 중공군이 서울을 재점령했지만 동부전선의 9병단 12개 사단은 12월 말부터 전개된 3차 대공세에 참여하지 못했다. 동부전선에서도 서부전선처럼 밀렸다면 이듬해 1월 중하순 중공군이 37도선에서 남진(南進)을 멈추지 않았을 수 있었다.

장진호 전투 후 미 10군단도 해체됐다. 제1해병사단은 8군 관할로 돌아간 뒤 1951년 2월 전선에 복귀했다. 그만큼 양측 모두 혹한 속 전투로 홍역을 치렀다.

중국은 장진호에서 미군을 밀어 내리고 함흥 흥남 원산 등을 되찾았다는 이유로 장진호 전투를 6·25전쟁에서 거둔 대표적인 승리로 꼽는다. 지원군사령부와 마오는 9병단에 무공을 치하하는 축전을 보냈다. 반면 미국은 후퇴하면서 중공군에 몇 배의 인명 피해를 입혔다. 미군은 상대적으로 적은 피해만 입은 채 중공군 대부대를 3개월가량 묶어둬 성공적인 '지연 작전'을 폈다고 평가한다. 서로가 '성공적'이라고 부르는 이유다.

'혹한 속에 빛난 전우애'

장진호 전투는 전우애를 빛낸 많은 일화를 남겼다. 현지 취재를 온 기자들이 많았고 후에 생존자들의 생생한 증언을 통해 이런 사연들이 전해졌다.

미 제1해병사단이 유담리에서 '죽음의 덕동고개'를 넘어올 때 900여 명의 부상자가 발생했는데 600여 명의 환자를 들것에 실어 철수했다. 전우의 시체를 실을 차량이 부족하면 자주포 포신에 매달고 오기도 했다.

11월 30일 알몬드 군단장은 하갈우리에서 미 해병 1사단장과 7사단장에게 "하갈우리에 병력이 집결한 뒤 사단 내 모든 편제화기와 장비는 파괴하고 수송기를 이용해 함흥으로 후퇴하라"고 명령을 내렸다. 그러나 스미스 사단장은 이를 거부하였다. 수송기로 후퇴하면 수송기가 이륙한 후 활주로를 지켜야 하는 최후의 병력은 포기할 수밖에 없기 때문이다.

12월 4일 미 해군 최초의 흑인 비행사 제스 브라운이 피격당해 하갈우리 인근에서 불시착했다. 브라운의 동료 비행사 톰 허드너는 그를 구하기 위해 중공군의 기총 사격을 받으면서 비상 착륙해 브라운을 구하려 했으나 여의치 않았다. 부서진 기체에 몸이 끼여 꺼내지 못했고 브라운은 동사했다. 이들의 동료애를 다룬 영화 '디보션'이 2022년 개봉됐다. 미국 최초로 흑인 이름을 딴 녹스급 호위구축함 D-1089함에 '제스 브라운'호가 명명됐다.

'장진호 동쪽'의 비극과 희생

제1해병사단은 당초 장진호를 좌우에서 끼고 돌아 북진할 계획이었다. 사단 주력은 서쪽, 동쪽은 5연대가 배치됐다. 그런데 스미스 사단장이 사단 병력의 분산을 막기 위해 해병 사단은 모두 서쪽으로 가고 동쪽은 미 제7사단 31연대를 배치하기로 했다. 해병대는 사단이 뭉쳐 전진하고 일정 거리와 통신을 유지해 전진할 때나 후퇴할 때 피해를 줄였다.

하지만 급하게 동쪽을 맡게 된 31연대는 많은 착오와 작전 실패 등으로 피해 규모는 호수 서쪽의 사단 병력에 버금갈 정도로 컸다. 특히 31연대에 '뻐꾸기 대대'처럼 배속된 32연대 1대대인 '페이스 특수임무부대'는 대대장인 페이스 중령이 사망하는 등 가장 큰 피해를 입었다. 중공군의 공격으로 31연대가 철수할 때 '페이스 대대'에 통보도 없이 홀로 남겨두고 떠나버렸기 때문이다.

잇단 실책이 부른 비극

첫 실패는 제1해병사단 5연대가 빠져나간 자리를 메운다며 서둘러 '페이스 임무부대'를 배치한 것이다. 연대 병력이 지키던 곳을 한 개 대대가 맡다 보니 측후방 진지를 미처 다 점령하지 못해 구멍이 뚫렸다. 11월 27일 밤 중공군이 호수 동서쪽에서 동시에 공격해 왔는데 U자형으로 침투해 공격했다. 한 개인호에서는 카투사 한 명이 머리가 없어진 채 앉아 있었다. 27일 하룻밤에 전방 한 개 중대에서만 8명이 전사하고 20명이 부상했다.

이런 상황인데도 28일 알몬드 군단장이 페이스 임무부대 방어진지를 찾아 페이스 대대장에게 "중공군은 북쪽으로 도망치는 낙오병에 지나지 않는다"고 했다. 중공군 80사단이 포위 공격하고 있는 상황을 알지 못했다. 알몬드는 페이스 중령 등 3명에게 은성훈장을 주고 떠났다. 페이스 대대장은 그가 떠나자 훈장을 눈에 던져버렸다고 한다.

31연대가 각 부대를 장진호 동쪽 길이 약 16km의 도로를 따라 7개의 각기 다른 장소에 분산 배치한 것도 큰 실책이었다. 적의 측

후방 침투가 용이했기 때문이다. 29일 31연대장 매클린 대령이 '어이없이' 실종된 것도 적이 후방으로 침투한 것을 몰랐기 때문이다. 매클린은 부대 남쪽 후방에서 접근하는 부대를 예하 2대대로 잘못 알았다. 상호 사격을 하다 홀로 사격 중지를 요청하기 위해 접근하다 중공군에 붙잡혔다.

31연대는 철수하면서 원형 방어가 아닌 도로를 따라 길게 병력과 장비가 이동해 적의 분리 타격에 쉽게 노출됐다. 미 10군단은 사용할 수 있는 항공 자원의 절반가량을 투입했지만 지상에서 저지르는 실수 때문에 피해를 줄일 수 없었다.

알몬드는 29일 31연대에 하갈우리로 후퇴하라고 지시한다. 그런데 최북단에 있던 페이스 임무대대에는 철수 명령이 전달되지 않았다. 고립된 페이스 부대는 80시간 동안 중공군의 공격을 받아 '학살'을 당했다. 땅이 얼어 묻지 못한 얼어서 뻣뻣해진 시체는 제방 아래에 4단으로 열을 맞춰 눕혔다. 12월 1일 장진호 얼음판 위로 페이스 부대원 200여 명이 탈출했는데 페이스 중령은 심장 위에 부상을 입고 남겨졌다가 적의 확인 사살로 숨졌다. 장진호 전투 현장에 묻혔던 페이스 중령의 유해는 2004년 북한이 찾아 8년간의 감식 끝에 신원을 확인했다.

'장진호 동쪽'의 희생과 기여

장진호 동쪽의 31연대는 장교만도 매클린 연대장, 페이스 대대장 등 40여 명이 희생됐다. 4, 5일간 중공군 80사단의 공세를 받아 막대한 피해를 입으면서도 80사단이 미 제1해병사단의 본부가 있는 하갈우리를 공격하는 데 참여하지 못하게 했다. 이들이 희생되면서 버티는 며칠 동안 하갈우리를 방어하고 야전 활주로를 건설할 수 있는 시간을 벌어 주었다.

장진호 전투에서 하갈우리 방어가 핵심이었다. 사단 지휘부가 있는 데다 이곳이 넘어가면 유담리의 주력부대 후방이 차단되고, 각 부대의 연계도 끊기는 등 요충지였다. 중공군 80사단이 장진호 동안에서 매클린 특수임무부대를 공격하느라 하갈우리 포위작전에 참가할 수 없어 하갈우리 방어에 크게 기여했다는 것이다.

장진호 전투에서 전사한 동료들의 시신 앞에서 한 미군 병사가 기도하고 있다.

역사가 로이 애플먼은 "육군 병력(31연대)은 어쩔 수 없이 희생양 노릇을 해야만 했고 그 희생양이 도살된 꼴이 되었다"고 했다.

'초신 퓨(Chosin Few)'

장진호 전투에서 미 제1해병사단의 인명 피해는 전사 600여 명, 부상 및 실종 3000여 명, 동상 환자 3700여 명이었다. 여기에 '장진호 동쪽'의 31연대에 3000여 병력 중 1900명가량이 부상으로 후송됐고, 385명이 살아남았다. 나머지는 사망, 실종, 포로 등이었다. 미군은 생전 처음 겪어보는 인해전술에다가 밤에 피리를 불고 꽹과리를 치며 심리전을 벌이는 중공군에 전멸이 우려될 정도였다.

중공군은 사망 2만5000명, 부상 및 실종 1만2500여 명, 동상 환자 1만여 명 등이었다. 중국 지원군사령관 펑더화이는 12월 8일

장진호 전투의 미군과 중공군 병력과 피해

	미군	중공군
부대	제1해병사단 제7사단 31연대 영국 해병 41 코만도대대	9병단(3개 군단, 10개 사단)
병력 수	약 3만 명	12만 명(중국 측 계산)
인명 피해(사망)	1300여 명	2만5000여 명

자료: '1129일간의 전쟁' '나무위키'. 인명 피해는 양측 주장에 차이가 있음.

마오에게 보낸 전문에서 6만 명의 병력 보충을 요구했다.
　　미군은 중공군에 비해서는 인명 피해가 월등히 적지만 단일 전투에서 입은 피해로는 막대했다. 그래서 '초신 퓨'라는 말까지 생겼다. 초신은 '장진(長津)'의 일본어 발음이다. 미군이 사용한 지도가 일본어판이어서 이렇게 불렸다. '퓨'는 생존자가 그만큼 적었다는 뜻이다. '장진호 전투 생존자 전우회'라는 참전용사 모임의 이름이기도 하다. 기념공원은 장진호와 비슷한 분위기의 알래스카에 조성됐다.

'상감령 전투'의 상감령이 어디야?

　　중국 랴오닝성 단둥의 항미원조기념관은 중공군의 참전부터 1958년 북한에서 중공군이 완전 철수할 때까지의 과정을 상세하게 설명해 놓았다. 그런데 두 개의 전투에 대해서는 별도의 코너를 만들어 소개한다. 상감령 전투와 장진호 전투다.
　　2020년 기념관을 새로 단장하면서 기념관 외부에는 중국이 전쟁 시기를 구분한 '1~5의 전역(戰役)' 등을 동판에 새겨 놓으면서 '상감령 전역'을 따로 소개했다. 이전 기념관에서는 내부에 당시 철원의 지형까지 모형으로 만들어 놓고 상감령 전투 소개에만 하나의 전시실을 할애하다시피 했다. '상감령 전역 주요 전투 일람표' '상감령 주요 전투 지역' 지도 등도 있었다.
　　중국이 이처럼 강조하는 상감령 전투는 1952년 10월 14일부터 11월 25일까지 43일간 국군과 유엔군이 강원도 철원군 김화읍 오성산(해발 1062m) 부근 삼각고지와 저격능선 부근에서 중공군 15군과 벌인 전투다. 중국은 가장 대표적인 승전이라고 선전하지만 한국에서는 잘 알려져 있지 않다.
　　598고지와 파이크스봉, 여배우의 이름을 딴 제인러셀 고지 등을 합쳐 삼각고지라 불렀다. 삼각고지 동쪽에 저격능선(538m)이 있다. 중국은 '삼각고지와 저격능선'을 합쳐 상감령이라고 부른다. 중국인들만 부르는 명칭인 셈이다.

1952년 제임스 밴 플리트 미 8군 사령관은 유엔군의 사기를 고취시키고 휴전회담에서 유리한 고지를 점령하고자 이른바 '쇼다운(Show Down)' 작전을 벌인다. 유엔군의 작전 목표는 오성산의 전초기지라 할 수 있는 삼각고지(미 제7사단)와 저격능선(국군 제2사단)이었다.

하루 최대 30만 발의 포탄과 500여 개 폭탄이 떨어져 두 고지의 높이가 1~2m 낮아질 정도로 치열했다는 전투에서 중공군은 대규모 땅굴인 '지하 만리장성'으로 버텼다. 중공군이 총길이 250km의 전선에 구축한 갱도 길이는 287km에 달했는데 상감령에도 견고한 땅굴이 구축되어 있었다. 훙쉐즈는 "상감령 전투는 땅굴을 중심으로 한 방어체계의 우수성을 실제로 확인했다는 데 의미가 있다"고 평가했다.

상감령 전투는 종군기자들에 의해 시시각각으로 중국 대륙에도 전해져 중국 위문단이 전선을 찾아가 공연을 펼치고 위문품과 위문편지도 보내는 등 '상감령 열풍'이 불었다.

중국에는 '레이펑(雷鋒) 정신'처럼 '상감령 정신'이라는 말이 있다. "어려움을 극복하고 조국과 인민의 승리를 위해 봉헌하는 불요불굴의 의지, 그리고 일치단결로 용감하고 완강하게 전투에 임해 끝까지 승리를 쟁취하겠다"는 정신이다.

상감령 전투에서 아군 전사자는 4830명, 중공군 전사자는 1만4867명이다. 중공군 전사자가 3배 이상이다. 하지만 고지는 중공군이 점령한 채로 전투가 끝났다. 중국에서 세계 최강 미국을 상대로 거둔 최대 승리라고 주장하는 이유다.

중국에서 '상감령'은 영화로도 제작돼 많은 인기를 끌기도 했다.

중국 단둥 항미원조기념관의 상감령 전투 소개 전시실.

휴먼 드라마 흥남 철수

미 제1해병사단이 장진호에서 중공군 3개 군단 대병력을 2주가량 저지하면서 후퇴해 보다 북쪽까지 진격했던 국군 1군단(수도사단과 3사단)과 미 7사단은 비교적 안전하게 흥남 항구까지 철수했다. 또 미군은 항구 외곽에 3겹의 저항선을 구축해 해상 탈출 준비를 할 수 있었다. 저항선 외부에서 접근하는 중공군은 해상에 포진한 항모 7척 등 함포와 공중포격으로 접근을 막았다. 중공군 9병단 5개 사단이 1차 반경 10km, 2·3차 방어선 외곽 2~3km의 3겹 주 저항선을 공격했으나 산악지대가 아닌 이곳에서는 미군의 막강한 화력이 위력을 발휘했다.

12월 14일부터 24일까지 거제도와 제주도로의 '흥남 철수 작전'은 많은 병력과 장비 그리고 피란민을 안전하게 후송했다. 흥남부두에서 철수가 진행된 10일간 적의 대부대를 항구 주위에 묶어둔 데다 상당한 피해를 입힌 전과도 올렸다. 북한군 9병단은 아군 철수 후에도 15일가량을 흥남에서 지체했다. 이 때문에 9병단은 서부전선에서 13병단이 유엔군을 38선 아래로 밀어낸 뒤 남진해 내려올 때 합류하지 못했다.

● '덩케르트와는 달랐던 흥남 철수'

흥남 항구 외곽 방어선과 화력 지원 속에 미군은 장진호 전투로 큰 인명 손실이 난 미 제1해병사단을 제일 먼저 후방으로 뺐다. 이어 국군 1군단, 미 7사단 순으로 철수했다. 흥남부두에는 소형 선박부터 미주리 전함, 세인트 폴 순양함 등 총 109척의 선박이 193회의 수송 작전을 펼쳤다. 10만5000명의 미군과 한국군, 1만7500대의 차량, 35만 t에 달하는 보급품과 장비가 운반됐다.

흥남부두에는 10만 명 이상의 피란민도 몰렸다. 미군은 당초 2만5000명가량의 피란민을 수송할 계획이었다. 하지만 김백일 국군 1군단장의 강력한 요구를 미군이 받아들여 약 10만 명이 배에 올랐다. 미 10군단 참모장 에드워드 포니 대령은 LST(상륙용 주정) 2척, 상선 3척을 보내 피란민 5만여 명을 배에 태웠다. 특히 상선 메러디스 빅토리호는 약 1만4000명을 태웠다.

원산에서 올라온 미 3사단이 마지막으로 배에 오른 뒤 해군 UDT 대원이 흥남부두의 방파제를 포함한 주요 시설에 설치한 400t의 다이너마이트, 50만 파운드의 폭탄을 터뜨려 흥남 철수 작전은 종료됐다.

흥남 철수에서 미군이 많은 수의 피란민을 태울 수 있었던 것은 인도적인 판단과 미국

경남 거제의 흥남철수 기념공원의 기념비 앞에 피란민들이 메러디스 빅토리호에 오르는 장면을 재연해 놓았다.

의 막대한 전쟁물자 조달 능력도 이유로 꼽힌다. 당시 미국은 전 세계 생산의 50%가량을 차지해 함흥에서 버리고 파괴한 장비와 물자를 보충할 수 있는 능력과 여유가 있었다.

● 현봉학 박사의 "피란민은 개종한 기독교인" 기지

피란민은 많은데 할당된 선박이 제한되어 있는 데다 피란민 속에는 농민 복장, 두루마기 차림의 첩자도 숨어 있었다. 의사 출신으로 알몬드 10군단장의 통역 겸 고문으로 일했던 현봉학 박사는 포니 대령에게 "대부분의 피란민은 신앙심이 투철한 선교사들에 의해 기독교로 개종된 독실한 신자"라고 설명했다. 크리스마스가 다가오던 때였다. 공산주의를 피해 떠나려는 기독교인들을 버리고 갈 수 없다는 점을 부각했다. 선박 몇 척이 더 피란민 철수용으로 전환하도록 맥아더 사령관의 승인을 얻었다.

흥남에서 피란민 수송에 할당된 선박은 12척이었는데 마지막 수송선이 메러디스 빅토리호였다. 항공유 운반선인 빅토리호는 정원 60명으로 이미 선원이 47명이 타고 있었다. 규정대로라면 13명밖에 더 탈 수 없었다. 선장 레너드 라우는 포니 대령과의 협의에 따라 25만 t의 군수물자를 내리고 피란민 1만4000명을 태웠다. 24일 마지막으로 출항한 빅토리호는 25일 한 명의 사상자도 없이 거제 장승포항에 입항했다.

운항 중 4명의 산모에서 5명의 아이가 태어나 '크리스마스 기적의 배'로 기네스북에 등재됐다. 미국인 선원들은 5명의 아이에게 태어난 순서대로 '김치 1~5호'라는 별명을 붙여 주었다. 2023년 73세가 된 '김치 1호' 손양영 씨는 언론 인터뷰에서 "모친이 피란길에 북에 두고 온 형과 누나 등을 위해 평생 기도했다"고 말했다.

끝나지 않은 전쟁 6·25

⑬
지평리에서 현리까지
물망(勿忘)의 전투들

　중공군이 보름달 뜨는 날까지 계산해 1950년의 마지막 날 3차 대공세에 나선 이후 4일 만인 1951년 1월 4일 서울을 다시 점령했다. 1월 중순에는 천안~원주~삼척을 잇는 37도선까지 밀고 내려왔다. 미군은 금강 방어선까지 밀리면 다시 낙동강 방어선을 구축하거나 한반도에서 철수할 구상까지 했다. 하지만 38선을 넘어온 후 중공군은 약점이 커지는 반면 유엔군은 장점이 커졌다. 중공군이 북한 산악지대에서 수적 우세를 앞세워 유인 매복하던 수법은 한계가 있었다. 아군은 이제 포위돼도 고슴도치처럼 웅크린 '고립 방어'로 버티며 막강한 화력으로 제압했다. 중공군 개입 이후 38선 이북에서 잇따라 패배한 뒤 위축된 자신감을 되찾고 공세로 돌아섰다. 불의의 사고로 워커 미 8군 사령관이 사망한 뒤 후임으로 부임한 매슈 리지웨이의 '위력 수색'을 앞세운 반격이 주효했다.

국군과 유엔군의 북진 과속과 초고속 후퇴

1950년 9월 28일 유엔군 서울 수복
　　　　　10월 1일 국군 38선 돌파
　　　　　　　　19일 유엔군 평양 탈환(같은 날 중공군 압록강 도강 시작)
　　　　　　　　26일 국군 초산 압록강 도달
　　　　　　　　　↓
　　　　　(전세 역전)
　　　　　12월 5일 중공군 평양 점령
　　　　　　　　26일 중공군 38선 돌파
1950년 1월 4일 중공군 서울 점령
　　　　　　　　10일 유엔군 37도선(천안~삼척) 후퇴

유엔군 38선 → 평양: 19일
　　　　38선 → 압록강: 26일

중공군 압록강 → 38선: 67일
　　　　38선 → 서울: 9일

'서울 후퇴' 공성전(空城戰)과 원주 전투

　　1951년 '1·4 후퇴'는 다시 수도를 뺏기는 것이었지만 워커 사망 후 부임한 리지웨이 사령관의 공성전략이기도 했다. 중공군은 12월 26일 38선을 돌파한 뒤 주공(主攻) 방향을 서울로 두고 철원 연천 쪽에서 4개 군(군단)을 앞세워 압박해왔다. 리지웨이는 서울이 포격권에 들어 많은 피해가 발생하는 것을 막으면서 보다 방어가 유리한 곳에서 반격을 하기 위해 서울 남쪽 60km 지점의 오산~삼척선까지 작전상 후퇴를 했다.

처음 한강 다리를 먼저 끊어 많은 납북자 피해를 낳았던 것과 달리 서울 시민에게는 1950년 12월 하순 피란령이 내려졌다. 후에 북한도 유엔군의 반격으로 밀려 올라갈 때 서울 사수나 방어 의지가 전혀 없이 3월 5일 군대를 철수시켰다. 서울은 공격과 방어 양측

모두 점령하고 있는 것이 이점도 되지만 부담도 될 수 있기 때문이다.

중공군이 서울을 거쳐 남진하는 동안 중동부 전선의 원주가 중공군과 북한군에 의해 한때 점령당했다. 미 10군단 2사단이 원주를 탈환하고 지킨 '원주 전투'(1월 5~13일) 승리는 크게 주목받지 못했지만 공산군이 37도선 이하로 내려가지 못하도록 하는 데 결정적인 기여를 했다. 군우리 전투에서 1개 연대 규모가 섬멸되는 치

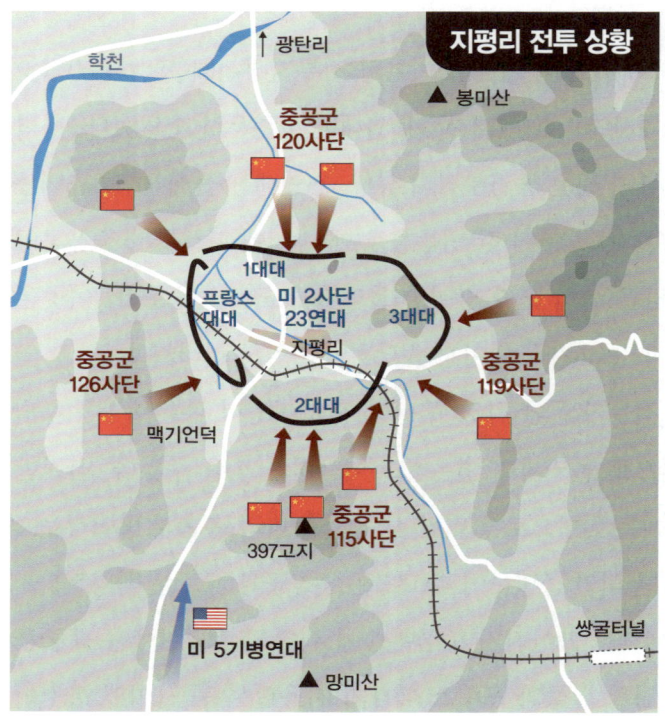

욕적인 패배를 당했던 미 2사단으로서는 38선 남쪽에서 설욕하는 전투의 서막이었다. 2월 지평리와 5월 벙커고지, 9월 단장의 능선 전투 등에서 미 2사단은 연승을 기록했다. 무엇보다 원주 전투 이후 피아 간 접전은 37도선 이하로 내려가지 않았다.

지평리 전투, 전략 전술 리더십의 승리

중공군 사령관 펑더화이가 1월 8일 '남진 잠정 중단' 명령을 내리고 원주 전투에서 제동이 걸린 이후 주춤했던 중공군이 2월 중순 경기도 양평군의 지평리에서 제39군 예하 3개 사단으로 공격해 왔다.

2개 군단이 만나는 이른바 전투지경선(戰鬪地境線)인 이곳에는 미 2사단의 23연대 한 개 연대만이 주둔하고 있었다. 병력 수에서 10배가 넘는 중과부적의 상황. 23연대는 둘레 약 12km의 원형으로 진을 치고 부대 간 빈틈을 없애 방어에 나섰다가 중공군이 점차 포위망을 좁혀 오자 방어방 둘레를 6km로 축소했다. 이곳은 사단 본진과 30km가량 떨어져 즉각적인 지원도 어려웠다.

전투가 끝난 뒤 70여 년이 지난 지평리 전투 현장은 주변이 얕은 산으로 둘러싸여 평온하고 아늑한 느낌을 주었다. 하지만 전쟁 당시에는 원형으로 둘러싼 산 능선을 따라 촘촘히 방어망을 구축한 채 밤만 되면 물밀듯이 파고드는 중공군과 때로는 백병전까지 벌였던 곳이다. 방어진지 중심부쯤에 세워진 기념관에는 중공군이 불었던 나팔 실물과 프랑스 대대가 사용한 수동 사이렌 사진이 전시

경기 양평군 지평리 전투 기념관은 지평리가
을미의병의 발원지이기도 해서 의병과 전투
기념관이 함께 조성되어 있다.
아래 사진은 프랑스 대대의 랄프 몽클라르 중장.

되어 있어 야간에 벌인 소음 전쟁이 생각나게 했다.

  1951년 2월 13일 어둠이 짙게 깔리자 사방에서 횃불을 들고 징과 꽹과리를 치는 중공군이 밀려들었다. 원형 진지 안으로 포탄도 쏟아부어 연대 참모가 전사하고 연대장 폴 프리먼은 부상을 입었으나 후송을 거부하고 진지를 지켰다. 이튿날 날이 밝자 미 공군의 공중 폭격으로 공세는 주춤했으나 다시 밤이 되자 사전 정찰 결과 철조망이 없던 남쪽으로 중공군이 돌파를 시도해 산발적으로 백병전도 벌어졌다.

이틀 밤이 지난 뒤 원형 방어 진지 밖에 대한 미 공군의 맹폭 지원 속에 미 제5기병연대가 포위망을 뚫었다. 일본에서 발진한 C-119S 수송기 24대는 14일 3시간가량 보급품을 공중 투하했다. 2박 3일간의 전투에서 중공군은 5400여 명이 전사한 반면 23연대는 전사 52명, 실종 42명이었다.

'인해전술' 극복한 반격의 전환점

지평리 전투에는 프랑스가 파병한 1개 대대가 참가했다. 대대장은 1차 대전에도 참전했다 전역한 랄프 몽클라르 중장(이는 레지스탕스 활동 당시 가명이고, 본명은 마그랭 베르느네)이다. 대대급 병력 파견으로 대대장을 맡기 위해 스스로 중령으로 계급을 낮췄다. 프랑스 대대는 중공군의 심리전 무기였던 나팔 소리에 대응해 휴대용 수동식 사이렌 소리를 내면서 중공군의 나팔 소리를 삼켜버렸다. 병력 운용의 신호로도 사용했던 나팔

경기도 양평군 지평리 전투기념관에 전시되어 있는 중공군의 나팔.

지평리 전투에 참가한 프랑스 대대는 수동식 사이렌으로 중공군의 나팔 소리에 맞불을 놓아 혼란에 빠뜨린 뒤 돌격해 백병전을 펼쳤다. 지평리 전투기념관에 게시된 수동식 나팔을 돌리는 상황도(왼쪽)와 수동식 사이렌.

소리가 사이렌 소리 때문에 안 들리자 중공군은 우왕좌왕했다. 이때 프랑스 대대 병사들이 화력을 집중해 공격하고 진지를 박차고 나가 육박전을 벌여 성과를 거뒀다. 프랑스 대대에는 카투사 한국인 병사 101명도 포함됐다.

중공군 부사령관 훙쉐즈는 지평리 전투에 대해 "제공권이 없어 고전했다. 미군 전투기가 벌떼처럼 달려들어 맹폭을 가하니 밤에만 공격을 할 수밖에 없었다. 상대는 지원 병력도 물밀듯이 몰려왔다. 미군은 이 전투 후 전술상 하나의 지점을 고수하면서 인근 부대의 지원이 도착하기를 기다리는 작전에 자신감을 갖게 됐다"고 평가했다.

지평리 전투는 유엔군이 다시 반격의 터닝포인트를 이루게 하는 분기점이자 중공군의 인해전술에 주눅들지 않고 승리할 수 있다는 자신감을 준 전투였다. 중공군이 수적 우세를 앞세워 매복과 기습, 포위 전술로 북부 산악지대에서 유엔군을 몰아내던 방식이 더 이상 통하지 않는다는 것을 서로 확인한 전투였다. 비록 적에게 포위돼도 방어 전면을 좁혀 방어하면서 진지 밖 적에 대해 화력을 퍼부은 것이다.

사창리 전투와 가평 전투

지평리 전투의 타격으로 움츠렸던 중공군이 2개월여간 재정비 끝에 무려 70여만 명의 대부대를 이끌고 5차 대공세를 벌였다.

국군 6사단(사단장 장도영)이 강원도 화천의 화악산과 사창리 일대에서 중공군 4개 사단에 포위된 상황은 지평리의 미 2사단 23연대와 비슷했으나 결과는 천지 차이였다. 험준한 산악지형에서 분산되어 있는 예하 연대가 서로 연결되지 못해 틈을 파고든 중공군에게 분리 포위되어 공격을 받았다. 꽹과리, 피리, 나팔 소리에 '초산의 악몽'이 되살아났다. '고립 방어'를 통해 화력 지원을 받기보다 포위당하는 두려움에 무질서한 후퇴와 도주에 나섰다. 화력 지원에 나섰던 미 포병대대도 포위 타격을 당했다. 사창리 전투(4월 22~24일) 사흘간 6사단 1만3000여 명 병력 중 가평으로 철수해서 남은 병력은 6300여 명에 불과했다. 6·25전쟁 기간 국군에 줄곧 나타났던 '공중증(恐中症·중공군을 두려워하는 심리)'이 그대로 드러났다.

사창리에서 장비도 내팽개치고 도망친 국군 6사단의 구멍을 메우기 위해 긴급히 투입된 부대가 영연방 제27여단이었다. 27여단은 영국 미들섹스연대 1대대, 호주 왕립연대 3대대, 캐나다 프린세스 페트리샤 경보병 2대대, 뉴질랜드 왕립 제16포병연대 등 4개국 연합부대였다. 국군 6사단 패잔병들이 무질서하게 내려오는 것을 보면서 북으로 향하던 영연방 여단은 23일 가평에서 중공군 제20군과 만났다.

영연방 여단은 3일 동안의 가평 전투(4월 23~25일)에서 부대원의 40% 이상이 사상당하는 피해를 입으면서도 경춘가도를 지켰다. 이를 통해 후퇴하는 국군과 유엔군의 퇴로를 확보하고 수도권 방어를 위한 시간을 벌어줬다. 가평 전투는 중과부적의 상황에서 '버티기 승리'를 통해 중공군의 5차 대공세라는 또 하나의 고비를 넘는 데 기여했다.

'고립 방어'의 성공 사례 설마리 전투

경기도 파주의 적성면 설마리 감악산 일대에서 영국 제29여단을 중공군 제63군 3개 사단이 포위했다. 지평리나 가평 전투와 마찬가지로 '고립 방어' 의지만 있으면 더 이상 문제되지 않았다. 방어선을 최대한 줄이고 밤을 버틴 뒤 낮에는 막강한 화력 지원으로 방어선 외곽의 중공군에게 타격을 가할 수 있었기 때문이다.

영국 제29여단은 병력에 비해 넓은 정면을 담당한 데다 각 대대 및 중대가 서로 떨어져 상호 지원할 수 없는 약점을 가진 상황에서 1951년 4월 22일 밤 중공군 제63군 3개 사단이 일제히 임진강을 건너와 공격했다. 글로스터 대대원 652명의 10배도 넘는 규모였다. 235고지로 철수한 좌측 담당의 글로스터 대대는 후방으로 침투한 중공군에 포위 고립됐다. 이 전투에서 탈출한 영국군은 67명에 불

경기도 파주시 적성면의 설마리 전투 기념공원에 영국 글로스터 대대원들의 동상이 세워져 있다.

강원도 인제의 오미재 고개 정상에 해발 500m 표지판이 세워져 있다. 인제 홍천 등을 잇는 요충지다.

과하고 나머지 59명은 전사, 장교 21명을 포함한 526명은 포로가 됐다. 사흘간 피로 버틴 설마리 전투는 중공군의 서울 진입을 결정적으로 지연시켰다.

국군과 미군의 관할권 다툼으로 생긴 구멍, 오마치(오미재) 고개

1951년 5월 태백산맥 서쪽 산악지대는 6·25전쟁이 터진 후 새로 창설된 9사단과 11사단을 중심으로 한 국군 제3군단이 맡았다. 미군 주축의 유엔군이 주로 담당한 서부전선에 비해 열세였다. 조중(朝中) 연합군사령관 펑더화이는 막강한 화력의 미군이 주력인 서부보다 이곳이 약한 곳으로 보고 돌파하기로 했다. 당시 중동부 전선의 국군은 6개 사단인 반면 중공군은 18개 사단을 투입했다.

현리 전투의 참패는 이런 수적 열세 때문만은 아니었다. 발단은 국군과 미군 간 관할권 공백 내지 다툼이었다. 자연 지형에 대한 고려 없이 관할지역을 구분한 데서 비롯된 것이다.

인제군 31번 국도의 오마치 고개는 미 10군단 관할로 되어 있었다. 그런데 오마치 고개의 위아래 보급로는 국군 3군단에 속했다. 상체와 하체는 국군이 맡고 허리는 미군에 속하는 기현상이 발생했다. '주요 지형지물은 분할하지 않는다'는 전술 교리에 맞지 않았다. 더욱이 이곳은 '차단되면 끝이다'고 생각될 만큼 요충지였다.

3군단은 미군 관할지역에 29연대를 배치했다. 그런데 이게 화근이 됐다. 미10군단이 왜 남의 관할지역에 병력을 배치하느냐며 철수하라고 했다. 결국 29연대를 빼면서 1개 대대만 남겨 놓았는데 이번에는 더 상위인 미 8군에서 철수를 요구했다. 4월 11일 오마치에서 대대 병력마저 철수시켰다. 문제는 국군이 병력을 모두 빼낸 뒤 미군이 즉각 배치되지 않은 것이다. 인제~홍천~횡성~정선을 이어주는 교통과 전략의 요충지를 비워둔 것이다.

방어, 초기 대응, 후퇴 총체적 실패

중공군 선발대 1개 중대가 17일 오전 7시 30분경 오마치 고개를 장악했다. 그들은 30km가량 떨어진 곳에서 출발해 야간 12시간 동안 산악지대를 시간당 평균 2.5km씩 행군했다. 선발대 도착에 이어 곧 제60사단 전체가 밀물처럼 쏟아져 올라왔다.

오마치 고개가 적에게 넘어가자 퇴로가 차단돼 포위당할 것을 우려한 3사단의 김종오 사단장이 진지 사수를 포기하고 철수를 명령한 것이 대실책이었다. 미군이 우세한 화력과 공군력을 보유하고 있었기 때문에 포위당하는 것이 곧 전멸은 아니었다. 지평리 전투나 바로 옆 벙커고지 전투가 이를 증명했다.

그런데 3사단은 철수를 위해 현리에 집결한 뒤 적이 장악하고 있는 오마치 고개 돌파를 시도했다. 고개를 점령하고 있는 부대 규모를 오판했을 수도 있다.

고개를 장악한 중공군의 공격을 받자 부대원들은 무거운 공용화기는 물론 개인화기까지 버리고 무질서하게 주위 방대산 등을 타고 도주했다. 일부 간부는 계급장도 떼고 철수했다고 한다. 퇴로가 차단됐다는 이유만으로 전투를 포기하고 사단장부터 말단 사병까지 줄행랑을 쳤다. 70km가량 남으로 내려왔을 때 3사단은 34%, 9사단은 40%가량만이 수습됐다.

　유재흥 당시 3군단장은 "솔직히 중공군이 하룻밤 사이에 아군 전선을 뚫고 산악지대를 30km나 주파하리라고는 미처 예상치 못했다"고 회고했다. 그는 관할권이 겹쳐 오마치에서 부대를 철수하더라도 고개에서 가장 가까운 곳에 소규모라도 부대를 배치하지 않은

강원도 인제의 현리 전투 위령비. 3군단은 '전투에서 희생된 선배 장병들의 시신을 화장했던 곳에 위령비를 세운다'며 '부끄러웠던 현리 전투를 숨기려 하기보다 와신상담의 계기로 삼겠다'는 다짐을 담은 위령비 건립 취지문을 새겨 놓았다.

것이 잘못이었다고 했다. 부대가 후퇴하면서 전혀 보조를 맞추지 못해 미 10군단과의 사이에 30km에 달하는 틈이 발생했다. 적은 무인지경인 상태에서 침투할 수 있었다. 격전지 인근 현리 전투에서 희생된 많은 장병을 화장했던 곳에 위령비가 세워졌다.

현리 전투(5월 16~22일) 패배로 3군단은 해체되고 유재흥 군단장은 보직을 잃었다. 그는 개전 초기 가장 먼저 붕괴된 전방의 7사단장으로 7사단은 해체됐다. 이어 1·4 후퇴 후 그가 군단장이던 2군단도 대전에서 해체된 바 있다.

벙커고지와 용문산의 설욕

군우리 전투 참패 후 지평리 전투에서 되갚았던 미 2사단은 중공군의 6차 대공세에서도 선전했다. 벙커고지 전투(5월 17~19일)에서 수적 열세에도 불구하고 고지를 사수해 중공군의 홍천 진격을 막았다. 지평리 전투의 주역이 23연대였다면 벙커고지 전투 주역은 38연대였다. 국군 3군단이 현리에서 치욕적인 패배를 당하고 있던 때 38연대도 홍천 북방 778고지 일대에서 포위됐다. 38연대는 적과 근접전을 벌이는 상황에서 전 병력이 참호를 깊이 파고 벙커에 엄폐한 뒤 피아가 섞인 진지 내에 포화를 퍼붓도록 하는 위험한 작전을 벌이면서까지 진지를 지켰다.

용문산 전투(5월 18~20일)도 현리, 벙커고지 전투와 같은 시기에 동시다발적으로 벌어진 전투 중 하나였다. 국군이 사창리와 현리 전투에서 잇따라 패퇴해 국군에 대한 신뢰가 떨어진 상황에서 이를 만회한 쾌거였다. 당시 사단장은 사창리 패전 때와 같은 28세 약관의 장도영 소장으로 그의 설욕전이기도 했다. 6사단 2연대 장병들은 철모에 '결사(決死)'를 새기고 전투에 임했다. 국군 6사단 8000여 명이 중공군 제63군 약 2만5000명과 맞붙었다.

용문산 일대에서 쫓긴 중공군은 화천호까지 밀려가 배수의 진을 치고 저항하다 저수지에 뛰어들거나 아군의 포화에 목숨을 잃었다. 사살된 적군이 1만7100여 명, 살아서 돌아간 병사는 1000여 명에 불과했다. 이승만 대통령은 화천호에 오랑캐를 섬멸한 곳이란 뜻으로 파로호(破虜湖)라는 전적비를 세웠다.

중공군의 '지하 만리장성' 땅굴

중공군의 땅굴은 미군의 전투기 공습을 견디며 지구전을 벌이기 위해서 등장했다. 중공군은 1951년 가을 산기슭에 소규모로 팠던 땅굴을 서로 이어 붙이면서 말발굽 모양의 땅굴로 발전했다. 그해 10월 중공군사령부 차원에서 전군에 땅굴 공사를 지시했다. 땅굴은 단순히 상대의 화력으로부터 지키는 방어 목적뿐 아니라 기습공격에도 활용될 수 있도록 했다. 사령부는 땅굴 공사의 규격 기준을 만들어 전군에 내려보냈다. 7가지 방어는 기본적인 조건이었다. 즉 공습(防空) 포격(防砲) 독가스(防毒) 비(防雨) 습기(防濕) 불(防火) 추위(防寒)다. 땅굴 파기 지침이 내려간 뒤 전선에는 땅굴 파기 열풍이 불어닥쳤다.

중공군 제12군은 8개월간 40여 곳에 대장간을 만들어 1만6000여 점 땅굴 도구를 만들었다. 땅굴 파기 확대로 수요가 늘면서 후방 랴오닝성 선양에 '기재처'를 만들어 땅굴 파기 기자재의 구입 생산 분배를 맡겼다. 평양 삼등 양덕에도 땅굴 기자재 공급기지를 세웠다.

1952년 5월 말까지 제1선 방어진지 땅굴 공사가 기본적으로 완성됐다. 8월 말에는 동, 서해안에서도 집중적으로 땅굴을 파기 시작했다. 6개 군단이 땅굴 약 200km, 참호와 교통호 약 650km, 각종 화기엄폐물 1만여 개를 건설했다. 한반도를 가로지르는 250km 길이의 모든 전선에 구축된 폭 20~30km의 방어선에 땅굴을 핵심으로 한 거점식 진지 방어 체계를 구축했다. 난공불락의 '지하 만리장성'을 형성했다.

　중국이 한국전쟁 참전 후 가장 큰 승리로 꼽는 상감령 전투도 바로 이 '지하 만리장성'이 큰 역할을 했기 때문으로 알려져 있다. 중공군이 총길이 250km의 전선에 구축한 갱도 길이는 287km에 달했다고 한다.

　'지하창고형 땅굴'은 물자보존 창구 역할도 했다. 1952년 5~6월 중공군 후근사령부는 차량 1200대 분량의 물자를 저장할 창고를 구축했다. 마오쩌둥 주석은 1952년 8월 "어떤 사단도 3개월의 식량을 보관할 지하창고가 있었으며, 강당도 있어 생활은 대단히 좋았다"면서 "2층으로 굴을 파면 상대가 공격해 올 경우 우린 지하 2층으로 들어간다. 상대가 위층을 점령해도 아래층은 우리에게 속해 있다"고 자랑했다고 한다.

　단점도 적지 않았다. 땅굴 생활을 하려다 보니 콩기름이든 등유든 기름이 많이 소모됐다. 병사들은 산소가 부족해 기관지염에 걸리고 식수가 부족해 혀가 갈라지는 일도 잦았다고 한다.

따발총을 든 중공군이 땅굴에서 나오고 있다. 중국 단둥 항미원조기념관 전시.

14

미군, 전쟁 중
3번 철수하려 했다

경북 영천 '영천 전투 호국기념관' 2층 전시실. 이곳에서 가장 눈에 띄는 것은 '영천의 위기' 코너에 태평양의 미국령 사모아섬 위치를 커다란 세계지도 위에 표기해 놓은 것이다. 낙동강 방어선이 무너져 부산까지 함락될 경우 한국군과 정부, 정부 인사 및 민간인 62만 명가량을 사모아섬으로 이주시키는 '신한국 창설 계획'을 미 합참이 영천 전투(9월 5~13일) 전에 세웠다는 설명이 붙어 있다. '사모아 프로젝트'는 아군이 영천 전투에서 승리하면서 비밀 계획으로만 그치고 실행되지 않았다. 영천 전투 이틀 후 인천상륙작전도 취소되지 않고 계획대로 실행될 수 있었다.

6·25전쟁 개전 이후 낙동강까지 밀렸다가 압록강까지 치고

경북 '영천 전투 호국기념관'. 낙동강 방어선 최후의 전투를 승리로 이끈 '영천 대첩'의 의미와 경과 등을 상세히 소개했다.

올라가고 다시 중공군이 38선을 넘어 밀고 내려온 뒤 '고지전' 국면으로 들어가기 전까지 약 1년 동안 미군은 최소 3차례 한반도에서 철수할 계획을 세웠다.

"영천 무너지면, 인천상륙도 포기한다"

1950년 9월 8일. 낙동강 방어선 '최후의 결전'이라고도 불리는 영천 전투가 한창인 때였다. 대구 육군본부 정일권 육군참모총장 사무실로 워커 미 8군 사령관이 찾아왔다.

"한국군 중에서 가장 믿을 수 있는 2개 사단과 각계각층의 민간인 10만 명을 극비리에 선정해 주시기 바랍니다."

그는 맥아더 장군의 극비 지시 사항이라며 영천을 적에게 넘겨주는 경우를 상정한 것으로 이승만 대통령에게도 보고하지 말라고 했다. 철수 장소는 '아메리칸 군도'라고만 했다.

정 총장이 크로마이트 작전(인천상륙작전 작전명)도 세워져 있는데 영천이 떨어지면 이 작전도 취소되는 것이냐고 물었다. 워커는 "불가피한 일이죠"라고 대답했다. 당시 낙동강 전투 상황에 따라 인천상륙작전도 취소하고 미군은 철수할 계획까지 세울 만큼 심각하게 생각하고 있었다.

정 총장은 사안의 중대성에 비춰 이튿날 대통령에게 보고를 하지 않을 수 없었다. 이승만은 "가려면 가라고 하시오. 영천이 무너져 부산에 오면 내가 먼저 싸울 것이오"라고 반발했다.

9월 4일부터 13일까지 영천 전투에서 두 번 뺏기고 두 번 빼앗는 전투 끝에 아군은 영천을 지켜냈다. 물론 미군 철수는 이뤄지지 않았다. 워커는 "우리끼리 했던 얘기로 없던 걸로 합시다"고 말했다. 정 총장이 회고록에서 전한 비화다. 육군군사연구소는 "신한국 계획은 미국이 6·25전쟁을 포기하겠다는 결심을 나타낸 것"이라고 했다.

미군이 낙동강 방어선이 무너져 대구가 함락될 경우에 대비해 설정해 놓고 있던 '밀양 방어선'도 한반도 철수 전략의 중간 단계 격이었다. 밀양은 대구와 부산의 중간 길목이었다. 북한군이 낙동강 전선을 뚫고 대구를 점령하면 철수를 위한 시간이 필요했다. 밀양은 그런 시간을 벌기 위해 미군이 마지막으로 북한군을 잠시 묶어두기 위해 설정한 '철수용 방어선'이었다. 상부 지시로 방어선을 설계한 미 8군 공병참모 이름을 따서 '데이비드슨 라인'이라고 불렸다. 이 방어선에서 북한군을 저지하고 있는 동안 대한민국의 임시정부는 제주도로, 한반도에 전개했던 미군은 일본 등으로 철수시킨다는 계획이었다.

프란체스카 여사의 일기를 보면 1950년 8월 초 낙동강 방어선이 구축된 후 전선이 아슬아슬하게 유지되면서 미군 철수 우려가 나오고 있었다.

"미국은 그들의 군사전략이나 국익의 득실, 또는 트루먼 대통

영천 전투 호국기념관 옆에 건립된 영천 대첩비. 국군 8사단 이성가 사단장 지휘하에 영천 전투를 승리로 이끌어 인천상륙작전을 가능케 하고 북진 반격의 첫발을 내딛게 했다는 설명이 붙어 있다.

령을 비롯한 미국 정치가들의 정략이라는 저울대 위에 남한 땅을 올려놓고 있다. 남한 땅을 포기하는 것이 자국의 복합적인 이익에 부합된다는 쪽으로 저울 바늘이 기울 때, 그들은 냉큼 부산까지 내려가 훌쩍 떠날 수도 있다."

8월 9일 이승만은 전시내각을 소집했는데 최악의 경우 정부는 제주도로 옮겨야겠지만 자신은 대구를 사수하겠다고 했다. 8월 14일에도 무초 주한 미국대사가 대구가 적의 공격권에 들어가면 정부를 제주도로 옮길 것을 건의하자 이승만이 발끈했다.

무초 대사는 "남한 전체가 점령되면 망명정부를 (세워 대한민국을) 지속시켜 나가자"고 말했다. 그러자 이승만은 허리에 차고 있던 모젤 권총을 꺼내 위아래로 흔들며 "이 총으로 공산당이 내 앞까지 왔을 때 내 처를 쏘고, 적을 죽이고, 나머지 한 알로 나를 쏠 것이오"라고 말했다.

8월 16일 밀양에 있던 영국군 장교는 "낙동강 전역에 걸쳐 사단급 병력의 적이 밀려오고 있다. 오늘 밤에는 더 많은 적이 도하할 것으로 예상된다. 만약 밀양을 상실한다면 우리는 한국에서 철수해야 할 것이다"라는 전문을 보냈다.

"중공군 강압에 의한 철군"

두 번째 미군 철수 위기는 중공군이 참전해 유엔군이 북한에서 후퇴한 뒤 어디까지 밀릴지 알 수 없는 상황일 때였다. 중공군이 38선을 넘어 내려오기 4일 전인 1950년 12월 22일 미 합동참모본부는 "중공군이 전력을 보강해 유엔군을 한국에서 축출하려는 의도가 명확하다면 유엔군 철수 결정을 정부 차원에서 빨리 해야 한다"는 방침을 세웠다.

합참은 이를 '강압에 의한 철군 결정'이라고 규정하고 트루먼의 재가를 받아 맥아더에게 전달했다. 표현만 달리했지 '중공군 강압으로 철군한다'는 것이었다. 당시는 미 2사단이 평양 북쪽 군우리에서 1개 연대 이상이 괴멸되는 치욕적인 패배를 당하는 등 서부전선에서 미 8군이 밀물처럼 올라갔다가 썰물처럼 후퇴한 뒤였다. '성공적인 후퇴'라고는 하지만 동부전선의 제10군단과 국군 1군단은 퇴로가 봉쇄돼 흥남에서 해상탈출을 하고 있던 때이기도 했다.

흥남 항구에서 메러디스 빅토리호가 마지막으로 항구를 떠난 것이 12월 24일이었다. 2차례 공세를 펼친 중공군이 언제 다시 공격을 해올지 몰라 '중공군 포비아'가 커지던 때였다.

맥아더 '4개 대중(對中) 강공' 제안

맥아더는 '강압에 의한 철군 결정'이라는 워싱턴의 패퇴 전략에 대해 '4개 항 대중 강경 방안'으로 응수했다. 맥아더는 △중국 해안 봉쇄 △중국 내륙 공업시설을 해공군 폭격으로 파괴해 전쟁수행능력 해체 △대만 국민당 군대의 유엔군 지원 △대만군에게 중국 본토 견제공격 허용 등이다. 맥아더는 전략적 차원에서 유럽 안보에 우선을 두는 것은 이해하지만 아시아에서 패배하면 결국 유럽의 패배로 이어질 것이라며 극동에 대한 우선적 지원을 강조했다.

합참은 도쿄에서 맥아더와 만나 '인력과 물자의 심대한 손실을 피하기 위해 불가피한 경우 일본으로 철수하라'는 지침을 재확인했다. 합참은 중국 본토에 대한 직접적인 군사 조치로 인해 일본이나 서유럽이 대규모 적대행위에 말려드는 것은 미국의 국가이익에 결코 이롭지 못하다는 트루먼의 경고도 전달했다. 다만 유엔군이 한국으로부터 철수하는 것은 군사적 필요에 의해 불가피한 것이어야 한다고 전제하면서도 최악의 경우 한국의 망명정부를 제주도 등으로 옮기기로 했다.

워싱턴의 수세적인 방침과 달리 맥아더는 중국 폭격 등 확전론을 폈다. 워싱턴이 소련까지 개입할 수 있다며 우려를 제기한 것에 대해서는 "소련이 세계 전쟁도 불사할지는 동서 양 진영의 전투력과 능력을 소련이 어떻게 평가하느냐에 달려 있다"며 "감히 그런 경솔한 짓은 하지 못할 것"이라고 자신했다. 소련이 적극적으로 참여하려 해도 군사적으로 불가능했을 것이라고 했다. 소련의 보급로는 시베리아 철도 하나뿐인데 공중에서 얼마든지 차단할 수 있기 때문이라는 것이다.

맥아더, "소련 참전하면 8군 일본으로 철수"

1950년 12월 23일 교통사고로 워커 8군 사령관이 사망했다. 맥아더가 26일 워커 후임으로 부임한 리지웨이를 도쿄에서 처음 만났을 때 리지웨이는 소련군이 참전한다면 어떻게 할 것인지를 물었다. 맥아더는 "그런 일이 발생하면 몇 개월이 걸려서라도 8군을 일본으로 철수시킬 것"이라고 대답했다. 소련 참전 가능성은 낮게 보지만 소련이 참전하면 3차 대전으로의 확전은 할 수 없다는 것을 보여준다.

리지웨이는 자신이 부임했을 때 '철수'가 현안이어서 이승만 대통령과 처음 만났을 때도 해명해야 했다. 그는 "고령의 전사에게 내가 미 8군을 일본으로 철수시키기 위해 오지 않았다는 것을 이해시키는 일이 가장 첫 번째 과제였다"고 했다. 그래서 이승만을 만나 건넨 인사말이 "여기에 머물기 위해 왔습니다"였다고 했다.

리지웨이는 부임 후 중공군 기세에 눌리지 않고 '위력 수색'을 벌이며 반격 작전을 폈다. 당시에 널리 퍼진 한반도에서의 철수까

지 고려하는 패배적인 분위기를 바꿔 보려는 것이었다.

"12월 초에 이미 철수 피란 준비"

프란체스카 여사의 12월 일기에도 철수에 대한 우려가 곳곳에 기록되어 있다. "오후에 챔프니 대령이 극비명령서를 받았다며 대통령 뵙기를 원했다. 미 8군사령부로부터 교사, 기술자, 의사 등 저명한 민간인과 가족의 명단을 준비하라는 것이었다. 8군은 이미

8500명의 가족을 선박으로 제주도에 피란시킬 준비를 갖추었다는 것이다."(12월 13일)

트루먼 대통령은 당시 군과 국무부가 한국 철수에 대해 약간 견해를 달리했다고 소개했다. 하지만 전황이 나빠지면 일본으로 미군을 빼는 것에는 별 차이가 없었다.

군 수뇌들은 일본을 방어하기 위해서는 미군이 한국으로부터 명예롭게 철수하는 길을 고려할 수도 있을 것으로 생각했다. 반면 국무부는 '강제로 물러나지 않는 한' 한국으로부터 후퇴할 수는 없다는 것이었다. 군이나 국무부 모두 한반도에서 철수할 수도 있다고 보고 있는 점에는 차이가 없었다.

"금강 넘으면 100만 명 철수"

많은 6·25전쟁 연구자들이 전쟁 중 한국이 가장 위험했던 순간, 즉 미군이 철수해 전쟁을 포기할 수도 있었던 때로 보는 것은 1·4 후퇴 이후다. 더 정확히는 1월 중순 중공군이 북위 37도선, 천안~원주~삼척까지 내려왔을 즈음이다.

미 정부의 1월 12일 '유엔군의 전쟁지도 지침'에는 '100만 명 제주도 철수 이동 계획'이 포함됐다. 유엔군은 일본으로 철수하고 한국 정부와 군경을 제주도로 이전시켜 저항을 계속할 수 있도록 지원한다는 내용이다.

장면 주미대사가 유엔군 철수 검토를 항의하자, 러스크 국무부 동아태담당 차관보는 "미국은 군사적으로 도저히 견딜 수 없는 경우

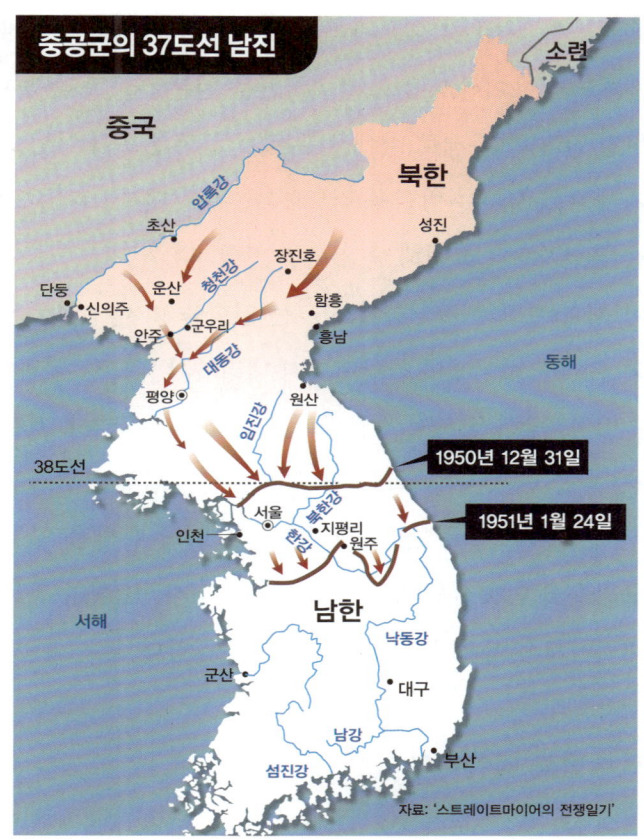

가 아닌 한 철군할 생각이 전혀 없다"고 했다. 그러면서 "최악의 경우 한국 망명정부 수립 가능성에 대해 의견을 알고 싶다"고 했다.

미국 정부가 극비리에 추진한 이 계획에 따르면 "대한민국이 법적 정통성을 유지하고 전쟁을 계속할 수 있도록 한국의 정부 관리 이외에도 군과 경찰을 제주도로 이전한다"고 되어 있다. 대략적인 인원은 행정부 관리와 그 가족 3만6000명, 한국 육군 26만 명, 경찰

6만 명, 공무원, 군인 및 경찰 가족 40만 명 등 100만 명가량이다.

제주도가 용이하지 않으면 한국군을 일본 본토로 후송시키는 것은 한일 간 민족 문제로 비화될 수 있어 일본 본토가 아닌 오키나와 기지에 주둔시키는 방안을 검토했다. 무초 대사도 제주도 지역을 가장 우선적으로 고려해 줄 것을 요청했다.

이 계획은 한국군의 사기에도 큰 영향을 미치기 때문에 극비로 하되 유엔군 방어선이 금강선까지 내려가지 않으면 구체화하지 않기로 했다. 당시 전선에서 금강까지는 50km가량밖에 되지 않았다. 하지만 중공군은 펑더화이가 1월 8일 전면 남진 중단을 선언한 뒤 남진에 속도 조절을 했다. 리지웨이의 '위력 수색'을 앞세운 반격도 중공군의 인해전술을 극복해 가고 있었다. 다행히 전선은 더 이상 내려가지 않아 철수 계획도 이행되지 않았다.

트루먼과 맥아더의 '철수' 공방

전쟁 중 주요 현안을 두고 이견을 보이거나 서로에게 책임을 미루기도 했던 트루먼과 맥아더는 미군 철수에 대해서도 마찬가지였다. 트루먼은 "부산교두보로 물러설 때까지 점차 전선을 축소하고 그다음에는 철수하는 것뿐이다는 것이 맥아더의 견해"라고 했다.

트루먼은 맥아더가 '유엔군이 오랜 싸움으로 지치고, 부당한 비판에 분격해 사기가 크게 떨어져 있다면서 반대 이유가 없으면 전술적으로 가능한 최대한의 속도로 한반도에서 철수시켜야 한다는 의견을 냈다'고 했다. 하지만 맥아더가 1월 10일 최대한 신속히 한반도로부터 철수하자고 제안한 것은 자신의 '4개항 대중 강경 방안'이 하나도 받아들여지지 않은 것에 따른 것이었다. 대규모 중공군 개입에 대해 아무런 대응을 하지 못하는 상황이라면 한국에서 철수하고 자신의 원래 기본적 임무인 일본 방위에 전념하겠다는 것이다.

미 합참이 "중공군에 금강까지 밀리면 일본으로 철수하는 명령을 내릴 필요가 있다"고 하면서 철수 실행 여부는 맥아더에게 맡긴 것을 두고 강하게 반발했다. 맥아더는 합참의 메시지는 전쟁에서 이기겠다는 의사는 없는 패배주의라고 비판했다. 워싱턴의 구상은 반격이 아니라 무난하게 도망하는 것, 대만의 병력을 동원해서라도 전세를 만회하려는 것이 아니라 전쟁 회피를 택하려는 것이라고 했다.

극약을 지니고 있던 대통령 부부

이승만 대통령과 프란체스카 여사는 중공군 참전 이후 밀리는 상황에서 최악의 경우를 대비해 '총과 극약'을 소지하고 있었다고 한다.

"대통령과 나는 죽고 사는 것을 하나님의 뜻으로 믿고 있으면서도 만일의 경우에 대비하여 대통령의 권총과 함께, 보다 확실한 천국행 티켓을 각자 하나씩 지니고 있었다. 고통이 적은 방법으로 원할 때 죽을 수 있는 무엇(극약)을 몸에 지니고 있다는 것이 무자비한 대량의 적을 눈앞에 두고 있을 때는 어떤 위안이 되었는지도 모른다."(프란체스카 일기, 1951년 1월 1일)

⑮ 군번 계급 없는 영웅들! 학도의용병

포항에서 국도 7호선을 따라 20여 km를 올라가면 영덕군 남정면 장사해수욕장 앞바다에 커다란 배 한 척이 정박해 있는 것이 눈에 들어온다. 대형 태극기가 갑판에 걸려 있고 배의 옆면에 '작전명 174호…잊혀진 영웅들!'이란 커다란 구호와 함께 '장사상륙작전 전승기념관'이 흰색으로 쓰여 있다. 인천상륙작전 전날 양동작전을 위해 장사상륙작전에 동원됐다 좌초했던 'LST 문산호'다. 1997년 3월 6일 해안을 수색하던 해병대 1사단 대원들이 바닷속 갯벌에서 발견했다.

해변에 조성된 '장사상륙작전 전승기념공원'에는 '장사상륙작전 전몰용사 위령비', 상륙작전하는 병사들의 조형물 등이 있다. 공원에서 한눈에 들어오는 것은 커다란 고등학생 모자 조형물. 모자 앞에 '高'자가 선명하다. 상륙작전에 참여한 부대원 대부분이 학생들이었음을 상징한다.

학도병으로 구성된 '독립 제1유격대대', '명부대'

낙동강 방어선 전투가 한창이던 1950년 8월 27일 대구와 밀양에서 모집한 772명으로 육군본부 직할의 '독립 제1유격대대'가 편성됐는데 대부분 학생들이었다. '독립 제1유격대대'는 이명흠 대위가 직접 대구역 광장 등에서 모병해 '명부대'란 별명이 생겼다. 명부대에 내려진 '174호 작전' 명령은 '장사 해안에 상륙해 김무정 중장 휘하 북한군 제2군단의 보급로를 차단하고, 아울러 적의 후방을

경북 영덕군 장사해수욕장 앞바다에 있는 '선박 전승기념관' 문산호.

교란하라'는 것이었다.

문산호 기념관 내부에는 학도병으로 참가하게 된 다양한 증언들이 소개됐다. 나라 없는 학교가 무슨 소용인가, 의무감과 사명감으로 왔다. 자원입대하려고 모

경북 영덕군 장사상륙작전 전승기념공원의 학생 모자 조형물.

병소에 갔더니 나이가 어려 학교장 추천서를 받아오라고 해서 추천서를 받아가지고 왔다 등 자원입대 진술이 있다. 반면 밀양교를 건너 부산으로 가고 있는데 군인이 오라 하더니 다른 군인에게 인계했다. '아저씨 저 17살이에요' 했지만 '잔소리 말고 따라와' 해서 교복을 입은 채로 미군 트럭에 실려 창녕군의 낙동강으로 갔다는 사연도 있다. 당시 모병 상황을 가감없이 보여주는 것 같아 긴박함과 함께 안타까움이 더했다.

태풍 좌초에도 '밧줄' 상륙과 작전 수행

'174호 작전'은 작전을 정탐하고 있을 적을 속이기 위해 참가부대가 대대급임에도 불구하고 '사단'으로 위장했다. 중대를 연대로 부르고, 지휘관들에게도 그에 맞는 임시 계급을 부여했다. 북한 방송이 '2개 연대가 상륙했다'고 한 것은 이런 기만책이 효과를 본 것이었다. 부대는 출항하기 전 명부대원과 미군이 번갈아 가며 승

선과 하선을 수차례 반복해 마치 미군도 상륙작전에 참여하는 듯한 인상을 주었다.

'명부대' 대원 772명을 실은 문산호가 하루 전 부산항을 출발한 뒤 9월 15일 오후 2시경 장사해안에 도착했을 때 한반도로 접근하던 태풍 케지아는 동해로 올라오고 있었다. 태풍으로 출항 및 해안 도착도 계획보다 하루 늦어졌다. 서해에서 인천상륙을 준비하던 맥아더는 태풍이 비껴가 한숨을 돌렸으나 명작전 주함이었던 2700t급 문산호는 좌초됐다.

태풍으로 상륙지점을 찾지 못해 표류하던 문산호가 상륙지점 해안에서 300m 떨어진 해역에서 좌초되자 특공대는 문산호와 해안에 밧줄을 연결해 상륙을 시도했다. '밧줄 상륙' 과정에서 학도병들은 적의 총격에 1개 중대가 거의 몰살됐다고 한다. '72시간 임무 수행 후 전원 철수'라는 상륙작전은 문산호 좌초와 함께 시작부터 난관에 부딪혔다.

그럼에도 적의 포화 속에 물로 뛰어들어 상륙한 대원들은 해안의 200고지를 점령하고 5일간 북한군의 후방을 교란하며 전투를 벌이다 구조선 LST 조치원호로 귀환했다. 철수할 때도 해안에서 200m가량 떨어진 해상에 조치원호가 정박해 '밧줄 철수'를 했다. 양측이 전투를 벌이면서 긴박하게 철수하느라 39명의 대원은 미처 승선하지 못했다. 이들은 최후의 1인까지 싸우다 장렬히 전사했다.

이명흠 대위를 포함해 '명작전'에 참가한 누구도 이 작전이 인천상륙을 위한 연막작전이라는 것을 알지 못했다. 당초 사흘에서 일주일로 길어진 작전을 마치고 돌아온 부산 부두에서 신문 호외를 보고 자신들이 인천상륙작전을 위한 양동작전에 동원됐음을 알게 됐다.

'옥쇄한 학도의용군'

현 포항여고 앞에는 '학도의용군 6·25 전적비'가 있다. 전사자는 48명인데 전적비 뒷벽에 새겨진 전사자 이름은 14명이다. 전투가 끝난 뒤 보름가량이 지나서야 시신을 수습할 수 있게 돼 상당수는 신원을 확인할 수 없었기 때문이다.

1950년 8월 11일 학도의용군 71명은 낙동강 방어선을 지키던

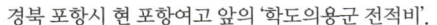

경북 포항시 현 포항여고 앞의 '학도의용군 전적비'.

국군 3사단 지휘소로 사용되던 포항여중(현 포항여고)에서 적에게 포위된 채 전투를 벌였다. 나이는 16~21세로 서울 등 전국 각지에서 피란 왔다 참가한 고등학생과 일부 대학생들이었다. 북한군 5사단과 766 유격부대는 이날 새벽 3시 반부터 4차례에 걸쳐 파상적인 공격을 해왔다. 학도병들은 M1 소총과 각자 250여 발의 실탄, 수류탄이 가진 무기의 전부였으나 북한군은 장갑차까지 동원했다. 실탄이 떨어진 뒤에는 육박전까지 벌이는 혈투로 11시간 반을 버티다 48명이 전사하고 13명은 포로가 됐다. 부상자 6명은 초반에 후송되고 4명은 행방불명이었다.

이들이 피로 버티며 적의 진격을 지연시켜 많은 시민들이 피란 갈 수 있었고 사단 지휘소의 주요 서류와 물자도 후방으로 운반할 수 있었다.

전적비 옆에는 이곳 전투에서 전사한 서울 동성중 3학년 이우근 학생이 '결전' 하루 전날 메모지에 쓴 피 묻은 편지가 소개되어 있다. 시신을 수습할 때 주머니에서 발견됐다.

'지금 옆에는 수많은 학우들이 죽음을 기다리는 듯 적이 덤벼들 것을 기다리며 엎드려 있습니다. 우리는 겨우 71명인데 적병은 너무 많습니다. 이제 어떻게 될 것인가를 생각하면 무섭습니다… 아! 놈들이 다가오고 있습니다. 다시 또 쓰겠습니다. 어머니 안녕! 아니 안녕이 아닙니다. 다시 쓸 테니까요.' 그는 다시 편지를 쓰지 못했다.

최후의 방어선(워커 라인)이자 학도병의 성지, 포항

    포항 형산강은 6·25전쟁 최후의 방어선으로 '워커 라인' 표지석까지 세워져 있다. 포항을 중심으로 낙동강 전선에서 학도병의 활동이 활발해 국내에는 유일하게 '학도의용군 전승기념관'이 있다.

    포항여고 앞의 '학도의용군 6·25 전적비'를 출발해 포항시 충혼탑~전몰학도 충혼탑~학도의용군 전승기념관~전몰학도 기계 안강지구 전투전적비~기계 안강지구 전투격전지 조망대로 이어지는 '호국 문화의 길'은 학도병의 전투를 기리는 것이 주요 테마다.

    전승기념관 앞 비석에 새겨 넣은 학도의용병 사진은 교과서에

낙동강 방어선의 동쪽 끝인 형산강 강가에 최후의 방어선 '워커 라인' 표지석이 세워져 있다.

서도 봤던 널리 알려진 사진. 그런데 그 앞에 한 어머니가 두 손을 뻗어 마치 죽은 아들을 부르듯 안타깝게 무릎을 꿇고 있는 조각이 설치됐다. 병사나 학도병, 소년병 할 것 없이 생때같이 귀한 자녀를 언제 목숨을 잃을지도 모르는 전쟁터에 보내는 안타까운 모정(母情)을 보여준다.

개전 4일 만에 나선 학도병

'학도병은 1950년 6월 29일 이후 '학도의용군(재일동포 학도의용군 포함)'으로 육해공군 또는 유엔군에 배속돼 1951년 2월 28일 해산할 때까지 근무한 자로서, 전투에 참가하고 그 증명이 있는 자를 말한다. 전상(戰傷)으로 중간에 나온 자도 포함한다.'

관련 법규 규정처럼 학도병은 6월 29일 수원에서 자발적으로 조직한 '구국 비상학도대'가 시작이다. 6월 28일 한강인도교가 폭파된 상황에서도 결사적으로 한강을 도하해 수원에 모인 학생 200여 명이 국방부 정훈국의 후원으로 '비상학도대'를 발족했다. 그 후 다양한 학도병 조직이 나타났는데 정훈국은 신분증도 발급했다. 다른 학도병 단체의 모체가 된 수원 비상학도대는 한강 방어선의 노량진 전투에 투입돼 상당수가 희생됐다.

'의용군'이라는 용어는 북한 인민군이 남침 후 양민을 동원하면서 사용해 용어의 혼란을 피해 '학도의용병'으로 고쳐 부르고 있다. 학도병은 학생으로 군번을 부여받지 않은 사람만 해당된다. 군번이 있으면 정규군으로 신분이 바뀐다. 자발적으로 지원한 학생

중 군번을 받지 않았으면 복귀령 이후 학교로 돌아갈 수 있었으나 군번을 받은 경우 현역으로 복무해야 했다.

다양한 전투에 투입된 학도병

낙동강 방어선 전투 당시 다부동 기계·안강, 영천, 포항 등에 총 30여만 명이 참가했다. 그중 5만여 명은 직접 전투에 참가하고 그 외 인원은 후방 선무, 공작 활동 등을 맡았다. 7000여 명이 군번도 계급도 없이 싸우다 전사했다.

6·25전쟁은 개전 초부터 많은 전사자가 발생해 병력 보충이 시급한 과제였다. 따라서 치열한 공방전을 벌인 낙동강 방어선뿐 아니라 다양한 전투에서 학도병은 소년병과 함께 긴급 투입됐다.

인천상륙작전에서 미 제1해병사단에 배속된 국군 해병 1연대에도 제주도에서 급히 모집해 배에서 소총 작동법만 배우고 투입된 학도의용병이 포함됐다.

전남 여수시의 6·25 참전 학도병 기념비.

전남 순천시의 호남호국기념관. 호남지역에서는 대규모 전투는 벌어지지 않았으나 1951년 1월 제18전투경찰대대가 전북 정읍의 칠보발전소를 지켜냈고, 호남지역 학도병들이 화개전투에 참여하는 등 활동을 소개하고 있다.

전남 여수 순천 광양 등 호남 동부지역 학생 180여 명은 7월 초 혈서를 쓰고 학도병에 자원입대한 뒤 7월 25일 섬진강 화개전투에 참가했다. 이들은 전차를 앞세운 북한군 1000여 명과 전투를 벌이다 70여 명이 전사하거나 실종됐다.

병력 충원이 원활히 이뤄지면서 1951년 3월 정부는 학도병에게 학생으로 돌아가도록 했다. 하지만 정부의 학교 복귀 지시나 대통령의 담화가 제대로 전파되지 않았던 곳에서는 학도병 활동이 휴전 때까지 계속된 곳도 있었다.

관심 연구 지원 부족한 학도병

학도병의 활약과 희생을 주제로 한 영화가 '학도의용군'(1977), '포화 속으로'(2010), '장사리, 잊힌 영웅들'(2019) 등 여러 편 나왔다. 학도병은 국군이나 미군에 배속되어 활동하거나, 적지에서 유격대 임무를 수행하기도 했다. 하지만 이들에 대한 공식 기록을 찾을 수 없다는 이유로 연구, 평가, 지원 등이 다른 참전 용사들에 비해 부족했다는 지적이다. 대부분의 참전자들이 사망하거나 이제는 고령으로 직접적인 증언을 듣기도 어려워지고 있다.

재일학도의용군

6·25 개전 직후부터 일본의 민간단체들은 청년 및 학도 지원병을 전선에 파견하기로 했다. 재일 한인 청년들은 미 극동군사령부의 심사를 거쳐 도쿄 아사카 캠프에서 유엔군과 함께 2주간 군사훈련을 받았다. 이들은 일본에 머물던 거류민단 소속 부녀회가 제작해 준 의용군 휘장을 미군 군복 상의나 군모에 달고 6·25전쟁에 참전했다.

제1진 69명은 1950년 9월 11일 일본 요코하마에서 출발한 유엔군과 함께 배를 타고 인천상륙작전에 투입됐다. 인천상륙작전에 3차례, 원산과 부산에 각각 1차례씩 5차례에 걸쳐 653명이 참전했다.

소년병

전쟁에서 전사, 부상으로 병력 소모가 늘어나면서 병력 보충

학도의용군의 활약을 기리는 기념탑은 여러 곳에 있지만 전승기념관은 포항이 유일하다.

이 시급해지자 학도병은 물론 소년병도 자원이나 모집을 통해 전선으로 보내졌다. 전국에서 모인 소년병 부대는 1950년 8월 초 기계·안강 전투에서 국군 25연대에 배속돼 기계 전선에서 북한군을 격퇴하는 데 크게 기여했다. 당시 전투는 보충된 소년병이 도착해도 명단도 작성할 겨를이 없이 전선에 배치돼 누가 전사하고 후송됐는지도 알 수 없을 정도로 급박했다.

학도병과 별개의 소년병은 당시 징집 연령인 18세 미만의 12~17세 청소년들로 이들에게는 군번이 부여됐다. 군번이 부여되지 않은 학도병은 정부의 학교 복귀령에 따라 돌아갔다. 그런데 더 어린 소년병은 군번이 부여돼 정식 군인 신분으로 편입됐기 때문에 군 생활을 계속했다. 1953년 7월 27일 휴전이 된 뒤에도 전역하지 못해 5~7년간 군 생활을 하다 나오기도 했다. 전쟁 기간 소년병은 2만7000여 명이 참전해 2570여 명이 사망했다. 이들은 국가유공자로서 보상은 이뤄지지 않았다.

　길거리에서 징병관에 의해 모집되기도 한 소년병은 기차를 타고 가면서 6시간가량 훈련을 받은 후 바로 전투에 투입되기도 했다. 길거리에서 징병되어 가면서 가족에게 알리지도 못한 경우도

경기 연천군 최전방 태풍전망대에 '소년전차병' 기념비가 있다. 중학생 120여 명이 소년전차 하사관(부사관)으로 M36 전차를 운용하는 57전차중대에 편입돼 폭풍전망대 인근 전투 등에 투입됐다는 설명이다.

있다. 소년병 중에는 여성들도 있었다. 낙동강 전투 시 주변 학교 여학생들이 행정병으로 활용되기도 했다.

카투사(KATUSA)

국군은 1950년 8월 15일 이승만 대통령과 맥아더 원수의 합의에 따라 미 지상군의 병력 보충을 위해 카투사(KATUSA·Korea Augmentation to the US Army) 제도를 시행했다. 당시 일본 주둔 미군은 감소 편성되어 있는 데다 전선에 투입된 이후 많은 전투력 손실이 발생했다. 육군본부는 8월 16~24일 8600여 명의 카투사를 1차로 선발해 도쿄의 미 극동군사령부에 보냈다. 8월 20일부터는 한국에서 전투 중인 각 사단에도 각각 250명을 보냈다. 카투사는 경계, 정찰, 진지 구축, 방어진지 위장 등의 보조임무를 주로 수행했다.

● **인천상륙작전, 장진호 전투에 투입**

1950년 8월 16일 최초의 카투사 313명이 부산항에서 요코하마로 떠났다. 8월 24일까지 8623명의 카투사가 당시 일본에서 인천상륙작전을 준비 중이던 미 육군 제7사단에 급하게 보충되었다. 그들은 겨우 기초훈련만 받고 전선에 투입되었다.

초기에는 피란민들이 몰려 있던 대구와 부산 등에서 불심검문을 통한 강제징집이 실시되었다. 피란민 숙소를 급습해 자고 있던 장정들을 골라내는 이른바 '토끼몰이' 방식도 있었다. 미리 준비한 M1 개런드 소총을 어깨에 메고 섰을 때 소총 개머리판이 땅에 닿지 않을 정도의 키만 되면 징집 대상으로 분류되었다고 한다.

일본으로 처음 출발한 카투사 313명 중에는 부인을 위해 약을 구하러 나섰다 끌려온 유부남부터 책가방을 든 15세 중학생도 있었다. 이들은 배 위에서 입영명령서를 스스로 작성했다. 일본 요코하마항에 도착해 후지산 기슭 미 7사단 훈련소로 갔다.

한국전쟁 기간 전체 카투사 4만3660명 중 6415명이 전사해 전사율 14.7%로 미군의 전사율 2.2%보다 7배 가까이 높았다. 북한군은 카투사를 붙잡으면 '미제의 앞잡이'라며 더 가혹한 대우를 서슴지 않았다. 2012년 62년 만에 북한에서 돌아온 용사들의 유해 12구는 미 제7사단 제31연대 전투단에 배속돼 장진호 전투에서 싸웠던 약 800명의 카투사 중 일부였다.

'장진호 동쪽'에 투입된 미 7사단 31연대에 '뻐꾸기 대대'로 편입된 32연대 1대대는 캠프 맥네르에서 500명의 카투사를 받았다. 대대가 장진호에 도착했을 때는 약 300명으로 줄어 있었다. 카투사는 3개 소총 중대에 각각 45명에서 50명이 할당되었다. 이들은 중대 병력 숫자의 약 4분의 1을 구성했다. 그런데 미군 분대장들이 한국군 분대원과 만족스럽게 소통하는 경우는 거의 없었다고 한다. 장진호 동쪽 전투 때 이 같은 소통 부족은 큰 장애가 되었다.

● 정전협정 이후에도 지속

카투사 제도가 도입된 것은 낙동강 방어선이 북한군에게 거의 돌파되려는 그야말로 벼랑 끝에 서 있던 시기였다. 일본에 주둔하고 있던 미 7사단은 한국에서 전투 중인 미군 3개 사단에 초급 보병 장교와 하사관, 경험 있는 소총수들을 채워주는 보충부대 역할을 수행했다.

무초 주한 미국대사는 일찍이 한국군 정규 병력을 미군부대에 배속할 것을 제의하였다. 한국군을 주일미군 기지에서 훈련시킨 뒤 미군과 한국군 1명씩 짝을 지어 작전을 수행하는 이른바 '버디 시스템(Buddy System)'까지 구체적으로 제안하였다. 1950년 6월 29일 맥아더 사령관이 한국을 방문하였을 때 미군부대 한국군 배속 방안을 건의한 것이었다. 그러다 '카투사 제도'로 공식화되었다. 카투사 제도는 정전협정 이후에도 부족한 미군 병력의 공백을 메우기 위해 존속하고 있다.

● '임진스카웃' 활동

1960년대와 70년대 북한의 도발이 최고조로 올랐을 당시 카투사들은 한국에 주둔하고 있는 미군 2사단의 특수부대인 '임진스카웃' 정찰대에 편성되어 북한군과 근접 전투를 수행했다. 카투사와 한국군 장교로만 이루어진 '임진스카웃'은 미군 2사단에 배속된 대간첩중대(CAC)였다.

임진스카웃은 1965년 9월 경기 파주에서 처음 결성됐다. 임진강을 사이에 두고 북한군 침투 등 충돌이 많을 때는 미 2사단의 첨병으로 활동한 '전투 보병의 꽃'이었다고 한다. 임진스카웃과 북한군 특수8군단은 창과 방패처럼 맞대결 구도를 형성했다.

임진스카웃은 1991년 10월 한국군 1사단에 비무장지대 서부전선 경계 임무를 넘겨주고 26년 만에 사라진 뒤 잊혀진 존재가 됐다. 그러다 2002년 6월 판문점 공동경비구역 경비대대가 임진스카웃 배지 착용과 인증서 수여 등 일부 임진스카웃 제도를 부활시켰다.

⑯ 맥아더는 왜 전쟁 중 해임됐나

라디오로 해임 전해 들은 맥아더

1951년 4월 11일 오전 1시(미국 현지 시간). 백악관 공보비서가 백악관에서 특별기자회견을 열고 맥아더 유엔군 총사령관의 해임을 발표했다. 시차가 있어 11일 오후가 된 도쿄의 라디오 방송은 정규방송을 중단하고 맥아더 해임 소식을 긴급 뉴스로 전했다. 맥아더는 일본 점령군사령관이어서 일본에서도 큰 관심이었다. 방송을 들은 맥아더의 부관 시드니 허프 대령은 맥아더의 아내 진 맥아더에게 전화해 해임 사실을 전했다. 맥아더는 아내로부터 자신의 해임 보도를 전해 들었다. 모스크바와 베이징에서는 기쁨과 환희로 종이 울리고 축제 기분에 들떴다.

맥아더는 회고록에서 해임을 전해 듣게 된 경위를 자세히 소개했다. 얼마나 갑작스럽고 어이없게 자신의 해임이 이뤄졌는지 보여주고자 한 것으로 보인다. 그는 상관 명령 불복종으로 군인이 해임되는 것은 큰 불명예임에도 한 번의 해명 기회도 주지 않고 자신을 해임한 것에 대해 후에 격렬히 비판했다.

미국 뉴욕주의 육군사관학교 '웨스트포인트' 교정의 맥아더 장군 동상.

트루먼은 당초 애치슨 국무장관이 무초 주한대사에게 명령서를 전문으로 보낸 뒤 마침 방한 중인 페이스 육군 장관이 도쿄로 가서 직접 전달해 예우를 갖출 계획이었다. 그런데 시카고의 한 언론이 11일 조간으로 맥아더의 해임을 특종 보도할 것으로 알려져 부득이 긴급 발표하게 됐다고 트루먼은 회고록에서 해명했다.

"트루먼 탄핵하라", 여론의 분노

많은 미국인들은 맥아더의 해임 소식에 항의해 전국에서 트루먼의 허수아비를 불태웠다. 국제부두 노조는 항의로 조업을 중단했다. 맥아더가 샌프란시스코 공항에 도착했을 때 50만 인파가 공항에서 도심까지 늘어서 환영했다. 뉴욕에서는 70만 시민이 종이 꽃가루를 뿌리며 영웅을 맞았다. 노르망디 상륙작전을 지휘한 제2차 세계대전의 영웅 아이젠하워 장군 귀국 환영 인파보다 2배는 많았다. 여론조사에서 국민의 66%가 맥아더의 해임에 반대했다.

시사주간 타임은 "인기가 많은 사람이 그보다 훨씬 인기가 없는 사람에 의해 파면되는 것은 극히 드문 일이다" "트루먼은 전형적인 소인배"라는 논평을 냈다. 아이젠하워 정부에서 부통령을 지낸 리처드 닉슨 전 대통령은 "즉시 맥아더를 복귀시키라"고 주장했다. 맥아더에게 상하원 합동회의에서 퇴임 연설을 하고 해임 경위를 따지는 의회 청문회도 열기로 했다.

맥아더가 1951년 4월 해임돼 귀국한 뒤 시카고에서 5만여 군중이 모인 가운데 연설을 하고 있다.

맥아더가 해임되자 일본은 천황이 직접 방문해 작별 인사를 했다. 일본과 한국 국회는 맥아더에 대한 감사 결의안을 채택했다. 이승만 대통령은 "한국을 위해 했던 일과 우정을 베풀어 준 것을 영원히 잊지 못할 것"이라며 "시간이 지나면 세계 역사상 탁월한 지도자 및 정치가로 더욱 빛날 것"이라는 메시지를 보냈다. 맥아더가 일본을 떠난 4월 16일 200만 명의 시민이 도쿄의 미 대사관에서 아쓰키 비행장까지 길에 늘어섰다. 맥아더를 태운 비행기는 후지산을 한 바퀴 돈 뒤 미국으로 향했다.

'맥아더 해임은 문민우위 헌법 수호 차원'

"심히 유감스러운 일이지만 맥아더 육군 원수가 공적인 직무와 관련된 문제에서 미국 및 유엔의 정책을 성심껏 지지하지 못하고 있다는 결론을 내렸다. 군사령관이 법과 헌법에 의한 정책 및 명령에 의해 통할되는 것은 기본 원칙이다. 그가 나라에 바친 탁월하고도 유례없는 공헌에 깊은 감사의 뜻을 가지고 있어 해임 조치를 다시 한번 유감으로 생각한다."

트루먼은 그가 명령에 따르지 않아 해임할 수밖에 없다는 것을 명확히 했다.

당시는 중공군의 4차 대공세 이후 약 2개월간의 '휴지기'였다. 하지만 곧 중공군이 70만 명을 동원한 '1차 춘계 대공세'를 벌이기 직전으로 6·25전쟁은 급류 속이었다. 그런데 16개국 유엔군 수장이기도 한 장수를 전격 경질했다. 무슨 일이 있었던 것일까.

해임 발표가 나오기 나흘 전인 4월 7일 국무부 국방부 합동참모본부의 간부 등이 모인 회의에서 맥아더 해임에 만장일치로 의견을 모았다. 심지어 이미 2년 전 극동군사령관 등에서 해임되어야 했다는 결론이 나왔다고 트루먼에게 보고했다.

'맥아더 해임'은 한국전쟁 수행 방식의 이견 때문만이 아니라 오래전부터 수면 아래에서 잠재되어 있었다. 6·25전쟁의 작전 범위를 둘러싼 이른바 '확전론'과 '제한론'의 갈등이 임계치를 넘어 폭발했던 것이다.

트루먼의 휴전 의지 정면 거부한 맥아더

트루먼 행정부에서 맥아더 해임은 휴화산이었지만 해임 결단 이전 보름 남짓한 기간에 벌어진 두 사건이 트루먼의 표현대로 '선을 넘은' 계기가 됐다. 해임을 불러온 마지막 두 개의 폭탄이었다.

첫째는 맥아더가 트루먼의 휴전협상 의지를 정면으로 거스른 3월 24일의 성명. 트루먼은 3월 중공군에 대한 반격 작전인 '리퍼 작전' 성공으로 기세를 잡았다고 보았다. 공산군 측이 군사적으로 승리할 수 없게 느끼는 이때가 휴전협상 타이밍이라고 생각했다. 하지만 맥아더는 전쟁은 외교보다 군사적으로 해결되어야 한다고 생각했다.

맥아더의 성명은 이랬다. "적의 인해전술은 우리 군대가 익숙해져 쓸모없게 되었다. 중국의 생산 기반과 원료로는 중등 정도의 공군과 해군을 편성 유지하는 것도 부족하다. 대량파괴 수단의 발전으로 단순한 병력 수만으로는 약점이 만회되지 않는다. 군사작전을 중공 연안과 내륙기지까지 확대하면 중공은 군사적인 붕괴 위험을 면치 못할 것이다."

밀리는 적을 확실히 밀어붙이고 중국 대륙까지 확전하자는 것이었다.

트루먼은 공산군이 38선 이북으로 후퇴한 뒤 평화적인 해결 방법을 모색하는 선언 초안을 준비해 참전국과 맥아더에게도 보냈었다. 맥아더의 성명은 휴전을 거부하는 확전 위협으로 간주됐다. 국무부는 우방국에 맥아더의 회견은 워싱턴의 승인을 받지 않은 독단적인 것이었다고 해명해야 했다.

트루먼은 회고록에서 분개했다.

"외교정책에 관한 어떤 발언도 삼가라는 대통령의 지시를 전적으로 무시한 행동이었다. 대통령이며 최고사령관인 나의 명령에 공개적으로 불복하는 것이었다. 이는 헌법에 따른 대통령의 권한에 대한 도전이자 유엔의 정책을 우롱하는 것이었다. 맥아더는 나에게 선택의 여지를 남겨놓지 않았다. 나는 그의 불복에 더 이상 관용을 베풀 수가 없었다."

트루먼은 맥아더의 성명을 보고 충격을 받았다는 말밖에 표현할 길이 없으며 미국의 전통적인 문민 우위에 도전하고 있는 이유를 생각해 내려고 애써 보기도 했다고 회고했다. 그는 맥아더를 용인하면 문민 우위의 헌법을 수호하겠다고 한 서약을 위배하는 일이라고 생각했다. 트루먼에게 맥아더 해임은 헌법을 수호하는 일이 되어 버렸다.

"일개 장교가 극동의 황제가 되려는 것 용납할 수 없다"

휴전 노력에 반대하는 맥아더의 불복 사태 처리에 고심하던 트루먼에게 '마틴 편지 사건'이 터져 마지막 일격을 가했다.

4월 5일 야당인 공화당 하원 원내총무 조지프 마틴은 하원에서 맥아더가 자신에게 보낸 편지라며 공개 낭독했다. 대만 장제스 정부를 지지하는 마틴이 2월 12일 하원에서 했던 "장제스 군대가 한국전에 사용되지 않은 것은 바보스러운 결정"이라는 발언에 대한 맥아더의 코멘트였다. 맥아더가 3월 20일 마틴에게 보낸 것이었다.

"귀하의 견해는 논리적으로 모순되지도 않고 전통에도 어긋나지 않습니다. 유럽에서는 외교관들이 입으로 싸우지만 여기서는 무기로 싸우고 있습니다. 아시아에서 공산주의에 패하면 유럽도 몰락이 불가피하다는 것, 여기서 이기면 유럽의 자유를 보존하게 되리라는 것 등을 깨닫기가 어려운 것같이 보입니다. 승리밖에는 다른 길이 없습니다."

트루먼은 승리도 올바른 승리와 그릇된 승리가 있는데 맥아더가 마음에 두는 중국 폭격에 의한 승리는 그릇된 승리라고 했다. 그는 나폴레옹이 모스크바 침공 기간 중 "나는 싸움마다 모두 격파했으나 어느 한 곳도 얻지 못했다"라고 한 말을 인용하면서 하나의 전장에서의 승리는 그 자체만으로 끝나는 것이 아니라고 했다.

맥아더의 편지가 공개된 날 트루먼은 일기에 "맥아더가 또다시 정치적인 폭탄을 터뜨렸다. 아무래도 이번이 마지막 일격이 될 것 같다. 누가 봐도 확실한 불복종에 해당한다. 극동지역 고집불통 장군을 본국으로 불러들여야 할 것 같다는 결론이 나온다"고 적었다.

트루먼은 후에 사적인 자리에서는 더욱 격렬한 어조로 맥아더를 비난했다. "문제는 그가 식민지 총독, 즉 극동 지역의 황제가 되고 싶어 했다는 거야. 자기가 일개 육군 장교라는 것, 그리고 자신의 상관은 바로 미국 대통령이라는 사실을 망각한 게 잘못이지."

4월 9일 미 합참은 맥아더 해임을 건의하고 트루먼은 4월 11일 민간 및 군부 참모들의 만장일치 지지로 해임 결정을 내렸다.

트루먼과 맥아더의 오랜 신경전

지휘 계통으로만 보면 군통수권자인 트루먼 대통령은 수차례 맥아더를 해임 혹은 경질할 수도 있었다. 태평양전쟁의 영웅이자 높은 여론 지지를 받는 맥아더는 '전쟁에서는 내가 옳다'며 독자적인 행동을 하면서 갈등이 누적됐다. 인천상륙작전 성공 같은 전과가 맥아더에게 '언터처블'의 지위를 갖게 했다.

#1. 6·25전쟁에 장제스의 국민당 군대를 참여시키는 문제를 두고 이견을 보인 가운데 1950년 7월 31일 맥아더가 대만을 방문해 장제스를 만났다. 장제스의 중국 본토 공격을 모색하기 위한 것이라는 의혹이 제기되자 "미국 대통령의 지시에 따라 대만에

대한 군사적 폭력 행위를 방지하는 문제로 대화가 국한됐다"는 특별성명을 발표하며 무마해야 했다.

맥아더는 회고록에서 이 방문 여파로 자신이 해임될지도 모른다고 생각했다고 적었다. 그는 "일본과 싸울 때는 장제스와 손을 잡으면서 공산당과 싸울 때는 왜 손을 잡지 않냐"고 불만을 나타내고 "내가 공직에서 추방되는 것은 시간문제라는 것은 분명했다"고 적었다.

#2. 맥아더가 1950년 8월 24일 미 해외참전군인회(VFW)에 보낸 메시지도 대만 문제로 트루먼과 갈등을 빚은 대표적인 사례다. 맥아더는 "대만은 '가라앉지 않는 항공모함'으로 서태평양에서 미국의 전진 교두보가 되어야 한다"고 강조했다. 따라서 대만 방어를 반대하는 자들은 '패배주의자' '유화주의자'라고 비판했다. 트루먼은 당시 맥아더를 해임하지 않은 것을 후회했다고 한다. 애치슨도 당시 맥아더의 메시지는 "'이 나라의 대통령은 누구냐' 하는 것에 대한 문제"라며 대통령에 대한 항명이었다고 했다.

트루먼의 '언론 금족령'도 무시

트루먼은 1950년 12월 5일, 해외 주재 외교관들에게 군사 문제나 외교 정책에 관해 미국의 언론기관과 직접 접촉하지 말라고 지시했다. 특정인을 지목한 것은 아니지만 맥아더를 겨냥한 것이었다.

앞서 12월 1일 맥아더는 'US 뉴스 앤드 월드리포트'와의 인터뷰에서 만주 국경지대의 공산군을 폭격할 수 없어 유엔군은 군의 역사상 전례가 없이 엄청난 핸디캡을 갖게 되었다고 말했다. 이는 사실상 트루먼 대통령에 대한 직격이었다. 이때도 트루먼은 맥아더를 해임했어야 했다고 회고록에서 술회했다.

1950년 10월 15일 태평양의 웨이크섬에서 트루먼이 맥아더와 회담한 후 훈장을 달아주고 있다.

맥아더의 '언론 플레이'가 계속되자 인내심의 한계에 다다른 트루먼이 선택한 카드가 '언론 금족령'이었으나 맥아더는 개의치 않았다.

1951년 1월 29일 영국 '텔레그래프'와의 인터뷰에서 "아시아의 자유를 위한 전투는 계속될 것"이라고 발언해 당시 휴전을 모색하고 있던 트루먼 정부를 당혹스럽게 했다.

트루먼과 맥아더, 웨이크섬 신경전

중공군이 참전하기 직전인 1950년 10월 15일 태평양의 웨이크섬에서 열린 트루먼과 맥아더의 회담은 '맥아더의 중공군 불참 오판 발언'으로 널리 알려져 있다. 중공군이 참전할 가능성이 적고 참전해도 소수에 그칠 것이라는 것이었다. 그런데 이 회담은 '맥아더가 늦게 도착해 트루먼 대통령을 기다리게 했다'는 가짜뉴스까지 나올 정도로 두 사람의 기 싸움으로 주목받았다.

먼저 회담 장소. 당초 하와이의 호놀룰루가 지목됐으나 맥아더가 '전쟁 중 오래 도쿄 사령부를 비우는 것이 곤란하다'고 주장해 워싱턴에서는 1만2000km, 도쿄에서는 4800km 떨어진 웨이크섬으로 결정됐다. 백악관 실무자들이 '국왕이 왕자를 만나러 가는 법이 어디 있냐'고 반대하기도 했다. 애치슨 국무장관은 "외국의 군주처럼 행세하는 그를 받아들일 수 없었다"며 불참했다.

그럼에도 트루먼이 맥아더를 만나러 간 이유는 뭘까. "(재선까지 대통령 임기 6년째인데) 한 번도 직접 만나본 적이 없었기 때문이다. 잠깐 (워싱턴에) 다녀가라 해도 오지 않아 유감이었다. 중공군의 한국전 개입 위협에 대한 소식도 궁금했다."

사령관에게 전쟁 현황을 들으려는 것도 있지만 트루먼이 한 달도 안 남은 중간선거에 '전쟁 영웅 맥아더'의 후광을 얻기 위한 것이라는 시각이 많다. 맥아더도 "회담이 무슨 목적으로 열렸는지 나는 잘 이해가 가지 않았다. 중간선거가 다가오고 있어 대통령은 회담 목적이 자기 정당을 인천상륙작전의 성공에 결부시키는 데 있었던 것 같다"며 정치적 목적이 있었다고 보았다.

트루먼은 중공군에 대한 맥아더의 견해를 듣는 것이 회담의 주요 관심사였다고 강조했지만 맥아더는 회담이 끝날 때쯤 잠깐 언급했다고 했다. 트루먼은 맥아더가 중공군의 대규모 개입을 예견하지 못했음을 부각하려 한 반면 맥아더는 주요 화두가 아니었음을 강조한 회고록에서도 신경전을 이어가고 있음을 보여준다.

대통령에게 경례하지 않은 맥아더

맥아더가 자신이 탄 비행기를 연착시켜 대통령이 기다리게 했다는 소문이 있었지만 사실이 아닌 것으로 밝혀졌다. 다만 하와이를 거쳐온 트루먼의 전용기 인디펜던스호는 오는 도중 예정보다 빨리 도착하지 않기 위해 조종사가 일부러 비행 속도를 늦추었다.

맥아더는 트루먼 대통령과 만나면서 경례를 하지 않은 것이 모두의 눈에 띄었다. 덜레스 국무부 고문이 회담 후 무례함을 들어 교체를 건의했지만 트루먼은 "맥아더를 영웅으로 만든 미국에 엄청난 반향을 불러오지 않고는 해임할 수 없다"고 했다.

트루먼은 오전에 회담을 마치고 점심을 같이하고 싶어 했지만 맥아더가 도쿄로 빨리 돌아가고 싶어 했다. 맥아더는 시차 때문에 점심을 하고 가면 한밤중에나 도쿄에 돌아가기 때문이라고 했다.

트루먼은 퇴임 수년 후 고향 미주리주 인디펜던스에서 버넌 월터스로부터 웨이크섬에서 맥아더가 경례를 하지 않은 것에 대한 질문을 받았다. "마음이 불편했다. 결국 그를 해임했는데 실은 훨씬 전에 해야 했다. 그는 미국이라는 나라가 어떻게 돌아가는지 제대로 이해하질 못했다"고 털어놨다.

회담에 워싱턴에서는 35명의 기자와 카메라맨이 3대의 비행기에 나눠 타고 와서 트루먼을 동행 취재했다. 반면 도쿄 사령부를 출입하는 '근위대'라는 소리까지 들었던 기자들은 가지 못했다. 맥아더는 전용기에 여유가 있었지만 국방부가 허락하지 않아 기자단 동행 없이 섬으로 왔다.

웨이크섬 회담은 메모 없이 구두로만 진행됐다. 그런데 회담에서 필립 제섭 대사의 여비서가 누가 지시하지도 않았는데 옆방에서 회담 내용을 속기한 것이 맥아더 청문회 과정에서 불거졌다. 맥아더가 중공군이 참전하지 않을 것이라는 내용을 증명하는 자료여서 맥아더가 항의하는 등 논란거리가 됐다.

트루먼과 맥아더, 상호 불신과 불화

트루먼은 맥아더를 군인으로서 존중하고 존경하지만 "프리마돈나처럼 구는 5성 장군과 도대체 뭘 하란 말인지"라고 자신의 일기에 적은 것처럼 본능적으로 꺼리고 불신했다.

공화당 대선 예비선거에도 출마했던 맥아더는 민주당 소속으로 자신이 싫어했던 프랭클린 루스벨트의 뒤를 이은 트루먼을 좋아하지 않았다. 루스벨트는 뉴딜 정책에 반대하는 등의 이유로 맥아더를 육군참모총장에서 내쫓고 대장에서 소장으로 강등시켰다.

맥아더는 5성의 육군 원수로서 '주방위군 대위 출신에 업적도 정치적 능력도 보잘것없는 인물이 어떻게 내 위에 있을 수 있나'라며 대통령과 자신을 지휘 계통이 없는 것처럼 행동했다고 한다.

웨이크섬 회담에서 만난 트루먼에 대해서는 "겉핥기 지식은 있으나 사실의 배후에 깔려 있는 논리나 정확한 원인은 이해하지 못하는 것 같았다." "극동에 대해서 거의 아는 것이 없었다"고 폄하했다.

맥아더 청문회

맥아더 해임은 큰 파장을 일으켜 공화당은 트루먼과 애치슨 탄핵까지 거론하며 청문회를 요구했다. 상원 군사위원회와 외교위원회 합동청문회가 5월 3일부터 6월 말까지 42일간 계속됐다.

맥아더 본인을 불러 공방을 벌인 청문회는 3일간 진행됐다. 맥아더는 대만 국민당군 이용이나 만주 폭격 등이 3차 세계대전을 일으킬 수 있다는 지적에 대해서는 자신의 구상은 한국전쟁에서의 승리가 목적일 뿐 중국과의 전면전은 아니라고 주장했다.

브래들리 합동참모본부 의장은 청문회에서 맥아더의 대중국 태도는 세계대전으로 확산될 위험을 수반하고 있다며 맥아더의 전략은 '미국을 잘못된 전쟁에서 잘못된 시간과 장소에서 잘못된 적에게 몰아넣게 될 것'이라고 주장했다. 트루먼 정부는 청문회를 크나큰 승리의 순간으로 기록했다. 오랜 숙적의 발톱을 뽑아버린 것으로 여겼다.

하지만 민주당 정권하에서 장제스가 마오쩌둥의 공산당에게 내전에 패해 대륙에서 물러났고, 중공군이 개입한 한국전쟁이 3년을 지속하면서 1952년 대선에서 공화당 후보로 출마한 아이젠하워가 당선됐다. 1932년 루스벨트 집권 이래 20년 만에 공화당으로 정권이 교체됐다.

맥아더 고별연설

맥아더는 1951년 4월 19일 미 상하원 합동회의 고별연설에서 아시아 중심주의에 대한 철학, 자신이 10개월가량 지휘했고 아직 진행 중이던 6·25전쟁에 대한 소신 등 다양한 분야에 대한 견해를 전했다. 그의 중국에 대한 진단은 '전랑외교'라는 말까지 듣는 현재의 중국에도 해당될 듯한 내용이 적지 않다. 다음은 연설 요지.

- **아시아**

흔히 아시아는 유럽으로 향하는 입구라고 말하지만 유럽이 아시아로 향하는 입구라는 것도 사실이다. 아시아나 유럽이나 어느 한쪽이 가지는 방대한 영향은 반드시 상대방에게도 끼치게 마련이다.

미국의 힘이 아시아와 유럽을 동시에 보호하기에 불충분해 우리의 노력을 분산시킬 수 없다고 주장하는 사람들이 있다. 나는 이보다 더 심한 패배주의를 생각할 수 없다. 우리의 적이 힘을 쪼개 아시아와 유럽을 동시에 공격하면 우리도 동시에 적에 반격하는 도리밖에 없다.

- **대만의 중요성**

태평양전쟁을 겪으면서 태평양의 전략적 중요성을 알게 됐다. 어떤 환경에서도 대만이 공산주의자의 수중에 들어가서는 안 된다고 하는 것도 그 이유다. 대만이 적의 수중에 들어가면 당장 필리핀의 자유와 일본의 상실을 가져온다. 우리의 서쪽 경계선이 캘리포니아주, 오리건주, 워싱턴주 해안까지 후퇴하게 될 위험도 배제할 수 없다.

- **공산 중국에 대한 인식**

공산 정권 아래 통일된 중국의 민족주의는 점차 침략적인 경향을 증대시키고 있다. 지난 50년 동안 중국인들은 자신의 이상과 개념에 입각한 군국주의를 발전시켜 왔다. 중공은 아시아의 새로운 지배세력으로 등장했다. 소련과 동맹관계를 맺고 있으나 그 방법과 개념에서는 점차 침략적인 제국주의 경향을 띠고 있다. 제국주의의 본질인 영토 및 세력 확장을 위한 야욕을 지니게 되었다. 중공 정권에 이데올로기적 요소는 적은 것 같다.

맥아더가 상하원 합동회의에서 고별연설을 하면서 '아시아 중심주의'를 역설하고 있다.

● 6·25 제한전에 대한 불만

나는 증원부대를 요청했으나 보낼 수 없다는 통보를 받았다. 나는 압록강 북쪽 적의 보급 기지를 파괴하도록 허가하지 않는다면 대만의 약 60만 명 병력을 한국전에 투입하자고 했다. 그것이 곤란하면 중국 해안을 봉쇄하여 외부로부터 원조를 받지 못하게 해야 한다고 했다. 이런 문제들이 받아들여지지 않으면 승리를 거두기 어렵다는 것이 사령관으로서의 나의 견해임을 밝혔다. 결과는 나의 입장을 왜곡하고 나를 전쟁 도발자라고 비난했다. 이는 진실과 너무 거리가 먼 이야기이다.

● 한국인의 용기와 신념

한국의 비극은 군사행동이 제한되어 있어 더욱 비참해지고 있다. 세계 모든 나라 중 사력을 다해 공산주의와 싸우고 있는 나라는 한국밖에 없다. 한국민의 용기와 확고부동한 신념은 말로는 이루 다 표현할 수 없다. 그들은 노예가 되느니 차라리 죽음을 택할 것이다. 그들이 나에게 전한 최후의 말은 태평양을 포기하지 말라는 것이었다.

● '노병은 죽지 않는다'

이제 52년 군인 생활을 마치려 한다. 내가 입대한 것은 20세기가 시작되기 전이었다. 내가 웨스트포인트 광장에서 선서를 마친 이래 세계에는 많은 변동이 일어났다. 나의 희망과 꿈도 사라진 지 오래다. 그러나 나는 초년 장교 시절 군대에서 유행하던 노래의 후렴을 아직도 기억하고 있다.

'노병은 죽지 않고 다만 사라질 뿐이다.'

이 노래의 노병처럼 이제 군대 생활을 끝내고 하느님의 계시에 따라 자기의 임무를 완수하려고 노력하여 온 한 사람의 노병으로서 사라져 간다.

트루먼의 해임에 대한 맥아더의 반격

한국 정부 부처인 문화공보부가 발행하는 잡지 '정보' 8호(1956년 8월)는 맥아더 장군이 자신의 해임에 대해 트루먼에게 조목조목 반격하는 내용의 글을 소개했다. 잡지는 원문의 출처에 대해서는 밝히지 않았다. 맥아더는 미국 정치의 '문민 우위'의 원칙에 따라 대통령이 군사령관을 해임한 것을 받아들여야 했지만 퇴임 후 글로써 격렬히 반박했다. 자신의 해임 배경에 대해 트루먼이 자신의 회고록에서 설명한 것을 두고 '성실성이 결여되어 있다'고 반박했다. 호칭은 '트루먼 씨'였다.

- **반박 글을 쓰게 된 동기**

트루먼 씨의 사실 왜곡이 너무나 지나쳐 진실한 수정보고를 하지 않고 침묵을 지킨다는 것은 도리어 국가에 대하여 충성스럽지 못할 뿐만 아니라 국민에 대하여서도 해를 끼치는 결과를 초래하리라는 느낌을 가지게 되었다.

황달증에 걸린 환자의 눈에는 모든 것이 황색으로 보인다는 옛말은 트루먼 씨의 과오의 원인을 설명하는 좋은 말이다. 이 어구는 특히 악의 또는 원한과 복수심에서 나오는 비천한 본능작용을 초월하지 못하고 빈번히 과격화하고 저속한 대중 언쟁을 일삼아 오던 트루먼 씨의 경우에 적합한 말이라고 하겠다.

- **트루먼의 '제한전' 비판**

트루먼 씨의 정책 변경은 약속된 범위 이상으로 전쟁을 확대하지 않는 것이었다. 이는 오랜 휴전회담 기간 받은 아군의 손상보다 훨씬 적은 손해로 완전한 승리를 획득할 수 있었던 아군의 행동을 고의적으로 묶었다. 국제연합군 사상자의 약 5분의 3은 내가 해임된 뒤 발생했다.

트루먼 씨의 작전은 수비 위주이다. 이는 전쟁에서 수비보다 공격을 위주로 해야 한다는 미국의 한 세기 반 이래의 군사적 교의에 역행하는 기괴한 작전이다. 전쟁은 이기지 못해도 승리한 것과 마찬가지의 성과를 얻을 수 있다는 기이한 이론도 폈다.

- **해임 절차상의 문제**

트루먼 씨는 나를 해임하는 데 수년간 있었던 일을 열거하고 있다. 내가 그에게 불복종했기 때문이라는 것이다.
　상관 명령 불복종은 군인으로서는 가장 중대한 범죄다. 그러한 불명예스러운 비난을 받는 군인에겐 예외 없이 자신의 입장을 주장하고 설명할 수 있는 기회가 주어졌다. 법에도 설명과 청문을 요구할 권리가 규정되어 있다. 나에게는 전혀 그런 기회가 주어지지 않았다. 나는 하등의 법적 호소를 제기할 여지가 없었다. 그는 자신이 대통령직을 떠나고 나도 일개 시민이 되었을 때 회고록을 통해 나의 해임 사유가 명령 불복종에 의한 것이라고 뒤늦게 말했다.

● **부당한 해임 사유**

　트루먼 씨는 나의 해임 사유를 조사한 상원 합동조사위원회에 참석한 합동참모본부 간부들이 맹세코 나의 해임 사유가 명령 불복종이 아니라고 한 점을 은폐하려고 한다. 자신에 대한 비난을 합리화하기 위한 것이다. 트루먼 씨는 브래틀리 합참의장이 명령 불복종의 죄를 비난했다고 말했다. 하지만 브래틀리는 세 명 의원의 질문에 세 번 거듭해 "맥아더가 상관의 명령에 불복종한 일은 전혀 없다"고 대답했다.

● **맥아더 회고록에서 반격**

　맥아더는 자신이 무언가 비열한 방법으로 공화당과 공모하고 있었다고 트루먼이 믿었던 모양으로 자신의 해임은 극히 정략적이라고 주장했다. 그는 대통령의 뜻과 맞지 않은 사례로 링컨과 그랜트 장군의 사례를 들며 "링컨의 침착한 위엄과 자제력을 갖춘 태도와는 얼마나 차이가 클까"라고 꼬집었다.
　그는 자신이 해임 몇 년 후 상관에게 복종하지 않았다며 비난을 받은 것에 대해서는 "나만큼 철저하게 복종한 사람도 없을 것"이라고 반박했다.
　그는 무엇보다 문관 우위는 미국 정치의 기본 요소지만 자신처럼 갑작스러운 방법으로 해임된 예는 없다고 주장했다. "나에게는 해임에 앞서 청문회도, 변명할 기회도 부여되지 않았으며, 과거의 경력에 대한 것도 고려되지 않았다." 그는 지휘권 이양에 따른 예의를 지키는 것도 허용되지 않았다며 "사무실의 사환, 청소부, 하급 직원도 이처럼 해고되지는 않을 것"이라고 했다.

참고 문헌

김계동 지음, 『한국전쟁 불가피한 선택이었나』, 명인문화사, 2014.
김철수 지음, 『그때는 전쟁, 지금은 휴전 6·25』, 플래닛 미디어, 2017.
남도현 지금, 『6·25, 끝나지 않은 전쟁』, 플래닛미디어, 2010.
더글러스 맥아더 지음, 『맥아더 회고록』, 1, 2권, 일신서적, 1993.
데이비드 핼버스탬 지음, 정윤미 이은진 옮김, 『콜디스트 윈터』, 살림, 2009.
데이빗 쑤이(徐澤榮) 지음, 한국전략문제연구소 옮김. 『中國의 6·25 戰爭 參戰』, 한국전략문제연구소. 2011.
딘 애치슨, 『PRESENT AT THE CREATION』, NORTON & COMPANY INC., 1969.
로이 E. 애플먼 지음, 허빈 옮김, 『장진호 동쪽-4일 낮 5일 밤의 비록』, 다트앤, 2013.
리처드 손튼 지음, 권영근 권율 옮김, 『강대국 국제정치와 한반도』, 한국국방연구원, 2020.
마거릿 히긴스 지음, 이현표 옮김, 『자유를 위한 희생』, 코러스, 2009.
마틴 러스 지음, 임상균 옮김, 『브레이크 아웃』, 나남, 2004.
매슈 B. 리지웨이 지음, 박권영 옮김, 『리지웨이의 한국전쟁』, 플래닛미디어, 2023.
문관현 지음, 『임진스카웃』, 정음서원, 2022.
백선엽 지음, 유광종 정리, 『백선엽의 6·25전쟁 징비록』 2권, 2020.
선즈화(沈志華) 지음, 김동길 옮김, 『조선 전쟁의 재탐구』, 도서출판 선인, 2014.
스탠리 웨인트라웁 지음, 송승종 옮김, 『장진호 전투와 흥남 철수작전』, 북코리아, 2015.
시어도어 리드 페렌바크 지음, 최필영 윤상용 옮김, 『이런 전쟁』, 플래닛미디어, 2019.
알렉산더 판초프 지음, 심규호 옮김, 『마오쩌둥 평전』, 민음사, 2017.
온창일 등 지음, 『6·25전쟁 60대 전투』, 황금알, 2010.
유재홍 지음, 『격동의 세월』, 을유문화사, 1994.
이상호 지음, 『맥아더와 한국전쟁』, 푸른역사, 2012.
이승만 구술, 프란체스카 지음, 조혜자 옮김. 『프란체스카의 난중일기』, 기파랑, 2010.
임부택 지음, 『낙동강에서 초산까지』, 그루터기, 1996.
정일권 지음, 『전쟁과 휴전-6·25 비록 정일권 회고록』, 동아일보사, 1986.
해리 S. 트루먼 지음, 손세일 옮김, 『시련과 희망의 세월-트루먼 회고록』 하, 1968.
헨리 키신저 지음, 권기대 옮김, 『헨리 키신저의 중국 이야기』, 민음사, 2012.
홍쉐즈(洪學智) 지음, 홍인표 옮김, 『중국이 본 한국전쟁』, 한국학술정보, 2008.

『1129일간의 전쟁 6·25』, 육군본부 육군군사연구소, 2014.
『6·25전쟁 학도의용군 연구』, 국방부 군사편찬연구소, 2012.
『포항전투사 - 끝나지 않은 전쟁 6·25』, 학도의용군 포항지회.

제4장

'승리 없는 휴전'과 그 후

⑰ 휴전협상, 또 하나의 전쟁

'회담은 아마 한두 달이면 끝날 것 같아.'
'가을에 사과가 빨갛게 익을 때까지 끌 것 같네!'
'크리스마스 전에 끝나 집으로 가게 되기를 희망해.'

1951년 7월 10일 시작된 6·25전쟁 휴전회담에 유엔군 측 5명의 대표 중 알리 버크 극동해군 부참모장(준장)은 아내에게 편지를 보낼 때마다 회담 타결 전망에 비관적이 되어 갔다. 협상은 버크의 우려보다 훨씬 길어져 2년도 넘긴 759일간 계속됐다. 협상 시작 후 양측 사망자는 개전 이후 1년과 비교해 3배가량 많았다. 희생을 줄이자는 휴전협상이 더욱 피를 부르는 역설을 낳았다.

'싸워서 승패 가릴 수 없다'

미군은 인천상륙작전 성공 뒤 북진하며 압록강에 도달할 때까지는 휴전이나 협상을 생각지 않았다. 중공군도 3차 대공세(1950년 12월 31일~1951년 1월 10일)로 서울을 다시 점령할 때까지 남진(南進)에 거침이 없었다. 하지만 1951년 4, 5월 이후 상황이 변하기 시작했다.

중공군은 1·4후퇴로 서울을 다시 점령한 뒤 37도선까지 내려왔으나 유엔군의 반격으로 다시 밀려 올라갔다. 4월 이후 두 차례 춘계 공세를 퍼부으면서 70만 명 이상의 대병력을 동원했음에도 중동부 전선은 점점 북으로 밀려 올라갔다.

유엔군은 중동부 전선에서 막강한 화력으로 다시 38선을 치고 올라갔지만 중공군을 한반도에서 몰아내기는 어렵다고 판단했다. 4월 11일 맥아더 유엔군 사령관 해임은 확전론을 더 이상 수용하기 어려운 상황에서 나왔다. 만주 폭격이나 핵무기 사용 등 '확전'은 소련의 참전을 불러올 수 있고 3차 대전으로 비화할 우려가 크다고 워싱턴은 판단했다. 유럽 방위에 대한 부담, 38선 돌파 북진 시 20만 명 이상의 추가적인 미군의 인명 손실 우려, 전쟁 장기화에 따른 여론의 피로감 등도 휴전으로 방향을 틀게 했다. 1951년 2월 이후 양측 모두 군사적 승리보다 유리한 고지에서 협상하려는 목적으로 전투가 이루어지고 있었다는 분석이 나왔다.

1952년 5월 리지웨이에 이어 유엔군 사령관에 부임한 마크 클라크는 "공산 측은 최후 공세가 봉쇄되자 재빨리 휴전회담을 제의

해 유엔군의 역공세를 효과적으로 견제하기 위해 휴전회담에 응했다"고 회고록에서 분석했다.

순조롭지 않은 협상 첫 출발

"소련 인민은 한반도의 무력충돌 문제 해결을 위한 첫 단계 토의가 교전국 간에 시작되어 38선에서 군대가 서로 철수할 수 있도록 휴전과 정전이 마련되어야 한다고 믿고 있다."

야콥 말리크 소련 유엔대표부 대사가 1951년 6월 23일 저녁 유엔의 라디오방송 시리즈 기획 '평화의 대가'에서 던진 한마디는 공산권의 첫 공식 휴전 의사 표명이었다.

일주일 후 매슈 리지웨이 유엔군 사령관 역시 라디오방송을 통해 휴전회담을 제의했다. 공산 측은 하루 만에 "개성에서 7월 10~15일 회담하자"고 응답했다. 7월 10일 개성의 99칸 한옥집 내봉장(來鳳莊)에서 회담이 시작됐다. 그런데 공산 측은 시작부터 기싸움과 선전전에 몰두했다.

유엔군 측 수석대표 터너 조이 제독 일행이 헬기에서 내리자 미군에게서 노획한 지프와 군용트럭에 백색기를 달아 일행을 태운 뒤 회담 장소로 갔다. 회담 장소도 유엔 측이 제시한 덴마크 병원선 유틀란디아를 거부하고 중공 측이 통제하는 개성으로 오게 한 것처럼 유엔군이 정전협정이 필요해 항복하듯 찾아오는 듯한 장면을 연출했다. 회담장 주변에 배치된 공산 측 병사들은 유엔 측 일행을 포위하고 자동소총을 위협적으로 흔들어대기도 했다. 협상 테이블 위의 공산 측 깃발을 유엔 측보다 더 큰 것으로 가져다 놓는가 하면 동양 문화에서 '승자가 남쪽을 향해 앉는다'며 북쪽 편에 공산 측 자리를 배치했다.

휴전회담 시작 당시 각 5인 회담 대표

유엔군 측	공산군 측
수석대표 터너 조이 극동해군사령관 미 8군 부참모장 헨리 하지스 소장 극동공군 부사령관 로런스 크레이그 소장 극동해군 부참모장 알리 버크 준장 백선엽 1군단장	수석대표 북한 인민군 참모총장 남일 중공군 제1부사령관 덩화(鄧華) 중공군 참모장 셰팡(謝方) 북한 인민군정찰국장 이상조 북한 인민군 제1군단 참모장 장평산

회담장에 들어가 의자에 앉은 조이 제독은 깜짝 놀랐다. 의자 다리가 짧아 마주 앉은 상대측 대표 남일 앞에서 마치 '어뢰를 맞고 침몰하는 해군 제독의 모습'이었다고 했다. 의자를 바꿔 앉기 전 공산 측 사진기자들의 촬영은 이미 끝난 뒤였다. 공산 측은 회담 사흘째 유엔 측 기자단 출입을 막으려다 리지웨이 사령관이 "유엔 대표단도 회담장으로 가지 말라"며 강경 대응해 공산 측은 물러섰다.

'외국군 철수' 주장, 미 반대로 철회

워싱턴의 휴전협상 지침은 '회담은 군사행동 중지를 위한 정전회담으로 국한해 중공의 유엔 및 안보리 가입이나 지위 문제, 대만 문제, 38선 문제, 군대 철수 등은 배제하라'는 것이었다.

앞서 중공이 2차 대공세(11월 25일~12월 10일)로 기세를 올리던 1950년 12월 7일 저우언라이 총리가 휴전 조건 5개 항을 제시하는 것 같은 상황은 허용하지 않겠다는 뜻이었다. 저우 총리는 외국 군대 한반도 철수, 미군 대만해협과 대만 철수, 중공의 유엔 진입과 장제스 축출 등을 내세웠다. 마치 승전국이 내미는 카드와 비슷했다.

예상대로 공산 측은 휴전회담 첫 회의에서 즉각적인 정전, 38선 중심으로 20km 비무장지대 설치, 모든 포로 교환과 함께 한반도에서 외국군 철수를 포함시켰다. 중소는 국경만 넘으면 군대를 다시 투입할 수 있지만 (태평양을 건너간) 미군은 돌아오기 어렵다. 미국은 외국 군대 철수는 공산 측에 침략 기회를 제공하는 것이라며 반대했다. 미국의 강한 반발로 '외국 군대 철수'는 안건에 포함되지 않았다.

회담 시작 16일 만에 합의된 의제는 ①비무장지대 설치 및 군사분계선 설정 ②정전 감시기관 설치 등 정전 휴전 실천 위한 조치 ③포로에 관한 조치 등이었다.

군사분계선 기준 실랑이, 접촉선 vs 38선

공산 측은 군사분계선을 전쟁 전의 38선으로 하고 20km의 비무장지대를 둘 것을 제의했다. 유엔 측은 옹진반도 등 서부전선 일부를 제외하고는 38선 이북으로 진출한 아군을 철수시키고 방어할 수 없는 선에 배치하는 것은 사실상 항복과 다름없다고 여겼다. 조이 대표

휴전협상에 참여한 영관급 장교들은 지도를 놓고 군사분계선 경계에 대해 치열한 논쟁을 벌였다. 협상장에서 전선으로 전화를 걸어 전투가 벌어지고 있는 지점을 묻기도 했다.

는 "전쟁에서 잃은 것을 회담에서 되찾으려 하지 말라"고 일축했다. 미군은 현 전선에서 북쪽으로 20마일(32km) 넓이를 비무장지대로 하자며 평양 원산선 근처까지 표시된 지도를 들이밀며 맞섰다.

이견이 좁혀지지 않는 가운데 회담장 주변 중공군 무장병력이 위협적인 태도를 보이다 항의하면서 며칠을 허비했다. 공산 측은 미 공군기가 회담장 인근 지역을 폭격했다고 주장하며 2개월가량 회담을 중단했다가 10월 31일 재개했다.

회담이 멈춘 사이 미군은 7월 30일과 8월 14일 평양에 대규모 폭격을 가하면서 전선을 16km가량 북진시켰다. 그러자 공산 측은 '38선 분계선' 주장을 철회했다. 11월 27일 양측은 지상군 접촉선을 군사분계선으로 정하고 4km 폭의 비무장지대를 설치하기로 합의했다. 이 합의로 38선 이남의 개성과 옹진반도는 북측에 넘겨주고 말았다.

최대 난제 포로 교환, 자유 송환 vs 강제 송환

짧으면 한두 달 내로 끝날 수도 있다는 기대를 가졌던 6·25전쟁의 휴전협상이 2년을 끌게 된 가장 큰 변수는 '반공(反共)포로'의 처리 또는 송환 문제 때문이었다. 협상 초기 2만 명의 중공군 포로 중 1만5000명이 송환을 거부하는 등 공산 측 포로 중에는 돌아가지 않겠다는 사람들이 적지 않았기 때문이다. 돌아가면 처벌받을 것을 우려하거나 이전 장제스(蔣介石) 부대 소속으로 북한에 연고가 없어 돌아가지 않으려 하는 등 이유는 다양했다.

유엔 측은 인도적 차원에서 포로의 자유의사를 존중한 자발적

경남 거제도 포로수용소 유적공원의 유엔군 참전국 국기와 철모 조형물. 국군과 북한군이 철조망을 함께 걷어내 화합과 통일을 기원하는 마음을 담았다는 설명이 붙어 있다.
오른쪽 사진은 거제도 포로수용소 유적공원 정문. 포로수용소가 있던 곳에 수용소 시설 모형과 체험관을 설치해 놓았다.

송환이 되어야 한다고 한 반면 공산 측은 모든 포로를 강제 송환해야 한다고 주장했다. 미국은 반공포로의 귀환 거부는 냉전체제가 가속화하는 상황에서 체제의 우월성을 보여주는 것이어서 환영할 일이었다.

공산 측이 강제 송환을 고집한 것은 포로 미귀환으로 체제의 약점이 드러나는 것을 막는 것과 함께 아직 전투가 진행 중인 전선에서 투항자를 막으려는 계산도 있었다. 공산 측이 완고하게 버티자 유엔 측은 1952년 10월 회담을 중단해 6개월 후인 이듬해 4월에야 회담이 재개됐다.

'협상 유도용 무력행사'

클라크 사령관은 '회담은 협상이 아니라 총포에 의해 타결되었다'고 믿었던 것처럼 공산 측과 회담이 교착상태에 빠졌을 때 이를 돌파하는 것은 힘을 보여주는 것이라고 믿었다.

클라크는 자신이 '동양 최대의 심장'이라고 표현한 수풍댐 등 압록강의 5개 발전소에 대해 1952년 6월 23일부터 27일까지 맹폭을 가해 북한이 2주간 정전됐다. 트루먼은 "휴전협상에서 협력적인 태도를 갖도록 유도하기 위한 목적의 공격"이라고 했다.

7월 11일에는 작전명 '프레셔 펌프'로 평양을 향해 1254회 출격해 1500개의 건물을 파괴했다. 8월 4일과 29일에도 평양의 군사 목표물에 대규모 폭격이 진행됐는데 29일 하루에만 1403회 출격해 700t의 폭탄이 투하됐다.

전선에서 피비린내 나는 전투가 이어지는 가운데 지루한 공방을 벌이던 포로 협상은 공산 측이 자유 송환과 5개국 중립국 위원회를 통한 심사 및 귀환을 받아들이면서 타결됐다. 클라크의 표현처럼 '총포'가 큰 작용을 했다. 초반 협상을 맡았던 리지웨이는 "공산주의자들의 협상 전술은 가혹한 세금처럼 인내심을 시험해 성서 속 인물인 욥이라도 감당하기 힘들었을 것"이라고 했다.

유엔 측과 공산 측 포로 교환

유엔군 포로		공산군 포로	
휴전 시 송환	1만3444명	휴전 시 송환	8만2493명(부상병 포함)
		송환 거부	2만6604명
		반공포로 석방	2만7000명
송환 거부	359명 (한국군 325명, 미군 21명, 영국군 1명 등)	민간인 귀환자	3만7000명
합	1만3803명	합	16만9097명

'포로에게 포로가 되다'

6·25전쟁 포로 문제는 '반공 포로'의 송환을 두고 휴전협상에서 큰 걸림돌이 됐을 뿐만 아니라 수용소 관리에서도 역사적으로 유례를 찾기 힘든 많은 사건 사고를 일으켰다.

공산 측은 공작대원들을 포로로 가장해 수용소 내로 잠입시키거나 친공 포로들을 전투요원으로 이용하는 '제6열 작전'을 전개했다. 이들은 공산 측의 지령에 따라 판문점 휴전협상과 연계한 활동을 벌였다. 포로들을 분산 수용하려고 하자 거제 76수용소에서는 이에 대항하기 위해 지하도를 파고 무기를 확보하는 내용의 전투계획서까지 발견됐다. 수용소 측은 공산 공작대원과 포로들 간의 간첩 연락 아지트로 사용되고 있던 수용소 주변의 민간인 마을을 철거시키기도 했다.

1951년 중반 거제수용소의 북한군 포로가 2만 명에 육박했는데 수용소 내 친공 포로들은 정치보위부, 조직 및 기획 전담, 경비대, 선전선동 부서를 두어 마치 '포로 공화국'을 방불케 했다. 이들은 자체적으로 재판을 하고 사형까지 집행하는 집행대가 있을 정도였다. 수용소에 반미 구호가 적힌 현수막, 심지어 인공기도 내걸었다. 1952년 12월 거제 봉암도(추봉도) 포로수용소에서는 포로들이 집단 시위를 벌여 이를 진압하는 과정에서 쌍방 간 교전으로 포로 85명이 사살되고 113명이 부상했다. 포로수용소도 후방의 전선이었다.

1952년 5월 거제 포로수용소장 납치 사건도 이런 분위기에서

경남 거제포로수용소 유적박물관에 공산 포로들이 포로수용소장을 감금하는 등 무장 폭동을 일으킨 장면을 재현해 놓았다.

벌어진 일이었다. 포로에게 포로가 되는 난센스가 벌어진 것이다. 포로들은 프랜시스 도드 포로수용소장(준장)을 납치해 인질극을 벌이다 3일 후 풀어주었다. 이들은 석방 조건으로 수용소 자치화, 자유 결사 허용, 수용소 막사 간 연락 전화 가설 등을 요구하고 반공 포로 심사 중단을 요구했다. 포로수용소장 납치 사건을 계기로 수용소 내에서 친공 포로와 반공 포로 간에 내란에 버금가는 8개월 간에 걸친 피 묻은 투쟁사가 드러나기도 했다. 수용소 내 시위 폭동 반란 탈옥 반공 포로 탄압 등이 적절히 관리되지 못한 데는 수용 인원을 초과한 데다 관리를 위해 배치한 인력의 자질이 부족했기 때문이라고 리지웨이는 진단했다.

휴전협상 중 더욱 치열했던 혈전들

1951년 7월 10일 개성에서 휴전협상이 시작된 후 38선 인근에서 한 치의 땅이라도 더 차지하기 위한 치열한 고지전이 벌어졌다. 미군의 막강한 공군 및 화력을 실감한 중공군은 1953년 정전협상 타결이 임박한 시기 최후의 공세까지 2년여간 대규모 공세는 중단했다. 그 대신 거대한 규모의 땅굴을 파고 버티며 기회를 노렸다.

● 피로 물들인 단장(斷腸)의 능선 전투들

강원도 양구 방산면에서 국군 5사단이 북한군 12사단과 벌인 '피의 능선 전투'(1951년 8월 16~22일)는 미군 부대가 실패한 작전을 넘겨받아 성공적으로 마무리한 고지쟁탈전이었다. 공격 목표로 삼은 T, U, V 등의 주요 고지를 연결한 능선이 피로 물들었다.

그해 '단장의 능선전투'(9월 13일~10월 15일)는 양구 방산면과 동면 일대에서 미 제2사단이 중공군 및 북한군과 벌인 접전으로, '단장의 능선(Heartbreak Ridge)'은 종군기자들이 붙여준 표현이다. 아군은 한 달여 전투 끝에 능선을 추가 점령해 전선을 북쪽으로 밀어올렸다. 아군은 3700여 명이 전사한 반면 공산군 피해는 2만1000여 명에 달했다.

양구전쟁기념관에는 1951년 6월부터 12월까지 벌어졌던 도솔산, 피의 능선, 펀치볼,

강원도 고성의 화진포 옆 '김일성 별장'. 6·25전쟁 이전 38선 이북에 있었던 이곳을 김일성 일가가 사용했다. 오른쪽은 김정일이 여섯 살에 별장에 와서 찍은 사진이다.

전북 남원시 지리산 뱀사골 입구에 세워진 지리산 충혼탑. 공비 토벌 과정에서 희생된 민경군 7200여 명의 영령을 모신 곳이다. 오른쪽은 충혼탑 옆에 세워진 지리산지구 전적비.

단장의 능선 등 9개 전투가 9개 기둥에 새겨져 있다. 전적비의 숲이 고지전의 치열함을 보여준다.

● '작전명 쥐잡이' 지리산 공비 토벌

1951년 7월 판문점에서 휴전회담이 시작된 뒤 38선 주변에서 대치와 고지전이 이어지고 있는 가운데 후방인 지리산을 중심으로 한 무장공비도 골칫거리였다. 군은 당시 이상현을 총사령관으로 하는 남부군단 약 3800명이 지리산 일대에 출몰하는 것으로 파악했다. 주력은 인천상륙작전으로 낙동강 방어선에서 유엔군이 반격 작전을 개시한 뒤 북으로 가는 퇴로가 막힌 북한군 정규군이었다. 여기에 각 지역의 남로당 조직과 여수·순천 10·19 사건에 가담한 좌익 무장세력 등이었다.

공비 토벌은 휴전협상 초기 협상대표로 참여했다가 전방 1군단장으로 옮긴 백선엽 소장이 '백(白)야전전투사령부'라는 특수 임무를 띤 부대를 조직해 맡게 됐다. 수도사단과 8사단 등이 투입된 백사령부는 1951년 12월부터 이듬해 1월까지 3차례에 걸쳐 지리산을 포위해 좁혀가는 '토끼몰이' 방식으로 소탕했다. 육군본부 자료에는 사살 5800여 명, 포로 5700여 명이었다. 일부 잔당은 휴전 후까지 출몰했으나 공비 토벌은 일단락됐다.

● '3용사'가 실마리 푼 백마고지 전투

중공군 3개 사단으로 구성된 38군은 1952년 10월 6일 강원도 철원의 '395고지' 공격을 시작한다. 국군 부대는 전쟁 기간 승패와 영욕을 겪은 김종오 사단장의 9사단. 15일까지 육탄전을 벌이며 24회나 뺏고 뺏기는 대혈전이었다. 중공군은 병력의 절반에 가까운 1만5000명이 사망했고 국군도 3400여 명의 전사자가 발생했다.

전투의 실마리는 '백마고지 3용사'가 풀었다. 전투 시작 일주일째인 10월 12일 제30연대 제1대대는 백마고지 9분 능선에 설치된 적 기관총 화력에 피해만 입고 공격이 제대로 이뤄지지 않았다. 포병이나 공군 화력으로도 제압되지 않았다. 이때 3중대 1소대장 강봉우 소위는 오귀봉, 안영권 하사와 함께 수류탄을 들고 적 진지에 뛰어들어 기관총 진지를 폭파하고 자신들도 장렬하게 전사했다. 백마고지는 이후 다시는 적에게 내주지 않았다. 서울 광진구 능동 어린이대공원에 '백마고지 3군신 동상'이 있다.

무명의 봉우리 '395고지'가 백마고지로 불리게 된 유래는 명확하지 않다. 작전 기간 중 포격에 의하여 산 정상의 수림이 다 쓰러져 버리고 난 뒤 나타난 산의 형태가 마치 누워 있는 백마처럼 보였기 때문이라고도 하고, 종군기자들이 수많은 조명탄 아래로 하얀 낙하산 천에 뒤덮인 산의 지세를 보고 붙인 이름이라고도 한다.

● 상감령과 저격능선, 삼각고지

저격능선은 철의 삼각지대 중심부에 자리 잡은 오성산과 인접한 남대천 부근에 솟아오른 해발 580m의 무명 능선이다. 저격능선(Sniper Ridge)이라는 명칭은 1951년 10월 중공군 제26군이 이 능선에서 미 제25사단을 저격하였다고 주장하면서 붙인 이름이다. 중공군에게는 오성산을 방어하기 위한 중요 관문이었고, 국군 제2사단에는 사단 주 저항선을 감시하는 위협요소를 없애고 오성산 공격의 발판이 되는 고지였다.

양측이 방어 전면 약 800m를 두고 6주 가량 전투를 벌였다. 미 7사단은 인근의 삼각고지, 국군 2사단은 저격능선을 공격하는 것으로 역할을 분담했다. 중국은 삼각고지와 저격능선을 합쳐 '상감령'으로 부른다. 1952년 10월 14일부터 11월 24일까지 한 달 이상 전투 결과 중공군 전사자가 3배 이상이지만 고지는 중공군이 점령한 채로 전투가 끝났다. 중국에서 세계 최

서울 광진구 능동 어린이대공원에 세워져 있는 '백마고지 삼용사의 상'.

강 미국을 상대로 거둔 최대 승리라고 주장하는 이유다.

● **최후의 혈전, 금성고지와 베티고지 전투**

강원도 화천 북방에서의 금성샛별고지 전투(1953년 7월 13~19일)는 정전협정 일주일 전에 끝났다. 국군 제2군단이 초기에 금성 돌출부를 상실했지만, 중공군 5개군 15개 사단의 공세를 저지하고 이후 대대적인 반격 작전을 펼쳐 금성을 회복하고 마지막 전투를 승리로 끝냈다. 일주일가량의 전투에서 국군은 1만4373명(전사 부상 실종 포함), 중공군은 6만6000여 명의 병력 손실을 입었다. 이 전투에서 4km가량 전선을 밀어 올리는 대가치고는 엄청나게 큰 희생을 치렀다.

정전협정 직전 임진강을 사이에 두고 이틀간 벌인 베티고지 전투(7월 15~16일)는 국군 제1사단의 1개 소대가 중공군 3개 대대 병력과 싸워 고지를 끝까지 사수한 기적 같은 전투였다. 이틀간의 전투에서 적은 314명이 사살된 반면 아군 전사자는 6명에 그쳤다. 소대장 김만술 소위는 한국과 미국에서 최고무공훈장을 받았다.

경기도 연천군 베티고지는 임진강을 내려다볼 수 있는 곳이어서 이곳을 뺏기면 휴전선이 10km 이상 남쪽으로 밀려 임진강 남쪽으로 그어질 수도 있었다. 중공군은 15일 오후 5시부터 이튿날 오전 7시 반까지 19차례에 걸쳐 아군 교통호까지 밀고 들어와 총검과 육박전을 벌였다. 베티고지 전투는 영화 '격퇴'(1956)와 '베티고지의 영웅들'(1980)의 소재가 됐다. 비무장지대 내에 있는 베티고지가 임진강 너머로 내려다보이는 태풍전망대에서는 매년 호국영령 추도식이 열린다.

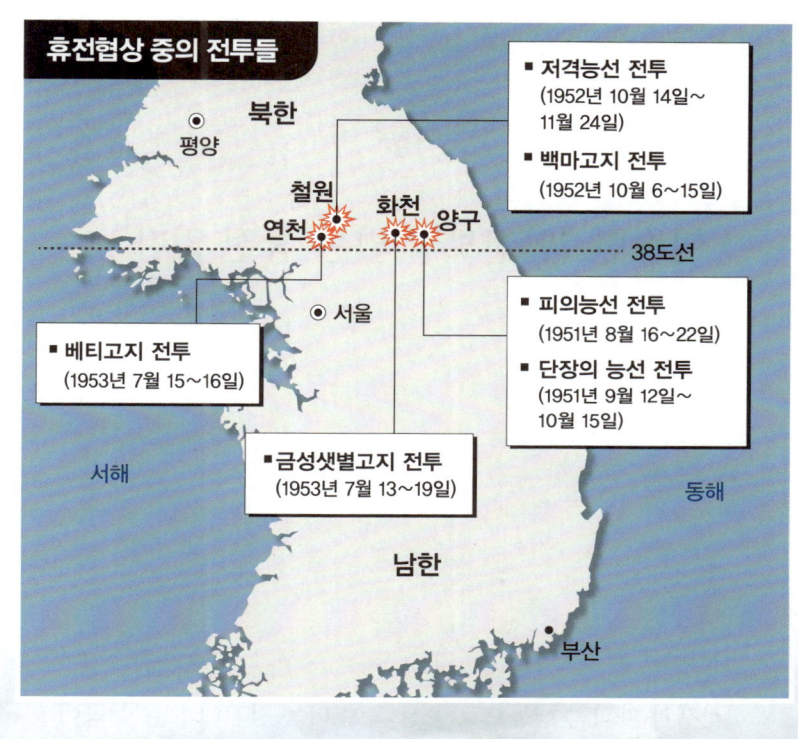

경기 연천군의 최전방 포스트인 태풍전망대.
철책 너머 임진강 건너편 왼쪽에 베티고지가 있다.

18

이승만 "안전보장 없는 휴전 없다"

'전쟁과 파괴적 행동으로 공산 측이 더욱 전진해 오는 서곡이 되리라고 확신해 정전 조인을 반대했다.' (이승만)
'자유 세계와 공산 세계의 대결이 끝나지 않는 한 한국의 평화적 재통일은 어렵지 않나 하는 염려가 있다.' (아이젠하워)
'사상 처음으로 승리 없는 전쟁의 휴전협정에 조인한 미군사령관이 됐다. 패배감을 느꼈다. 조인 후 형언할 수 없는 좌절감에 소리 없는 눈물마저 흘렸다.' (클라크)

정전협정에 서명하면서 전투가 끝난 안도와 평화에 대한 희망보다는 비감함이 서려 있듯 누구도 만족하지 않았지만 협정은 맺어지고 전쟁은 일단 끝났다. 하야를 무릅쓴 이승만 대통령의 휴전 반대 분투와 저항은 '한미동맹조약'으로만 멈추게 할 수 있었다.

스탈린 사망으로 고비 넘다

포로 교환 기준 등을 두고 협상이 교착상태에 빠져 있는 상황에서 1953년 3월 5일 스탈린이 사망해 협상에 새로운 전기가 됐다. 3월 15일 소비에트 최고회의는 "현재 분쟁 중이거나 아직 해결되지 않은 모든 문제는 협상 원칙하에서 평화적으로 해결될 수 있다"고 밝혔다. 말렌코프 정부는 6·25전쟁 휴전협상의 최대 걸림돌이 되어 온 포로의 무조건 송환 원칙을 고집하지 않았다.

스탈린은 포로 문제 등을 빌미로 미군을 한반도에 묶어 유럽에서 외교적 이득을 보려 했으나 방향을 선회한 것이다. 말렌코프 정부의 정전 선회는 미국이 취할 조치 중 '최악의 상황'을 염두에 두었다는 분석도 있다. 핵무기 사용 가능성까지 포함한 전쟁에서 승산이 없는 소모적인 상황을 빨리 끝내야 한다는 현실적인 판단이 작용했다는 것이다. 공산주의자들은 아이젠하워 대통령이 원자탄두를 오키나와에 배치하고 이의 사용을 검토하고 있다는 사실을 인지하게 되었고, 아이젠하워가 국내외로부터 전쟁을 확대하라는 압력을 받고 있는 것을 알고 있었다. 일본의 대표적인 한국전쟁 전문가인 와다 하루키는 통설과는 다르게 '스탈린이 전쟁을 계속해야 한다고 주장하지 않아 그의 죽음으로 정전협상에 변화가 일어났다고 생각하는 통설은 잘못된 것이다"고 주장했다.

전황 따라 오락가락한 마오쩌둥과 김일성

　마오쩌둥은 '항미원조'를 명분으로 참전한 뒤 38선을 넘고 내려와 서울을 점령할 때는 "미군은 한반도와 대만해협에서 철수하라"고 자신감을 나타냈다. 하지만 두 차례의 춘계 대공세(4월 22~30일, 5월 16~20일)마저 실패로 돌아간 뒤 "싸우면서 담판하고, 담판을 통해 문제를 해결한다"는 방침을 정하고 장기전을 준비

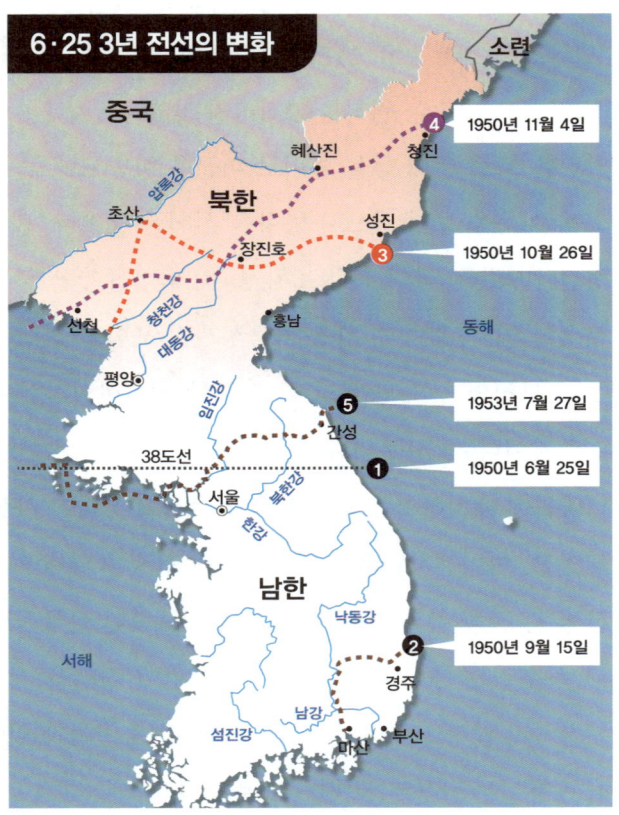

해야 한다고 생각했다.

휴전에 소극적이었던 스탈린이 사망하자 마오는 소모전에서 벗어나고자 했다는 분석이 있다. 3월 11일 스탈린의 장례식 참석차 모스크바에 온 저우언라이는 소련 지도부에 정전협정을 서둘러 달라는 요청을 했고, 소련 측도 받아들였다는 것이다.

김일성은 1951년 5월 마오쩌둥이 6차 대공세 이후 정전으로 선회한 후에도 신속한 승리를 주장하며 6월 말에서 7월 중순까지 중조 연합군이 총공격을 개시할 것을 요구했다. 마오가 전쟁 접촉선을 휴전선으로 하는 것을 받아들이려고 하자 "차라리 중국인 도움 없이 전쟁을 계속하고 싶다"고 했다.

그러던 김일성은 미군기에 의해 북한 주요 도시가 잿더미로 변해가는 상황에서 1952년 이후 마오에게 휴전을 호소했으나 이번에는 마오가 듣지 않았다. 더 많은 병력을 투입해 제압하겠다고 했다. 중공이 버틸수록 북한은 더욱 황폐화됐다.

아이젠하워의 강온 양면 휴전 전략

1952년 11월 대통령 선거에서 '명예로운 휴전'을 공약으로 제시한 아이젠하워가 대통령으로 당선돼 정권이 교체된 것도 협상 진전의 요인으로 꼽힌다. 아이젠하워는 협상에 적극적이면서도 휴전을 위해 세 가지 조치를 취했다. 한국군 증강, 미 제7함대의 대만 중립화 해제로 중공에 대한 심리적 압력 가중, 그리고 덜레스 국무장관을 시켜 한국의 교착상태가 지속된다면 핵 사용도 불사한다는

아이젠하워가 공약대로 대통령 당선자 신분으로 한국을 방문해 경무대에서 이승만 대통령과 만났다. 왼쪽부터 밴 플리트 미 8군 사령관, 마크 클라크 유엔군 사령관, 이승만 대통령, 드와이트 아이젠하워 대통령 당선자, 그의 아들 존 아이젠하워 소령.

위협을 중소 관리 귀에 들어가도록 했다. 힘을 바탕으로 한 강온 양면 전술을 구사한 것이다.

클라크 사령관은 공산 측이 아이젠하워 당선 이후 휴전협상에 적극 나선 데는 압도적 지지로 당선된 아이젠하워가 미 국민의 지지를 등에 업고 어떠한 희생을 치르더라도 한국전쟁에 전력투구할지도 모른다는 공포감도 영향을 주었다고 보았다.

'12분 만에 끝난 정전협정 서명'

1953년 7월 27일 오전 10시 유엔군 측 수석대표 해리슨과 공산군 측 수석대표 남일은 각자 다른 테이블에 앉아 정전협정에 각각 서명했다. 휴전회담이 시작된 지 159회 만이었다. 한글 영어 중국어로 된 정전협정문 각

휴전협정 시기 양측 병력

유엔군	공산군
국군 60만 명	북한군 47만 명
미군 등 34만 명	중공군 135만 명
94만 명	182만 명

자료: '그 때는 전쟁, 지금은 휴전 6·25'

6부, 모두 18부에 양측은 각각 12분씩 서명을 마친 후 단 한마디의 인사말도 없이 회담장을 떠났다.

　클라크 유엔군 사령관은 오후 1시 문산 극장, 김일성 조선인민군 최고사령관과 펑더화이 중공군 사령관은 평양과 개성에서 각각 서명했다. 한국 대표는 협정 서명에는 참여하지 않았으나 협정에는 반대하지 않았다. 이날 밤 10시 모든 전선의 포성이 멎었고 1129일간의 전쟁은 중지되었다.

　7월 31일 김일성은 평양에서 중공군 지도부를 초청한 축하 만찬을 열고 훈장도 수여했다. 8월 3일 회창 중공군 사령부에서도 전승축하연이 열렸다. 훙쉐즈 부사령관은 참전 명분인 '미국에 대항해 조선을 지원하고 가정과 국가를 지켰기 때문'이라고 했다. 침략으로 3년간 한반도가 황폐화되고 한민족에게 큰 상처를 남겼으면서도 미국 등 유엔군이 확전을 자제해 정권을 유지하고 응징당하지 않은 것을 승리로 여기는 그들만의 셈법이었다.

판문점에 웬 피카소의 '비둘기'?

회담 당시 판문점은 초가 서너 채만 있는 농촌이었다. 3000평의 터를 닦고 천막을 지어 회의장으로 사용했다. 공산 측이 천막을 제공하고 유엔은 전기와 난방시설 공사를 맡았다. 지금의 판문점보다 1km가량 떨어진 곳이다.

협정 조인을 위해 공산 측은 회담 장소 북쪽에 강당 같은 목조 단층 건물을 지었다. 기와지붕 처마 밑 삼각형 부분에 피카소의 '비둘기'(1949년 작)를 본뜬 두 마리의 비둘기 그림을 그려 넣었다가 유엔군 측 항의로 지웠다. 공산주의자를 자처한 피카소의 비둘기로 자신들이 평화를 애호하는 것처럼 선전하려는 것이었다.

북한은 정전협정에 서명한 장소를 '평화박물관'으로 바꿔 보존하고 있다. 협정 서명 당시에는 지웠던 '피카소의 비둘기'가 지붕의 삼각형 부분에 새겨져 있다. 작은 사진은 피카소의 작품 '비둘기'. 자료: 영문위키

개성에서 옮겨와 정전협상 회담을 이어간 판문점 주위가 모두 논밭이다. 자료: 전쟁기념관

북한은 협정을 조인했던 건물을 '평화박물관'으로 바꿔 보존하고 있는데 '비둘기'가 있다. 더욱이 1976년 도끼 만행 사건 때 사용된 무기가 박물관에 전시되어 있다고 한다.

이승만, '미군 철수하면 공산 측 다시 쳐들어온다'

이승만 대통령은 한반도가 애치슨 라인 선언으로 미국의 방어선 밖으로 밀려나고 광복 후 주둔했던 미 24군단 3개 사단이 전차 한 대 안 남기고 떠나 북한의 남침을 불러왔다는 확신을 갖고 있었다. 1951년 6월 휴전협상 분위기가 높아지자 북한군의 무장해제와 중국군의 철수 등 조건을 제시하며 휴전 반대 움직임을 본격화했다.

이승만이 휴전을 반대한 것은 휴전 이후 외국 군대의 철수 때문이었다. 중국과 소련은 철수해도 강 하나만 건너면 다시 올 수 있지만 미국은 태평양을 건너가면 전쟁이 발생했을 때 다시 군대를 추슬러 올지 의문이었기 때문이다. 더욱이 북한의 불법 남침으로 큰 피해를 입었는데 통일을 이루지 못하고 전쟁을 중단하는 것을 받아들일 수 없었다.

이승만은 1953년 4월 9일 아이젠하워에게 보낸 서신에서 '중국군이 한반도에 주둔한 상태로 휴전되면 한국 정부는 압록강까지 진격하지 않는 동맹국 군대의 철수를 요구할 것이라며 미군도 철수해야 한다고 주장했다. 며칠 후에는 "중국군의 주둔을 허용하는 협정을 맺으면 한국군을 유엔지휘권에서 철수시켜 단독으로 전쟁을 계속하겠다"고 선언했다.

클라크가 한국군의 작전권 이양 약속을 어기고 단독 행동을 하는 것은 자살행위라고 설득했으나 '자살을 의미한다고 해도 국군은 싸움을 계속하고 자신이 직접 지휘하겠다'고 한 발도 물러서지 않았다.

이승만 하야 작전 '에버레디 계획'

스탈린 사후 휴전회담은 1953년 6월 8일 '포로의 자발적 송환에 입각한 중립국 송환위원단 관련 협정' 체결까지 순조롭게 진행됐다. 이와 함께 이승만의 휴전 반대도 더욱 거세졌다. 국군이 독자 행동을 하겠다는 것에서 나아가 포로수용소의 공산 포로 석방 엄포까지 점차 수위가 높아졌다. 이승만의 강경 자세를 꺾고 설득하기 어렵다고 본 미국은 유엔사령부에 의해 주도되는 '에버레디 계획(Plan EverReady)'을 세웠다.

이는 이승만의 반대 속에 정전협정이 타결됐을 때 ①한국군이 유엔군의 지시를 듣지 않거나 ②독자 행동을 하거나 ③유엔군에 공공연하게 적대적이 되는 경우에 대비한 유엔군의 행동 계획이다. 유엔의 이름으로 계엄을 선포하고, 불복종하는 한국의 군부 및 민간 지도자를 감금한 뒤 유엔군 군정을 실시한다는 것이 골자다. 체포 대상 민간 지도자에는 이승만 대통령도 포함된다. 유엔사령부 이름으로 계엄을 선포하고 군부 또는 민간 지도자 중 명령에 불복하는 자들을 감금하며, 유엔사에 의한 군사정부를 수립하는 것이었다.

이는 1952년 7월 부산 정치파동 당시 클라크 사령관이 입안했다가 여야 타협으로 발췌개헌안이 통과돼 실행하지 못한 '이승만 정부 전복 계획'을 보완한 것이다.

미 국무부는 "우리 자신을 침략자의 위치로 전락시키는 것"이라며 대신 방위조약을 체결해 주는 것이 바람직하다는 의견을 냈다. 결국 아이젠하워는 5월 30일 미국·필리핀 방위조약이나 호주 뉴질랜드와 맺은 엔저스(ANZUS) 조약과 유사한 조약을 맺는 것으로 이승만 달래기에 나서면서 이승만 하야 계획에서는 물러섰다.

이승만의 초강수, 반공 포로 석방

휴전협정 체결이 진전되면서 한국 내 휴전 반대 분위기도 높아졌다. 대규모 시위가 벌어지고 국회는 129 대 0으로 반대 결의안

부산 서구 임시수도기념로의 '임시수도 대통령 관저'. 이승만 대통령은 전쟁 발발 2개월가량 후인 8월 18일부터 정전협정으로 서울로 돌아가기 전까지 이곳에서 집무를 보았다. 이곳은 1920년대 일제강점기에 경남지사 관저로 지어진 건물이다. 오른쪽 사진은 부산 임시수도 대통령 관저 집무실의 이승만 대통령. 문뜩 방문을 지나다 보면 실제로 앉아 있는 느낌을 줄 정도로 생생하고 자연스러운 모습이다.

을 통과시켰다. 급기야 이승만은 6월 18일 반공 포로를 예고 없이 석방했다. 부산 거제 등 전국 수용소에서 그야말로 한밤중에 대탈주가 벌어졌다. 3만 5000여 명의 반공 포로 중 2만 7388명이 4일에 걸쳐 석방됐다. 연초부터 원용덕 헌병총사령관을 시켜 은밀히 포로 석방 계획을 준비하다 결행한 것이다. 반공 포로 석방 과정에서 포로 56명이 사망하고 81명이 부상했다. 아이젠하워는 유엔군사령부의 권위에 도전하는 공개된 무력행사라고 비판하면서 군대를 한국에서 철수할 상황이 올지도 모른다고 경고했다.

　클라크는 휴전협정 체결이 막바지에 이른 상황에서 나온 반공 포로 석방에 당혹해하면서도 한국민들의 높은 지지를 받았다고 회고록에서 자세히 기록했다. 국민들이 탈출한 포로들을 모두 숨겨주고 음식과 술 담배를 제공하는가 하면 한국 경찰들은 탈출한 포로를 검거하려는 미국 병사들의 접근을 막기 위해 경계를 했다는 것이다.

반공 포로 석방은 공산 측이 유엔군 포로를 석방하지 않고 맞대응하면 협상을 파탄 낼 수도 있는 빌미가 될 수도 있었다. 하지만 우려와는 달리 협상은 더 이상 궤도에서 이탈하지는 않았다. 반공 포로 석방을 유엔군사령부와 한국이 공모했다고 공격하고 유엔군이 한국군을 통제할 수 있는지 문제 삼았지만 협상 열차를 멈추게는 하지 않았다.

클라크의 이승만 존경

거제포로수용소에서 공산 포로들이 도드 포로수용소장을 억류한 날인 1952년 7월 5일 유엔군 사령관으로 도쿄에 부임한 클라크 사령관의 가장 큰 임무는 휴전협상의 마무리였다. 협상은 공산 측의 갖은 잔꾀와 선전술, 터무니없는 지연 작전 등으로 진행이 더뎠지만 넘어야 할 또 하나의 큰 관문은 '이승만과 한국 국민의 반대'였다.

미군 사령관으로서 워싱턴의 지시와 훈령을 받아 협상을 진행시켜야 할 임무를 띤 클라크였지만 이승만과 한국민의 휴전 반대 심정과 논리를 누구보다 이해하고 마음으로는 동조했다. 그의 회고록에는 이승만을 존경하는 마음이 곳곳에 묻어 있다. 공산주의자들에 대한 불신, 압록강 북쪽에 중공군의 병참기지를 손보지 않

정전협정에 서명하는 클라크 유엔군 사령관(왼쪽에서 두 번째).

고는 승리할 수 없다는 맥아더의 확전론을 확고히 지지하는 것도 이승만과 결이 같았다.

    클라크는 '이승만은 한국의 조지 워싱턴'이라며 아시아 모든 비공산 국가들의 뿌리 깊은 안전보장에 대한 열망을 상징적으로 대변하는 지도자라고 했다. 이승만은 한국전쟁을 통해 장제스 총통과 인도 네루 수상과 어깨를 나란히 하는 위대한 지도자로 부상한 '아시아의 별'이라고도 했다. 클라크는 "역사는 앞으로 이승만이 한국전쟁에서 끝까지 싸울 것을 주장한 것이 휴전을 앞세운 미국의 주장보다 더 정당했다는 것을 보여줄 것이다"라고 할 정도였다.

10대 강국의 초석 '한미동맹조약'

　미국은 이승만이 가장 우려하는 휴전 후의 안보 우려를 해소하기 위한 '동맹 협상', 이른바 '소 휴전회담'을 통해 이승만의 반대가 장애가 되지 않고 휴전회담이 무사히 마무리되도록 했다. 휴전협정 서명 이틀 전인 7월 25일 서울에 도착한 로버트슨 국무부 차관보는 18일간 한국에 머물며 주로 이승만과의 담판을 통해 협상의 가닥을 잡았다.

　이승만이 휴전에 동의하면서 얻어낸 합의사항은 △상호방위조약 체결 △2억 달러 제공 및 장기 경제원조 △한국군 40개 사단 증강 등이었다.

　클라크는 공산 측의 침략이 있을 경우 미국이 다시 오는 내용의 한미상호방위조약은 '미군 배치 및 전략에 관한 계획(JOEWP)'에 맞지 않는다며 반대했다. 트루먼 후임으로 당선된 아이젠하워 대통령도 한미 간 상호방위조약은 유엔이 비효율적인 기구라는 인상을 줄 수 있다며 조약 체결에 부정적이었다. 한미 간에 조약이 체결되면 일부 참전국이 군사 개입을 축소하려 할 것이라는 등의 이유를 들기도 했다. 베트남은 휴전협정을 맺고 2년 뒤 공산화됐다. 이승만은 '협정'이 종잇조각에 그치지 않는 안보 방패막이가 되도록 만들었다고 보고 비로소 휴전 반대를 접었다.

　덜레스 국무장관은 휴전협정 체결 후인 8월 방한해 "조약은 한국이 공격을 받으면 홀로 있지 않을 것이라는 사실을 기록할 것이며 적에게 미국이 할 일을 할 것이라는 명백한 통고를 하는 것"이

판문점에서 유엔군과 공산 측 대표가 협정에 서명하고 있다. 서명 전후 아무런 인사말이나 악수도 없이 각자 서명만 하고 나갔다.

라고 10월 1일 체결될 조약의 취지를 설명했다. 이는 조약에서 "외부의 무력 공격에 대한 공동의 방위 결의를 공개적이고 정식으로 선언해 어떤 잠재적 침략자도 당사국 중 어느 한 국가가 고립하여 있다는 환각을 갖지 못하게 한다"고 조항으로 명문화됐다. 조약은 이듬해 11월 비준서 교환으로 발효됐다. 6·25전쟁 이후 한강의 기적과 세계 10대 경제 강국으로 발돋움한 데는 한미동맹이라는 안보 울타리가 큰 역할을 했다는 평가가 지배적이다.

조이 제독이 지적한 공산주의자들의 협상 전술과 충고

● **공산주의자들의 협상 전술**
①회담에 유리한 장소 선정과 분위기 조성
②장기 담판에 대비 계급보다 능력 위주의 회담 대표단 구성
③원하는 결론으로 가도록 속임수가 있는 의제 설정
④협상에 유리한 사건을 중간에 모의하고 촉발시킴
⑤지연전술로 상대의 조급증 유도, 서방의 인도주의 악용
⑥약속 후 검증을 거부하는 방법 모색
⑦협정 실행 중 '거부권' 확보해 필요 시 이행 회피
⑧'가짜 쟁점' 끼워 넣어 다른 목적 확보용으로 거래
⑨부력(浮力) 있는 진실은 부인보다 왜곡 선호
⑩상대가 양보하면 약점으로 알고 더욱 강한 요구
⑪불리한 합의는 자의적 해석으로 부인 회피
⑫같은 요구 되풀이해 피로하게 함

터너 조이 제독

● **공산주의자와의 협상 요령**
①정전을 요청해도 압력을 낮추지 마라
②회담 시한을 설정해 지연전술에 끌려가지 말아야 한다
③회담 장소를 결정하게 하면 오만해진다
④회담 제안에 서둘러 응하지 마라
⑤최고의 협상팀을 구성하라
⑥일방적 양보 아닌 대가를 받아내라
⑦서두르지 마라
⑧의제에 함정이 있는지 살펴라
⑨말을 많이 하면 표적만 제공한다
⑩목적을 분명하고 구체적으로 정해놓고 회담해야 한다
⑪전쟁 피하려면 전쟁 위험부담을 감수해야 한다
⑫협상할 때는 힘을 배경으로 하지 말고 사용해야 한다

출처: '공산주의자는 어떻게 협상하는가'

(19) '한미동맹조약 체결' 3단계 오디세이아

　미국은 중공군 참전으로 38선 부근에서 전선이 교착상태에 빠지면서 전쟁으로는 승부를 가리기 어렵다고 판단하자 전쟁 이전 상태로 한국의 영토를 회복하는 수준에서 휴전하려고 했다. 불법적인 침략을 물리치고 통일까지 이루겠다는 이승만 대통령의 생각과는 차이가 컸다.

　휴전으로 통일의 꿈이 멀어질 뿐 아니라 안보 불안을 느낀 이승만은 미국과 동맹 관계를 수립해 미군을 한반도에 붙들어 두기 위해 방위조약 체결을 요구했다. 하지만 미국은 군사적 전략적 가치가 높지 않은 한반도에 발이 묶이는 안보조약 체결 의사가 없었다.

한미상호방위조약 체결은 이런 악조건 속에서 '국토가 완전히 파괴된 채 공산세력의 재침 가능성을 우려한 약소 빈곤 후진 분단국의 지도자' 이승만이 얻어낸 외교 드라마였다.

올해 10월 1일은 한미동맹 조약 체결 70주년. 화정평화재단 남시욱 이사장은 역저 '한미동맹의 탄생 비화'(청미디어·2020)에서 자신의 하야를 무릅쓴 이승만의 분투를 세밀하고 단계별로 분석했다.

이승만이 한미동맹 조약을 얻어내기까지는 크게 3단계의 진통을 겪었다. 1단계는 미국이 조약을 체결하겠다고 마음을 바꾸게 한 것이다. 2단계는 조약 협상 과정에서의 치열한 수 싸움 그리고 3단계는 가조인한 후 발효까지 1년 이상 최후의 밀고 당기기다.

'조약 불가' 미국을 돌려세운 이승만의 집념

이승만은 1951년 1월 1일 신년사에서 "유엔군은 중공군 몇백만 명이 들어와도 다 토벌해 오직 맹렬히 싸워서 밀고 올라갈 줄로 확신한다"며 전쟁 승리를 통한 통일에 대한 기대를 버리지 않았다.

그해 5월 10일 임시수도 부산에서는 수만 명이 참가한 최초의 휴전 반대 국민대회가 열렸다. 5월 30일 이승만은 애치슨에게 보내는 서한에서 휴전의 전제조건 5가지를 제시했다. ①중공군 철수 ②북한 무장해제 ③북한 공산주의자에 대한 지원 방지 ④한국 문제 관련 국제토의에 한국 참여 ⑤한국 주권과 영토 보장. 휴전하지 말고 계속 싸우자는 뜻에 가깝다.

7월 10일 개성에서 첫 회담이 시작되고 보름여가 지난 28일 트루먼에게 "한국 국민들에게 사망보증서나 다름없는 38선을 유지하는 휴전에 동의할 수 없다"는 서한을 보냈다. 이듬해 3월 21일에는 휴전의 5가지 전제조건 ⑤항에 대한 구체적인 방안으로 한미상호방위조약 체결과 한국군 증강을 위한 미국의 지원을 제기했다.

애치슨은 4월 30일 트루먼에게 올린 비망록에서 "한국과의 방위조약 체결은 미국의 국가이익에 부합되지 않는다"고 규정했다. 미국과 유엔이 적절한 규모의 군사력을 유지하는 한 공식적인 방위조약은 필요하지 않다는 것이다.

1952년 11월 '명예로운 조기 휴전'을 공약으로 내건 아이젠하워가 당선됐다. 이듬해 3월에는 소련 스탈린이 사망한 뒤 협상의 가장 큰 걸림돌이었던 '포로의 무조건 송환 원칙'을 공산 측이 폐기했다. 휴전 회담이 진전될수록 한국 내 '통일 없는 휴전'에 대한 반대 움직임은 고조됐다. 이제는 이런 여론까지 업은 이승만의 휴전 반대가 가장 큰 장애물이 됐다.

4월 8일 덜레스 국무장관은 양유찬 주미 대사를 만나 '조약 불가론'을 상세히 설명했다. "조약이 한반도 전체에 적용되면 한국이 공격을 받을 경우 적을 한반도 전역에서 몰아내야 하는 책임을 지게 되는데 이런 부담을 질 수 없다." "조약이 남북 대치선 이남 지역에만 적용되면 한국 분단을 법적으로 인정하는 것이 된다." 이런 이유로 미국 의회가 조약을 승인하지 않을 것이라고 했다.

이튿날 이승만은 아이젠하워에게 "중공의 한반도 잔류를 허용하는 휴전 조약을 마련한다면 한국은 독립국가로 생존하지 못하고 공산화된 제2의 중국이 될 것"이라고 호소했다. 그러자 아이젠하워는 "명예로운 휴전을 성취하려는 미국의 노력에 배치되는 한국 정부의 조치는 한국에 재앙만을 초래할 것"이라고 경고했다.

그러자 이승만은 4월 22일 신임 국무부 극동담당 차관보 월터 로버트슨에게 전한 '대한민국의 장래 안보'란 비망록에서 "압록강 이남에 중공군이 잔류하도록 허용 혹은 용납하면 대한민국의 육해공군은 유엔군사령부의 지휘에서 이탈해 독자적으로 중공군을 몰아내는 전투를 벌일 준비를 하고 있다"고 맞섰다.

마크 클라크 유엔군 사령관은 4월 26일 "한국 정부가 유엔군에 적대적으로 변할 경우 한국 정부의 붕괴와 임시정부의 수립도 고려할 수 있을 것"이라는 보고서를 올렸다. 이 보고는 이승만의 하야 시나리오까지 포함된 '상시대비계획(에버레디 작전)'으로 구체화됐으나 실행되지는 않았다.

클라크 사령관은 '계획'안을 검토 중일 때 이승만을 만나 "휴전에 협력할 때까지 한국군 증강과 모든 경제 군사적 원조가 연기될 것"이라고 압박했다. 이승만은 "유엔군과 중공군 동시 철수, 유엔군 철수 전 한미방위조약 체결, 두 가지 모두 불가능하면 한국에 혼자 싸울 기회를 주고, 미군은 공군력과 해군력을 지원해 달라"고 요구했다.

이승만은 아이젠하워가 병력 파병 16개국이 휴전 후 침략에 다시 돌아올 것이라는 성명을 발표하겠다고 하자 "의미가 있는 것은 방위조약뿐"이라고 했다. 민주주의 국가에서 정치가 변하면 모든 것이 달라지기 때문에 조약으로 확약을 해야 한다는 것이었다.

5월 29일 국무부와 합동참모본부 연석회의에서 방향 전환이 일어나기 시작했다.

로버트슨 차관보가 "무슨 권한으로 우리가 한국 정부를 접수합니까. 우리 자신을 정말 침략자의 입장으로 몰아가고 있는 것이 아닌가요?"라고 '에버레디 계획'에 문제를 제기했다. 해군참모차장 던캔 제독은 "이승만을 정상적인 (심리) 상태로 되돌아가게 하지 않으면 우리는 재앙적인 군사적 패배를 당할 가능성에 직면해 있다. 이승만과의 관계 파열을 방지하기 위해 긴요하다고 판단된다면 주한 미 대사관과 유엔군 사령관에게 상호방위조약을 협상할 권한이 부여되어야 한다"고 제안했다.

존슨 국무부 부차관보는 "조약 체결이 아니라 조약을 협상하겠다는 약속이 될 것이다. 조약이 체결되려면 시간이 필요하며 이승만에게는 압력 요소로 이용할 수도 있다"고 했다.

이튿날인 5월 30일 국무장관 국방장관 합참의장 등 연석회의에서는 보다 선명한 방향 선회가 이뤄진다. 한국 정부가 휴전협정 체결과 시행에 동의하고, 한국군을 유엔군 사령관 지휘하에 둔다는 조건 아래 미-필리핀 간의 방위조약, 미국 호주 뉴질랜드 간 ANZUS 조약 같은 안보조약 체결을 대통령에게 건의하기로 결정했다. 이들은 곧장 백악관으로 가서 아이젠하워의 승인을 받아냈다. '한미동맹 탄생 비화'는 이를 두고 "한미방위조약이 2년 만에 실

월터 로버트슨 미국 국무부 동아태 차관보(왼쪽)가 정전협정 서명 한 달여를 앞둔 6월 25일 서울에 도착해 이승만 대통령과 악수하고 있다.

무진의 반기로 체결 쪽으로 방향을 바꾸었다"고 했다. (81쪽)

　아이젠하워는 6월 6일 친서에서 처음으로 한미상호방위조약 체결 의사를 공식적으로 밝히면서 이승만은 휴전협정 체결에 협조하라고 촉구했다. 미국은 조약 협상을 위해 로버트슨 차관보를 파견하겠다고 17일 통보했다.

　그런데 로버트슨 파견을 통보한 다음 날 '공산 포로' 석방 사태가 벌어졌다. 아이젠하워는 "우리는 친구 대신 다른 적을 얻은 것 같아 보인다. 이승만이 그런 행동을 계속하면 굿바이 코리아가 될 수 있다"고 분노를 나타냈다. 그럼에도 공산 포로 석방은 공산 측과의 휴전 회담, 그리고 '소 휴전회담'이라고 불리는 한미 간 '조약 협상'을 궤도에서 이탈시키지는 않았다.

협상 최대 쟁점 "통일 때까지 함께 전쟁하자"

로버트슨은 협상을 위해 도쿄에서 가진 전략회의에서 "이승만이 비타협적으로 나오면 유엔군을 한국에서 철수할 것이라고 통고할 권한"을 부여받고 한국으로 왔다. 유엔군 철수를 확신하면 이승만은 태도를 바꿀 것이고 한국 육군도 정부 교체를 위해 행동할 것이라고 미국 측은 생각했다. 하지만 이승만은 호락호락하지 않았다.

이승만은 회담 전날 6·25 3주년 기념식에서 휴전협정 수락 조건을 제시하는 선공을 날렸다. ①한미상호방위조약 체결과 유엔군 중공군 동시 철수 혹은 ②한미상호방위조약 체결과 정치회담의 3개월 제한 두 가지 중 하나를 선택하라는 것이었다.

이승만과 로버트슨이 6월 26일부터 7월 12일까지 거의 매일 벌인 12차례의 회담은 롤러코스터의 연속이었다. 1차 회담에 대해 이승만 측은 "미 정부의 입장 설명과 주장에 이승만은 거의 인내심을 잃었다"고 기록했다.

미국 측은 4차 회담이 끝난 뒤에는 '에버레디 계획' 같은 이승만 하야 시나리오를 다시 검토할 정도로 격앙됐다. 5차 회담을 마친 뒤 로버트슨은 이승만에 대해 "상황 판단이 빠르고 지략이 있으나 자기 나라를 국가적 자살로 몰아넣을 수 있는 고도의 감정적이고 비합리적이며 비논리적인 광신자"라는 평가서를 올렸다.

회담에서 가장 쟁점이 된 것은 공산 측과 휴전협상을 맺은 뒤 가질 정치회담이었다. 이승만은 한반도의 유일 합법정부인 대한민국 아래서 통일되는 방안을 찾고 한반도로부터 중공군이 철수하는 등의 성과를 내는 정치회담은 시한을 3개월로 제한해야 한다고 주장했다.

공산 측이 회담을 선전장으로 만들면서 시간을 끌면 한미가 같이 회담에서 함께 철수하자고 했다. 더욱이 이승만은 3개월 협상이 무위로 끝나면 한미가 함께 전쟁을 재개하자고 주장했다. 실제로 정전협정 체결 후 제네바 정치협상은 50여 일 만에 파행으로 끝난 것처럼 이승만은 사실상 정치협상이 제대로 진행되지 않을 것으로 확신했다. 이런 상황을 활용해 한미상호방위조약 체결을 끌어내는 계기로 삼고자 했던 것이다. 미국은 이승만의 잇단 요구를 휴전협상을 지연시키려는 의도라고 봤다.

회담 시작 불과 나흘 만인 29일 4차 회담이 끝난 뒤 워싱턴 고위급 회의에서는 이승만의 태도가 변하지 않으면 간접적으로 미군 철수 가능성도 비치도록 클라크 유엔군 사령관에게 훈령을 내렸다.

7월 1일 이승만은 "정치협상이 실패하면 통일 때까지 미국이 우리와 함께 전쟁을 재개하겠다는 결정적인 서약을 하는 경우에는 휴전을 방해하지 않겠다"고 했다. 덜레스는 "협상단의 위임 범위 밖인 것은 물론 의회의 허가 없이는 수행할 수 없는 전쟁"이라고 요구를 일축하는 훈령을 보냈다. 이승만은 "미국의 6·25 참전도 의회 승인 없이 했다"고 응수했다.

7월 2일 로버트슨은 이승만에게 '한미상호방위조약 체결, 한국군 20개 사단 보유 지원, 경제적 군사적 지원, 휴전협정 발효 후 90일 이내 열릴 정치회담에서 긴밀한 협의, 회담 개최 후 90일 내 성과를 내지 못하고 공산 측에 악용되면 정치회담에서 철수' 등을 제시했다. '정치회담 결렬 시 통일 때까지 전투를 재개한다는 약속'은 포함되지 않았다.

이승만의 요구를 '휴전협상 지연' 의도라고 보면서도 '미군 철수' 카드를 꺼내지 못한 데는 사정이 있었다. 휴전협정이 맺어져도 한국 정부와 군의 협조가 없으면 실행되기 어렵다. 전선의 3분의 2가량을 한국군이 맡고 있기 때문이다. 로버트슨은 "철수 능력도 없이 그런 위협을 하는 것은 위험하다"고 지적했다. 이승만이 철수 위협에 정면으로 대응할 수도 있다고 우려하고 있는 것이다.

7월 3일 7차 회담에서 로버트슨이 "한국이 휴전에 참가하지 않아도 휴전을 추진할 계획"임을 밝히고 협상을 중단하고 귀국해도 좋다는 훈령도 내려왔다고 배수의 진을 쳤다. 이승만은 "90일간의 정치회담에서 한국 통일 문제가 해결되지 않으면 한국 단독으로 무력 통일에 나설 것이다. 미국도 전투 재개를 보장하라"고 맞받았다.

이튿날 8차 회담에서 로버트슨은 "대통령을 납득시키기 위해 할 수 있는 것을 다했다. 우리 두 나라가 함께 일하느냐, 따로 가느냐는 대통령께 달렸다. 미국이 한국에서 손을 떼기를 원한다면 미국은 그렇게 하겠다"고 했다.

머피 정전협상 담당 정치고문은 "정치회담 실패 시 전투를 재개하자는 요구는 미국에서 정치학을 전공한 이승만이 안 될 것을 뻔히 알고 휴전협상을 망치기 위한 구실을 찾기 위한 것"이라고 주장했다. 그러면서 이승만은 "미군이 (휴전협상 체결을 위해) 궁지에 몰려 한국에서 떠날 수 없으며 자신을 타도하지 못할 것으로 확신하고 있기 때문"이라고 예리하게 지적했다.

우여곡절을 거친 양측의 협상은 9일 가닥을 잡았다. 조약 비준은 이번 회기 안 되면 다음 회기에 하고, 중공군 철수 주장은 유보하며, 휴전협정 체결 이전까지 한국 통일을 위한 독자 행동도 유보키로 했다.

이승만은 "휴전협정에 서명은 할 수 없지만, 협정 아래서 취해지는 조치와 행위가 우리의 국가 생존에 해를 끼치지 않는 한 방해하지는 않을 것"이라고 약속했다.

로버트슨이 협상을 마치고 출국하기 전날 이승만은 아이젠하워에게 친서를 보냈다.

"한국의 전략적 위치는 의문의 여지 없이 강하지 않으면 러시아 일본 중국에 침략의 통로로 공격하고 싶은 유혹을 느끼게 한다." "대한민국을 전략적 힘의 중심지이자 충성스럽고 능률적인 미국의 동맹국으로 삼아야 한다."

덜레스 장관이 8월 초 방한해 이승만과 4차례 마무리 협상을 했다. 정전협정 체결 후 열린 정치회담 결렬 시 한미가 함께 전투를 재개하자는 이승만의 요구는 빠진 가운데 8일 가조인했다. 8일 가조인 후 이승만은 특별 담화를 발표했다. "우리는 앞으로 여러 세대에 걸쳐 혜택을 받게 될 것이다. 이 조약으로 앞으로 번영을 누릴 것이며 우리의 안보를 확보해 줄 것이다." 대한민국이 한강의 기적과 민주화의 성과를 이룬 뒤 한미동맹 조약의 의미를 새삼 되새기게 하는 말이었다.

버리지 못한 '북진 통일의 꿈'

이승만은 8·15 경축사에서 "가급적 최단 시일 내 북한까지 진격할 희망을 가지고 있다"고 언급해 미국을 긴장시켰다. 조약은 10월 1일 워싱턴에서 정식 조인되었으나 미국은 북진 통일 주장을 굽히지 않는 이승만에 대한 강제 수단까지 다시 고려해야 하는 상황이었다. 한국으로부터 유엔군 병력의 철수가 거론되고 이승만 하야가 포함된 '에버레디 계획'의 2차 수정안도 나왔다.

11월 12일부터 4일간 방한한 닉슨 부통령은 "이승만이 단독으로 전쟁을 재발시키면 조약 비준을 상원에 요구할 수 없다"는 아이젠하워의 친서를 전달했다. 이승만은 귀국길에 도쿄에 있던 닉슨에게 16일 "휴전에 협력하겠다"고 다짐하는 회신을 보내면서 고비를 넘겼다.

이듬해인 1954년 1월 15일 한국 국회 그리고 28일 미국 의회가 비준안을 통과시켰다.

비준안이 통과하면 곧바로 비준서를 교환해 발표하는 것이 통례인데 '여진'이 남았다.

　2월 4일 이승만은 아이젠하워에게 보낸 서한에서 "일방적 군사 행동을 안 한다는 것이 북진 통일 포기로 오해한 것은 아니다"고 했다. 중공군 철수에 무관심한데 어떻게 전쟁을 재개하지 않겠다고 약속하느냐고 했다. 그는 "한국이 미국과 계속 협력하다가는 제2의 중국이 되거나 일제 시기 한국으로 돌아가는데 차라리 싸우겠다"고 했다. 로버트슨은 한국과의 우정, 아이젠하워가 한국에 대해 갖고 있는 우정을 생각해 이 서한 전달을 하지 않았다고 한다. 그는 모욕적인 내용과 표현을 보면 미국이 그처럼 많은 것을 해준 나라의 국가원수가 보내는 서한이라고 믿기 어렵다고 생각했다. 결국 이승만은 서한을 철회했다.

　이승만은 3월 6일 아이젠하워에게 보낸 서한에서도 '독자 행동'을 암시했다. 그러자 덜레스는 3월 18일로 예정되어 있던 비준서 교환을 이틀 남겨놓고 연기했다.

　7월 26일부터 30일까지 4박 5일간 이뤄진 이승만의 방미 기간 중 미국이 제시한 '한미합의의사록'에서 '미국이 모든 평화적 수단에 의한 한국 통일을 지지한다는 조항'이 논란이 됐다. 이승만의 '북진 통일'이 배제되어 있기 때문이다.

　방미 마지막 날인 30일 이승만-아이젠하워 회담에서는 한일 관계 정상화에 대한 이견으로 아이젠하워가 회담을 중단하고 옆방으로 나가 버리는 사태가 발생했다. 아이젠하워가 한일 국교 정상화의 필요성을 언급하자 이승만이 "내가 있는 한 일본과는 상종을 하지 않겠다"고 한 것이다. 이승만은 "저런 고얀 사람이 있나…" 하고 흥분했다고 한다.

이승만은 8·15 경축사에서 "십자군 전쟁을 열어서 승전으로 나아가자. 미국은 한국군의 군사적 단독 행동을 용인하라"고 북진 통일을 다시 언급했다. 양국은 9월 14일 '평화적 수단에 의한 한국의 통일을 지지한다'는 구절은 이승만의 반대로 삭제하는 대신 한일 국교 정상화를 촉구한다는 구절을 담은 한미합의의사록에 최종 합의했다.

11월 17일 비준서가 교환돼 발효됐다. 이승만이 조약 체결을 요구한 1951년 초부터 3년 반 이상이 걸려 '오디세이'를 마쳤다.

(이 글은 남시욱 화정평화재단 이사장의 '한미동맹 탄생 비화'를 요약한 것이다.)

⑳ 정전(停戰) 이후 70년

교동도의 분단과 휴전의 상처

  강화도에서 교동대교를 건너면 나타나는 교동도의 대룡시장. 과거가 마치 영화세트장처럼 남아 분단과 휴전의 흔적을 보여주는 곳이다. 38선으로 남북이 분단될 때 황해도 연백군(현재는 연안군과 배천군)의 남쪽은 경기도에 편입됐지만 1953년 7월 정전협정 이후 북한 땅으로 남았다. 피란 온 3만여 명의 연백군 주민들은 돌아가지 못하고 고향 연백시장을 본떠 전통시장 거리를 조성했다.
  단층 가게와 좁고 굽은 골목, 이발관 다방 과자집 등의 예스러운 간판 중에 '황해도 연백차떡' '연백강아지떡'처럼 고향인 연백을 넣은 것도 종종 눈에 띈다. '교동이발관'은 피란민 1세대인 지모 씨가 1950년 전쟁 발발 직후 내려와 60여 년을 같은 장소에서 일했던 곳으로 지금은 자손들이 간판은 그대로 두고 술빵과 국수 등을 팔고 있다.

교동도 인사리의 북진나루에서 북한 황해남도 호동면까지는 불과 2.6km. 북쪽 해안에서 육안으로도 북한 땅이 훤히 보인다. 보이지 않는 바다의 경계선이 교동도를 남한 속의 북한 땅으로 만들었다. 북한 해안을 마주 보는 고구리 해안에는 'UN8240 을지 타이거 여단 충혼 전적비'가 세워져 있다. 충혼탑에는 '군번도 계급도 없는 육군 을지 제2병단과 유격군 8240부대 타이거 여단 이름의 방공 유격대 용사들의 넋이 잠들어 있다'고 씌어 있다. 섬 곳곳에는

교동도 북쪽에서 바라본 북한. 바다 건너 과거 연백군은 가까운 곳은 교동도에서 2.6km에 불과해 날이 맑으면 훤히 바라보인다. 철조망은 북한 주민이 헤엄쳐 올라오는 것을 막기 위한 것이다.

방공 대피소가 있다. 1990년대 후반에는 북한에서 군인이나 주민이 바다를 헤엄쳐 넘어와 올라오는 것을 막기 위해 철조망도 쳐져 있다. 서해에서 전쟁의 상처를 간직한 분단의 최전선이다.

교동도의 대룡시장에 있는 교동이발관이 술빵과 국수가게로 바뀌었다.

해상의 휴전선 '북방한계선(NLL)'

교동도 북쪽 해안을 지나는 NLL은 정전협정 서명 후 한 달가량 지난 8월 30일 클라크 유엔군 사령관이 해상에서의 정전협정 관리를 위해 설정한 것이다. 정전협정 당시 육상 군사분계선은 설정됐지만 해상경계선은 별도의 협의가 없었기 때문이다. 유엔군사령부는 구체적인 내용을 즉시 북측에 통보했다.

NLL은 우리 군의 해양 작전 북방한계선을 백령도 대청도 소청도 연평도 우도의 서해 5개 섬과 북측 관할 옹진반도의 중간지점으로 한다는 것이다.

북한은 1972년까지 어떤 이의도 제기하지 않았다. 1992년 '남북기본합의서' 11조는 '남과 북의 불가침 경계선과 구역은 1953년 7월 27일 자 군사정전에 관한 협정에 규정된 군사분계선과 지금까지 쌍방이 관할해 온 구역으로 한다'는 점을 분명히 했다. 유엔군사령부 군사정전위원회는 서해의 말도를 시작으로 12개의 좌표를 표시해 놓고 오랜 기간 관리해 왔다.

　육상 군사분계선 설정 원칙은 협상 체결 당시의 전투경계선이었다. 해양에서도 NLL 설정 당시 아군이 장악하고 있던 도서와 바다를 연결해 분계선을 긋는 것은 당연했다. 그런데다 북한은 육상 전력에 비해 해군력은 약해 이의를 제기하지 않았다.

　NLL은 남한 해군이 이 선을 넘어 북쪽으로 가지 않겠다는 통보였다. NLL 설정 당시 NLL 북쪽의 서해와 동해에는 국군이 상당

경기도 파주시 임진각의 제3 땅굴 조형물.

수 섬을 장악하고 있는 상황에서 유엔군 사령관이 한국군에 제시한 제한이기도 했다.

NLL 설정으로 해병대가 피와 땀으로 차지했던 옹진반도 북서쪽의 초도와 석도, 원산 앞바다의 여도 명도 등 전략적 요충의 섬들이 NLL 북쪽에 있다는 이유로 북한에 내주게 됐다. 그럼에도 북한이 뒤늦게 시비를 걸고 나온 데는 휴전협상에서 합의 문서로 해양한계선을 명확히 하지 않았기 때문이다. 정전 70년이 되었으나 분쟁과 갈등의 '휴화산'처럼 남아 있다.

중공군에게 배운 땅굴, 휴전선 침투 '두더지 작전'

"여러분은 북한이 정전협정을 위반한 명백한 증거를 보게 될 것입니다." 임진각을 찾는 관광객들이 도라전망대와 함께 찾는 3호 땅굴을 안내하는 가이드가 외국인들에게 설명하는 말이다. 6월 찾아가 본 3호 땅굴 전시관의 설명 자료에는 높이가 2m지만 일반에 개방된 '도보 관람로'의 땅굴은 높이가 1m 남짓에 불과했다. 천장

4개 북한 땅굴 비교

	1호	2호	3호	4호
발견 시기	1974년 11월 15일	1975년 3월 19일	1978년 10월 17일	1990년 3월 3일
위치	경기 연천군 고랑포 동북방 8km	강원 철원군 북방 13km	경기 파주시 판문점 남방 4km, 서울에서 52km	강원 양구군 동북방 26km 비무장지대
제원	지하 25~45m, 폭 0.9m, 높이 1.2m	지하 50m, 폭 2.2m, 높이 2m, 길이 3500m	지하 73m, 폭 2m, 높이 2m, 길이 1635m	지하 145m, 폭과 높이 1.7m, 길이 2052m
특이점	레일 3.5km와 궤도차 설치	-지하 폭음소리로 지하수 개발용 시추장비 투입해 발견 -남측 출구 3방향, 시간당 3만 명 병력과 야포 차량 이동 가능	-탐사 중 지하수 분출로 발견 -남쪽에 3갈래 출구, 시간당 3만 명 이동 가능	북한, 남한 굴착 억지, 폭약 장치 방향, 남고북저의 배수로 경사 등으로 북측 굴착 확인

자료: 파주 DMZ 전시관

이 모두 바위여서 성인은 허리를 구부려 걸어야 하고 안전모를 착용하지 않으면 큰 부상을 입을 수 있다. 중공군은 유엔군의 포격과 공중 폭격 등 화력을 피하기 위해 땅굴을 팠으나 북한군은 휴전선을 지하로 침투하기 위해 두더지 작전을 펴다 발각된 것이다.

협정이 무색한 판문점 도끼 만행사건

1976년 8월 18일 오전 11시. 판문점 공동경비구역(JSA)의 남쪽 초소를 가리는 미루나무의 가지치기를 지휘하던 유엔군 소속 미군 아서 조지 보나파스 대위와 마크 토머스 배럿 중위가 갑자기 달려든 북한 병사들에게 도끼로 머리를 맞아 후송 중 사망했다. 북한 병사 30여 명의 무차별 공격으로 한국과 미국 장병 9명이 부상했다.

미군은 미루나무를 밑동에서부터 잘라버리는 '폴 버니언' 작전을 벌였다. 북한의 반발에 대비해 미군은 핵무기 탑재가 가능한 F-111 전투기 20대, B-52 전폭기 3대, F-4 팬텀 전투기 24대가 출동했고, 제7함대 항공모함 미드웨이를 동해로 보냈다. 한국 특전사는 북한 초소 4곳을 초토화했다. 유엔 측 경비대대 캠프 이름도 '캠프 보나파스'로 바꿨다. 사건 후 충돌을 막기 위해 JSA 내부에 남북 경계선이 그어졌다.

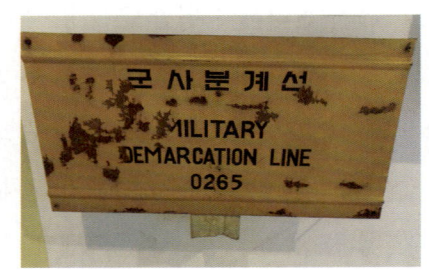

군사분계선 표지.

'1·21 사태' 발생 등 누더기가 된 정전협정

　2022년 12월 북한 무인기 5대가 사흘간 서울과 경기, 인천 상공을 휘젓고 돌아갔다. 국군은 자위권 차원에서 무인기 '송골매' 2대를 군사분계선 북쪽 5km 상공까지 올려보냈다고 밝혔다. 유엔사령부는 "남북 무인기 모두 정전협정 위반"이라고 했다. 정전협정은 체결 70년을 맞은 오늘도 끊임없이 위반 논란을 빚고 있다.

　정전협정에 따라 양측은 1953년 7월 30일 임진강 하구에서 동해안의 감호에 이르는 155마일(약 248km) 휴전선을 경계로 남북방 약 2km 폭의 비무장지대(DMZ)에서 군사력 철수를 마쳤다. 8월 2일에는 서해 5도 이외 동해안과 서해안의 DMZ 이북 도서에서 국군과 유엔군은 모두 돌아왔다.

　군사분계선을 따라 남북 경계를 나타내는 표지주가 약 200m 간격으로 1292개가 설치됐다. DMZ 내에서는 어떠한 적대행위도 허용되지 않으며 군사정전위 허가 없는 인원 출입도 금지됐다.

　전쟁 3년, 협상 2년이 걸려 가까스로 맺어진 정전협정. 군사분계선과 DMZ를 두고 정화(停火·총격을 멈춤)를 보장하며 정전을 유지 관리하기 위한 군사정전위, 중립국감독위를 설치 운영하기로 했다. 하지만 크고 작은 총격 포격 폭침 항공기 테러 등 무력 도발이 계속됐다. 군사정전위가 관할하는 '남북한에 새로운 무기를 들여와서는 안 되며 기존 무기 교체도 1:1로 해야 한다'(협정 2조 13항) 등 많은 조항은 사문화됐다. 북한은 1968년 1월 21일 김신조 등 124부대 무장 군인 31명을 내려보내 청와대를 기습, 박정희 대통령을 제거하려다 미수에 그친 '1·21 사태'를 일으키기도 했다.

중립국감독위 4개국 중 2개국은 북한 쪽이 폴란드와 체코를 지명했다. 탈냉전 후 북한이 지명한 공산 국가들이 자유 진영으로 돌아오자 북한은 두 국가 대표를 추방해 중감위 활동이 무력화됐다. 심지어 북한은 2013년 3월 한미 연합훈련을 빌미로 협정의 전면 백지화를 선언했다. 일방의 선언만으로 폐지되지는 않지만 북한의 핵과 미사일 능력 고도화 시기에 재래식 무기의 증강과 충돌을 막기 위한 협정은 수명을 다했다는 평가도 적지 않다.

그럼에도 휴전선과 DMZ가 그대로 유지되고 있고 유엔사가 관리하는 협정을 통해 한반도에서 무력 충돌이 빚어지지 않고 평화가 유지되어 왔다는 평가가 많다.

국방부에 따르면 정전협정 체결 이후 70년 동안 한국군 4268명, 미군 92명 등 모두 4360명이 무장 충돌 등으로 전사했다. 연평도 포격이나 천안함 폭침 등도 여기에 포함될 것이다. 대규모 무력 충돌은 없었고 전쟁과 비교할 수는 없지만 여전히 피와 희생으로 정전이 유지되고 있는 것을 보여 준다.

적군 묘지와 유해 송환

정전 70년을 하루 앞둔 7월 26일 6·25전쟁 국군 전사자 유해 7위가 73년 만에 하와이에서 고국으로 돌아왔다. 유일하게 신원이 확인된 고 최임락 일병은 1950년 12월 장진호 전투에서 전사했다. 북한이 수습해 1995년 미국으로 송환했다. 장진호 전투에서 전사

경기도 파주시 적성면의 북한군과 중국군 묘지. 초기의 봉분은 평면 표지석으로 바뀌었다. 신원이 확인된 중국군 유해는 모두 중국으로 송환됐다. 신원이 확인되지 않은 중국군 일부는 '무명인'으로 남아 있다.

한 미 해군 최초의 흑인 비행사 제스 브라운의 동료 비행사 톰 허드너는 북한 당국의 안내로 장진호에서 브라운의 유해를 찾아 나서기도 했다.

남방한계선 남쪽 5km 경기 파주시 적성면의 '북한군과 중국군 묘지(적군묘지)'에는 6·25전쟁에서 전사한 북한군과 중국군, 그 후 수습된 무장공비 등 109구의 유해가 안장되어 있다. 묘지 방향이 임진강 건너 북녘땅을 바라보게 배치되어 있다. 돌아가지 못한 고향 땅을 죽어서라도 바라볼 수 있게 배려한 것이라고 한다.

제2묘역에 안장됐던 중공군 유해 541구는 2014~16년 3차례에 걸쳐 본국으로 송환했다. 박근혜 대통령이 2013년 6월 중국 방문 중 중공군 유해 송환 의사를 밝혀 이듬해부터 중국으로 보내졌다. 중국은 랴오닝성 선양에 '항미원조열사능원'을 조성해 안장했다. 신원이 확인된 유해는 송환됐으나 횡성지구 전투 등에서 수습된 '무명인' 유해는 몇 구가 그대로 남아 있다. 북한군과 중국군 모두 초기에 조성했던 봉분은 모두 없어지고 평면 대리석 표지석으로 바뀌었다. 적군묘지 조성은 적군이라도 사망했을 경우 매장하고 존중해야 한다는 제네바 협정 추가의정서 34조에 따른 조치다. 정전 70년의 세월 속에 전사자에 대한 상호 간 예우는 지켜지고 있는 모습이다.

'끝나지 않은 전쟁'

다부동 전적기념관 내부 전시의 마지막 항목이 기념관을 나가려는 발길을 잡았다. '끝나지 않은 전쟁'이었다. 4차례 땅굴 굴착, 울진 삼척과 강릉 잠수함 무장공비, KAL 858기 폭파 등 테러가 있었다. 연평해전과 천안함 폭침 그리고 연평도 포격 등은 '전쟁 도발'이라고 규정했다. 그리고 6차례의 핵실험이 끝나지 않은 전쟁의 사례로 소개되어 있다.

북한은 정전 70년을 맞은 6월 27일 밤 평양 김일성광장에서 괴물 대륙간탄도미사일(ICBM)로 불리는 화성-17호와 화성-18호

등을 과시하는 대규모 야간 열병식을 가졌다. 여기에는 중국 리훙중 전국인민대표대회 상무위 부위원장과 세르게이 쇼이구 러시아 국방장관도 참석했다.

　　이날 윤석열 대통령이 참석한 가운데 '유엔군 참전의 날·정전협정 70주년 기념식'이 열린 부산 '영화의 전당'은 6·25전쟁에 처음 파병된 미 지상군 24사단 스미스 특수임무대대가 처음 도착한 곳이다. 한반도의 안보 시계는 마치 70년 전으로 시곗바늘을 되돌린 듯 전쟁은 아직 끝나지 않았고 곧 끝날 것 같지도 않은 것이 엄중한 현실이다.

한미중, 영화 속의 6·25

　　후진타오 중국 국가주석이 미국을 방문한 2011년 1월 19일 백악관에서 국빈만찬이 열렸을 때 중국의 피아니스트 랑랑이 '나의 조국'이라는 곡을 연주했다. 이 노래는 중국이 1956년 마오쩌둥의 지시로 제작한 영화 '상감령'의 주제곡. 중국에서는 국가와 비슷하게 여기는 곡이다. 2008년 '중화부흥'을 주제로 한 베이징 올림픽 개막식에서 가장 먼저 울려 퍼진 곡이다.

　　1952년 10월 강원도 철원의 삼각고지와 저격능선 부근에서 있었던 상감령 전투는 중공군이 6·25전쟁에서 세계 최강 미군을 상대로 승리했다고 선전하는 전투다. 가사는 어떤가. '승냥이와 이리가 침략해 오면(若是那豺狼來了), 엽총으로 맞이할 것이네(迎接的有獵槍)' '승냥이와 이리'는 물론 미군이다. 많은 미국인들은 가사의 의미를 모르고 곡조만 들었을 것이다. 요즘 같은 미중 갈등 시대라면 백악관에서 연주할 수는 없을 것이다.

● **한국, 영화로 되살아나는 6·25**

　　'인천상륙작전'(2016)은 해군 첩보부대와 켈로부대(KLO)가 상륙작전 직전 인천에서 기뢰 부설 등을 포함한 북한의 정보를 수집해 유엔군에 전달하고 인천상륙작전 당시에는 팔미도의 등대를 밝히는 과정에서 다수의 대원들이 희생되는 내용이다.

'국제시장'(2014)은 흥남 철수부터 베트남전쟁 파병까지 한국군이 치렀던 두 개의 전투가 모두 배경으로 등장한다.

영화 '고지전'(2011)은 정전협정 발효 순간까지 최후의 전투를 벌였던 상황을 가상의 애록고지 쟁탈전을 통해 보여준다. 정전협상이 타결됐다는 소식에 기뻐하면서도 발효까지 아직 12시간 이상 최후의 전투를 벌여야 하는 현실에 절망하는 장면들이 긴 잔영을 남긴다.

'포화 속으로'(2010)는 1950년 8월 11일 학도병 71명이 포항여중(현 포항여고)에서 북한군과 싸우다 옥쇄한 실화를 바탕으로 한 것. '장사리-잊혀진 영웅들'(2019)도 인천 상륙작전이 있던 날 양동작전을 위해 영덕 장사리 해안으로 상륙작전을 펴다 많은 인명 피해를 입었던 학도병 부대인 '명부대'의 활약과 희생을 소재로 했다. 1977년에도 '학도의용군'이 개봉됐다.

'태극기 휘날리며'(2004)는 전쟁 발발부터 휴전까지 3년의 전쟁 기간을 한 형제의 궤적을 중심으로 전개한다. 낙동강 방어선을 포함한 주요 전투들이 두루 나오고 길거리에서 모병관에 의해 학도병이 충원되고, 형제가 북한과 남한 군대로 갈라서게 되는 등 전쟁의 여러 측면을 담아 '6·25전쟁 종합판'이다.

'웰컴투 동막골'(2005)은 산간오지 동막골에 불시착한 미군 조종사와 우연히 이곳을 지나게 된 3명의 인민군, 2명의 국군이 벌이는 에피소드를 다룬다.

정전협정 체결 직전 마지막 전투였던 베티고지 전투를 소재로 한 영화로는 '베티고지의 영웅들'(1980), '격퇴'(1956)가 있다.

6·25 소재의 영화들

'전장과 여교사'(1966)는 개전 직후인 7월 초 6사단 7연대가 북한군 15사단을 격파한 '동락리 전투'를 소재로 했다. 당시 동락초 김재옥 교사가 국군에게 북한군의 동향을 알려 전투 승리에 결정적인 역할을 했다.

'빨간 마후라'(1964)는 신상옥 감독과 최은희 배우의 전성기에 만들어진 영화로 공군을 소재로 했다. 1952년 경남 사천기지에서 강릉으로 이동한 제10전투비행단 소속 조종사 9명의 활약을 담았다. 주인공인 편대장 나관중 소령은 6·25전쟁 중 203회 출격 기록을 세운 공군 조종사 유치곤 장군을 모델로 했다.

'돌아오지 않는 해병'(1963)은 인천상륙작전 이후 서울을 탈환하는 과정에서 벌어진 시가전 등을 담았다.

'5인의 해병'(1961)은 귀신 잡는 해병의 모습을 실감 나게 보여주는 전쟁영화라고 부르기에 손색이 없었다고 한다. 통영상륙작전, 인천상륙작전 등과 함께 해병대의 '5대 대첩'으로 불리는 강원도 양구의 도솔산지구 전투(1951년 6월)와 김일성고지 전투(1951년 8월) 등이 배경이 됐을 것이라는 관측이다.

백선엽장군기념사업회 등은 백선엽 장군의 다부동 전투 등을 다룬 영화 '나를 쏴라'(가칭) 제작을 추진 중이다.

● 미국, 장진호 영화 몇 편

미국에서 오랫동안 한국전쟁은 인기도 없고 잊힌 전쟁이었다. 그런 탓에 할리우드 제국을 거느린 미국에서 6·25전쟁을 소재로 한 영화도 거의 없다. '도라 도라 도라'(1970), '라이언 일병 구하기'(1998), '미드웨이'(2019) 등 2차 대전을 소재로 한 대작들

 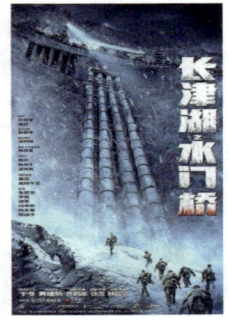

디보션   장진호 수문교

340 제4장 '승리 없는 휴전'과 그 후

이 잇따라 나오는 것과 대비된다. 다만 혹한과 중공군의 인해전술에 맞서 성공적인 철수를 했다고 자부하는 장진호 전투를 소재로 한 영화가 눈에 띈다.

'디보션'(2022)은 장진호 전투에 공중 지원에 나섰다가 비상 착륙한 뒤 사망한 해군 첫 흑인 조종사 제시 브라운을 소재로 했다. 6·25 전쟁이 끝나기도 전 나온 '장진호 전투'(1952)의 원제는 '후퇴는 무슨!(Retreat hell!)'이다. 장진호 전투에서 흥남으로 철수한 미 해병대 장교가 자신들은 후퇴하는 것이 아니라 후방으로 전진하는 작전을 펴고 있다며 한 말에서 따왔다. '싸우는 젊은이들'(1961)도 장진호 전투에서 벌어진 해병대원들의 이야기를 담고 있다. 평생 들어보지 못했고 처음 와보는 곳에서 치러야만 했던 미군들의 희생을 그리고 있다.

1962년 제작된 '맨츄리안 캔디데이트'는 미군 포로가 중공군 포로수용소에서 미국 대통령 후보를 암살하도록 세뇌를 당해 공산주의자의 조종을 받는 암살 기계가 된다는 내용이다. 1959년 리처드 콘든의 소설 '만주가 만든 대통령 후보'를 원작으로 한 것이다.

● 중국, 애국심 고취 영화 제작 잇따라

중국에서는 미중 갈등 속에 애국심을 높이기 위해 미국과 적이 되어 싸웠던 '항미원조' 전쟁을 소재로 한 영화나 드라마 제작이 잇따르고 있다.

'장진호'(2021)는 미중 갈등 속에서 애국심에 편승해 많은 중국인들이 관람했다. 중국은 병사들의 희생과 영웅 정신을 그린 것으로 혹한의 어려움을 극복하고 미국을 퇴각시켰다고 선전한다. '장진호 수문교'(2022)도 장진호에서 흥남으로 철수할 때 지나야 하는 황초령의 수문교 쟁탈전을 중심으로 한 것이다.

'1953 금성대전투'(2020·원제 금강천)는 정전협정 체결을 앞둔 1953년 7월 강원도 화천 북쪽에서 벌어진 금성 전투를 배경으로 한다. 미군을 침략자로 규정하는 등 중공군의 참전을 정당화하는 전형적인 선전물 영화다. 영상물등급심의위원회에서 '15세 이상 관람가' 판정을 받아 국내 수입이 추진되자 여론이 악화돼 수입사가 상영을 철회했다.

관영 중국중앙(CC)TV가 40부작 드라마로 방영했던 중공군의 참전 과정을 그린 '압록강을 건너다'도 같은 이름의 영화로 만들어졌다.

㉑

남북에서 잊혀진 사람들

죽어서도 이름 없는 탈북 국군포로

 1994년 10월 23일 압록강 기슭에서 목선을 타고 탈출해 중국을 거쳐 해상을 표류하던 60대 초반의 남성이 어업지도선에 의해 구조됐다. 1호 탈북국군포로 조창호 소위였다. 이를 계기로 북한에 다수의 국군포로가 생존해 있다는 것이 알려졌다. 북한은 숨기고 남한은 잊고 있었던 것이다.

 유엔사 자료 등에 따르면 정전협정 후 공산군에 붙잡힌 국군포로는 8만2000여 명, 이 중 8343명만이 인도되고 나머지는 북한에 억류됐다. 이들은 대부분 북한에서 수용소를 거쳐 탄광에서 강제노역에 시달렸다. 북한 내 국군포로 생존자는 2014년 560여 명으로 알려진 이후 파악도 되지 않고 있다. 조창호 소위 이후 2010년까지 80명이 넘어왔다. 고령으로 일부만이 생존해 있다. 탈북국군포로는 북한에도 가족이 있어 살아서 자신을 드러내지 않을 뿐 아니라 죽어서 부고도 내지 않는다고 한다.

북한은 국군포로들을 억류한 뒤 '내무성 건설대'를 조직해 탄광에서 강제 노역을 시켰다. 국군포로 강제 노역 건설대가 조직됐다는 사실은 2000년 7월 탈북한 유영복 씨의 증언과 수기집 '운명의 두 날'을 통해 처음 알려졌다.

북한 억류 국군포로는 탄광에서 임금은커녕 안전장치도 없이 강제노역에 시달리고 차별 속에 지낸다는 것은 몇몇 탈북 국군포로의 수기에 나와 있다. 허재석 씨는 체험수기 '내 이름은 똥간나 새끼였다'에서 "국군포로는 죽어도 괜찮다는 생각으로 안전교육도 시키지 않고 바로 굴속으로 밀어 넣었다. 제일 낮은 막장에서는 기온이 40도까지 올라 숨쉬기도 힘겹고 땀이 비 오듯 했다. 한참 일을 하다 보면 사람인지 짐승인지 분간할 수가 없었다. 탄광에서의 생활은 지옥이었다"고 증언했다.

더욱이 국군포로는 평생 '43호'라는 낙인이 찍혀 본인만 차별받는 것에 그치지 않고 자식에게도 이어졌다. 자식들도 '43호의 자식'이라는 이유로 진

1호 탈북국군포로 조창호 소위. 탈북 후 43년 만에 부대 복귀 신고를 했다.

학이나 군 입대, 취업 등에서 차별을 받는다. '국군포로'는 북한 사회에서 영원한 반동분자로 남아 있다.

북한의 부인, 남한의 무관심

북한은 공식적으로 국군포로의 존재를 부인하고 '전쟁 시기 소식을 알 수 없게 된 자'라고 부른다. 2000년 첫 남북 정상회담 이후 한국 정부는 국군포로를 이산가족의 일부로 분류해 협의하기로 했다. 실제로 이산가족 상봉 때 납북자와 국군포로를 '특수 이산가족'으로 분류해 만나도록 했다.

휴전협정상 명백히 '국군포로'이고 북한에 생존자가 있다는 것이 많은 귀환 포로를 통해 확인됐는데 별다른 송환 노력을 하지 않았다. 한국 정부는 1960년대 초까지 군사정전위 등을 통해 송환을 요구했으나 북한이 존재 자체를 인정하지 않자 사실상 손을 놨다.

북한 억류 국군포로들은 2000년 김대중-김정일 회담에 희망을 걸기도 했지만 아무런 소식도 없었다. 그 후 노무현 문재인 대통령이 평양에 다녀왔지만 국

탈북 국군포로들의 수기집.

군포로나 납북자는 거론되지도 않았고 한 명도 데려오지 않았다. 일본 정부가 공식적으로 규정한 납북 피해자 17명을 귀환시키기 위해 북-일 접촉에서 가장 우선순위로 내세우는 것과 대비된다. 15명은 2002년 9월 고이즈미 총리의 평양 회담 직후 귀국했다. 트럼프 대통령과 김정은의 싱가포르 북-미 정상회담에 앞서서도 3명의 미 국적 억류자가 돌아왔다.

유영복 씨는 "북한이 (북한 억류 국군포로가 없다고) 억지 주장을 하니까 대화가 전혀 안 돼 하나도 안 데려왔다"며 "그럼 과연 유사시에 나라를 지키기 위해 최전방에 나가라 할 수 있겠냐"고 안타까워했다.

탈북국군포로, 김정은 상대 재판 잇단 승소

서울중앙지법은 2023년 5월 김성태 씨(91) 등 5명의 탈북국군포로가 북한을 상대로 낸 소송에서 "위자료 5000만 원씩을 지급하라"고 승소 판결했다. 북한은 김 씨 등에게 강제 노동을 시키며 억류한 반국가단체로, 북한의 행위는 고통을 준 불법 행위라며 판결 이유를 밝혔다. 김 씨 등은 2020년 9월 소송을 함께 냈으나 소송이 오래 지연돼 3명은 작고하고 유영복 씨는 거동이 불편해 법정에 나오지 못했다.

앞서 서울중앙지법은 2020년 7월 한재복 씨 등 2명이 낸 소송에서 "북한과 김정은 국무위원장은 두 사람에게 각각 2100만 원을 지급하라"고 판결했다. 북한에 대한 한국 법원의 재판권을 인정하고 손해배상 명령을 내린 최초의 판결이었다.

미국 워싱턴DC 연방법원도 2021년 2월 1968년 푸에블로호 사건과 관련해 23억 달러를 배상하라고 판결했다. 나포 당시 고문, 가혹행위 등에 대해서 승조원, 승조원 가족, 유족 171명에게 배상하도록 했다. 워싱턴DC 연방법원은 2018년 12월에도 북한 여행 중 억류됐다가 풀려난 뒤 숨진 대학생 오토 웜비어 씨 가족에게 약 5억113만 달러를 배상하라고 판결했다.

미국은 선박 몰수, 한국은 안면 몰수?

한국과 미국에서 잇따라 북한을 상대로 한 배상 소송에서 승소 판결이 나오고 있지만 판결 집행에서는 큰 차이가 있다.

한재복 씨 등은 승소 금액을 받기 위해 국내 매체들이 북한 방송 영상 등을 사용하고 지불한 저작권료를 걷어 온 남북경제문화협력재단(경문협)을 상대로 소송을 내 승소했다. 법원의 추심명령도 받아냈다. 그런데 서울동부지법은 2022년 1월 "경문협이 공탁한 저작권료는 북한 정부가 아닌 북한 작가 등의 소유"라며 받아들이지 않았다. 북한은 법적으로 권리 의무의 주체가 될 수 있는 권리능력이 없다고도 했다. 그런 데다 고등법원은 경문협이 저작권료 지급에 관한 내용을 북한 측과 합의서에 명기하지 않았다는 이유로 추심명령 집행을 신청한 한 씨 등의 신청을 각하했다.

소송을 대리하고 있는 구충서 변호사는 "북한의 저작권을 관리하는 기관은 정부 기관이고, 이 기관이 경문협과 계약으로 권한을 위임해 사실상 북한 정부의 소유인 저작권료를 배상금으로 할 수 있다"며 배상금을 받아내기 위해 분투하고 있다. 추심 집행 명령 소송은 대법원에 올라가 있어 상당한 시간이 걸릴 전망이다.

북한이 억류한 국군포로에 대한 강제 노역 등 행위에 대한 북한 당국이나 김정은의 배상에 대해 국내 법원에서는 두 가지 목소리가 나오고 있다. 내부적인 복잡한 법리 논쟁을 벌이는 사이 고령의 탈북국군포로 사망자는 늘어 2023년 8월 현재 80명의 탈북국군포로 중 12명만 남아 있다.

반면 미국은 배상 판결 집행을 위해 북한 선박을 몰수했다. 웜비어의 부모는 2019년 7월 법원에 북한 선박 '와이즈 어니스트'호에 대한 소유권을 주장하면서 몰수 소송 청구서를 제출했다. 이 선박은 북한이 보유한 두 번째로 큰 대형 화물선으로 고철값만도 300만 달러에 이른다. 그해 10월 뉴욕 남부연방법원은 해당 선박에 대한 몰수 판결을 내렸다.

'6·25 기획 납북'

'당신은 철사줄로 두 손 꽁꽁 묶인 채로/뒤돌아보고 또 돌아보고/맨발로 절며절며 끌려가신 이 고개여.'

1956년 발표된 '단장의 미아리 고개' 가사에 6·25전쟁이 남긴 상처 중 '강제 납북'의 사연이 그대로 담겨 있다.

북한은 전쟁 중 모든 점령 지역에서 남한 사회 각 분야에서 핵심적인 역할을 담당했던 인사들에 대한 납치 계획을 세웠다가 조직

경기도 파주시 임진각 국립
6·25전쟁 납북자기념관
앞의 납북 재현 조형물.

적으로 납치하는 '기획 납치'를 자행했다.

납치 대상은 '저명인사', 북한에 적대적인 '우익인사', 남한 사회 요직에서 활동하던 '지식인 계층' 등 크게 세 부류였다. 저명인사들은 납치된 뒤 북한 체제의 정당성을 선전하는 데 동원됐다. 당시 언론에는 각급 법원 판사 38명이 행방불명으로 북한군에 의해 납치되었을 수도 있다는 보도가 나오기도 했다.(동아일보 1950년 11월 12일 자)

1919년 파리강화회의에 상하이 임시정부의 민족대표로 참가했던 김규식, 손진태 서울대 문리대학장, 미 군정청 민정장관과 2대 국회의원을 지낸 안재홍, 손기정 일장기 말소 사건 때 동아일보 기자로 일장기를 지웠던 이길용, 국학자 정인보 등이 대표적인 저명인사들이었다.

북한은 전쟁이 장기화하면서 병력 손실이 커지고 보급이 어려워지자 점령지에서 '의용군'이라는 이름으로 대대적으로 청장년을 강제 징집했다. 북한의 인재 납치는 북한 체제에 필요한 인재를 확보하고 남한에는 인력 활용에 타격을 주기 위한 것이었다. 납북 피해자는 10만 명가량으로 추정되지만 정확한 수치는 파악하기 어렵다.

'전후(戰後) 납북자'

납북자 가족은 납북 가족이 정치적 선전에 이용되고 일부는 간첩으로 남파되는 등의 공작으로 부정적인 사회적 인식도 생겨난

데다 납북이 월북으로 오인되는 일까지 있어 사회적 불명예와 차별까지 당하는 고통을 겪고 있다.

북한은 '납북자는 없다'고 주장하며 생사 확인마저 거부하고 있어 납북자 구출을 위한 노력은 별다른 성과를 거두지 못하고 있다.

게다가 북한의 납북, 납치는 6·25전쟁 정전협정이 맺어진 후에도 계속됐다. 북한은 협정 이후 어선, 비행기 납치와 베트남전쟁 등을 통해 국내외에서 남한 국적을 가진 민간인 총 3835명을 납치했다. 이 중 500여 명의 '전후 납북자'는 북한에 억류되어 있다. 1960년대와 70년대엔 어선 납치가 대부분이었지만 백주 대낮의 여객기 납치도 있었다.

1987년에는 '동진 27호' 어선이 납북됐다. 가족 일부는 몇 차례 이산가족 상봉을 했다. 최연소 선원 임국재 씨는 3차례 탈북을 시도하다 붙잡혀 정치범 수용소에 수감됐다가 사망했다는 주장도 나왔다.

KAL 납치 '특수이산가족'이 된 미귀환자

그간 정부는 목숨을 걸고 전쟁에 나섰던 국군포로 송환에 손을 놓았을 뿐만 아니라 '전후 납북자' 중 대한민국 상공에서 납치해 간 여객기의 승무원과 승객들도 방치했다.

1969년 12월 11일 오전 9시 반 강릉발 김포행 첫 비행기 YS11A가 권총을 소지한 채 탑승한 간첩 조창희(당시 42세)에 의해

1969년 12월 12일 자 동아일보 1면. 51명을 태운 KAL 여객기가 강릉에서 이륙한 뒤 납북돼 선덕에 강제 착륙했다고 보도했다.

납북됐다. 64인승 쌍발기에는 승객 47명과 승무원 4명이 탑승했다. 1970년 2월 14일 KAL기 납치 피해자들이 판문점을 통해 돌아왔으나 승무원 4명과 승객 7명은 돌아오지 않았다.

2001년 2월 26일 평양고려호텔 이산가족 상봉장에 KAL기 승무원 성모 씨가 김일성대 교수인 남편, 20대의 아들딸과 함께 '특수 이산가족'으로 나와 남측의 모친을 만났다. 다른 미귀환자 10명은 아무도 나오지 않았다.

尹 정부, '납북자 대책반'

윤석열 대통령의 통일부는 납북자와 국군포로, 억류자 문제 담당 기구를 장관 직속으로 신설해 운영하기로 했다. 정전협정 체결 70주년을 하루 앞둔 7월 26일 6·25전쟁납북인사가족협의회가 국회에서 기자회견을 갖고 정부에 납북자 전담부서를 만들어 달라고 요구한 지 사흘 만에 신임 김영호 장관이 취임하면서 통일부가 내놓은 방안이다. 납북자 전담 기구에 대해 "통일부 조직의 어젠다이자 장관의 어젠다로 챙기기로 했다"고 강조했다.

정전 70년을 맞으면서 가장 큰 현안으로 남았던 납북자 및 가족들의 인도적 비극과 상처가 어느 정도 치유될 수 있을지 관심이다. 북한의 핵과 미사일 능력 고도화로 남북 관계가 어느 때보다 경색되고 있는 가운데 북한 정권의 '아킬레스건'인 인권 문제에서 어떤 진전이 있을지 관심이다.

참고 문헌

강성학 지음, 『대한민국의 대부, 해리 S. 트루먼』, 박영사, 2021.
김계동 지음, 『한국전쟁 불가피한 선택이었나』, 명인문화사, 2014.
김철수 지음, 『그때는 전쟁, 지금은 휴전 6·25』, 플래닛 미디어, 2017.
남도현 지음, 『6·25, 끝나지 않은 전쟁』, 플래닛미디어, 2010.
남시욱 지음, 『한미동맹의 탄생 비화』, 청미디어, 2020.
남정욱 지음, 『밴플리트 대한민국의 영원한 동반자』, 백년동안, 2014.
데이비드 핼버스탬 지음, 정윤미 이은진 옮김, 『콜디스트 윈터』, 살림, 2009.
로이 E. 애플먼 지음, 허빈 옮김, 『장진호 동쪽-4일 낮 5일 밤의 비록』, 다트앤, 2013.
마크 W. 클라크 지음, 김형섭 옮김, 『다뉴브강에서 압록강까지』, 국제문화출판공사, 1981.
매슈 B. 리지웨이 지음, 박권영 옮김, 『리지웨이의 한국전쟁』, 플래닛미디어, 2023.
문관현 지음, 『임진스카웃』, 정음서원, 2022.
백선엽 지음, 『군과 나』, 서울: 시대정신, 2009.
백선엽 지음, 유광종 정리, 『백선엽의 6·25 전쟁 징비록』 1~3권, 2020.
선즈화(沈志華) 지음, 김동길 옮김, 『조선 전쟁의 재탐구』, 도서출판 선인, 2014.
알렉산더 판초프 지음, 심규호 옮김, 『마오쩌둥 평전』, 민음사, 2017.
온창일 등 지음, 『6·25 전쟁 60대 전투』, 황금알, 2010.
와다 하루키 지음, 남상구 조윤수 옮김, 『한국전쟁 전사』, 청아출판사, 2023.
윌리엄 R. 맨체스터 지음, 박광호 옮김, 『맥아더 2』, 미래사, 2016.
유영복, 『운명의 두 날』, 도서출판 WON, 2010.
이혜민 지음, 『아무도 데리러 오지 않았다』, 깊은 바다 돌고래, 2023.
정일화 지음, 『휴전회담과 이승만』, 선한약속, 2014.
최상진 지음, 『영원한 친구들』, 한미우호협회, 2022.
터너 조이 지음, 김홍열 옮김, 『공산주의자는 어떻게 협상하는가』, 한국해양전략연구소, 2003.
허재석 지음, 『내 이름은 똥간나 새끼였다』, 원북스, 2008.
홍쉐즈(洪學智) 지음, 홍인표 옮김, 『중국이 본 한국전쟁』, 한국학술정보, 2008.

김강녕, '한국의 국군포로문제 해결 노력과 향후 과제'『한국과 세계』, 제1권 2호, 2019.
『향군』 1991년 1~3월호, 대한민국재향군인회, 1991.
『1129일간의 전쟁 6·25』, 육군본부 육군사연구소, 2014.
『정경문화』 이용호, 1983년 7월호
『잊지 않기 위하여』, 국립6·25전쟁납북자기념관, 2019.

제5장

'자유의 수호자들'

㉒
한국을 구한
지도자와 장군

　　서울 용산 전쟁기념관 지하 전시실에는 '자유의 수호자들'과 '새벽의 침략자들'의 사진을 전시하고 있다. 수호자는 6·25 당시 한미의 대통령과 장군들, 침략자는 북-중-소의 최고 지도자와 군사 령관들이다.

　　6·25전쟁이 3년 넘게 계속되면서 정치 및 전쟁 지도부에도 많은 변화가 있었다. 미국은 공화당의 아이젠하워가 1952년 11월 대선에서 당선돼 프랭클린 루스벨트 이래 민주당의 20년 집권이 끝났다. 31년 철권통치를 해온 소련 스탈린도 1953년 3월 75세로 사망했다. 이승만 대통령은 직선제 개헌의 정치 파동 속에 권력을 유지했다. 중국의 마오쩌둥과 북한 김일성은 굳건히 권력을 유지했다.

6·25전쟁을 지휘한 유엔군 사령관은 맥아더 해임 뒤 리지웨이와 클라크가 뒤를 이었다. 미 육군과 한국에 파견된 16개국 병력, 그리고 작전권을 이양한 한국군을 지휘했던 미 8군 사령관은 워커, 리지웨이, 밴 플리트 그리고 테일러 등 4명이었다.

'자유의 수호자' 정치 지도자와 군사령관들은 공산 측 불법 침략 격퇴 목표는 같았으나 방법론과 군사작전의 범위, 작전 성향 등에서 차이가 작지 않았다. 이런 차이가 전쟁 수행과 전개에도 영향

6·25전쟁 3년 주요 지도자

	1950년	1951년	1952년	1953년
미국 대통령	해리 트루먼 (~1953년 1월)			드와이트 아이젠하워
소련 서기장	이오시프 스탈린 (~1953년 3월)			게오르기 말렌코프 장관회의 주석(3~9월)/ 9월 니키타 흐루쇼프
한국 북한 중국	이승만 대통령/김일성 주석/마오쩌둥 주석			
미국 국무장관	딘 애치슨 (~1953년 1월)			존 포스터 덜레스
국방장관	신성모 (~1951년 5월)	이기붕 (~1952년 3월)	신태영 (~1953년 6월)	손원일 (~1956년 5월)
육군참모총장	채병덕(1950년 4~6월 29일)	정일권(~1951년 6월 22일)	이종찬(~1952년 7월 22일)	백선엽(~1954년 2월 13일)

※정일권, 백선엽은 1954년과 1957년 한 차례씩 더 육군참모총장 맡음

서울 용산 전쟁기념관에 전시된 '자유의 수호자들'. 이승만, 트루먼 대통령과 백선엽, 맥아더 장군 등 양국의 장군들을 함께 모았다.

을 미쳤다.

트루먼과 맥아더

트루먼과 맥아더의 상호불신과 불화에 대해서는 제3장 '맥아더는 왜 전쟁 중 해임됐나' 편에서 다룬 바 있다. 개인적 성장 배경과 직업적 성장 과정의 차이, 군인과 정치인, 정치적 성향, 대통령과 전쟁 영웅으로서 각자가 가진 대중적 지지 등이 밑바탕에 깔린 가운데 두 사람의 긴장과 갈등은 맥아더의 해임으로 일단락됐다.

트루먼과 맥아더는 대통령과 전쟁 지휘관으로서 이견과 갈등을 보여 6·25전쟁 수행에도 영향을 미쳤다. 이는 인천상륙작전, 북진, 만주 폭격, 원폭 사용, 대만 국민당 군대의 참전 허용 여부 그리고 휴전회담까지 주요 고비마다 지속적으로 나타났다. 여러 사안을 관통하는 것은 '전쟁에 승리 외에는 없다'며 필요하면 핵 사용을 포함한 만주에 대한 폭격을 주장하는 확전론(맥아더)과 소련의 개입 등 제3차 대전으로의 확전을 막는 등 '전장의 승리보다 전략적

	트루먼 대통령	맥아더 유엔군 사령관
생몰	1884~1972	1880~1964
출신	미주리주	아칸소주
학력	윌리엄 크리스먼 고등학교	웨스트포인트
군 최고 계급	주방위군 대위(프랑스 전선 참가)	육군 원수(5성 장교)
뉴딜 정책	강력 지지	강력 반대
가정 환경	부친, 농업 가축판매업	부친과 형, 군 장교 역임
주요 경력	남성의류판매점 운영 자동차클럽 회원권 판매 카운티지방법원 부장판사 미 대륙 동서횡단도로협회 회장 미주리 연방 재고용계획위 이사장 미주리주 연방 상원의원 (민주당), 재선 4선 루스벨트의 부통령, 대통령 승계, 1948년 대통령 재선	부친 참모로 도쿄 근무 최연소 육군사관학교장 육군참모총장 미-필리핀 '미 극동육군' 사령관 공화당 대선 예비선거 출마 낙선 육군 원수(5성 장군) 일본 점령 연합국 최고사령관 한국 유엔군총사령관

정치적 판단이 우선해야 한다'는 제한론(트루먼)의 차이였다. 여기에 유럽과 아시아에 대한 우선순위, 한반도 방어를 위해 감내할 수 있는 미군의 희생에 대한 판단 등도 변수로 작용했다.

맥아더는 중공군의 대규모 참전을 정확히 예측, 대비하지 못해 압록강까지 북진했다가 다시 밀려 내려온 뒤 38선 부근에서 전선이 교착 상태에 이른 뒤 물러났다.

경기 파주시 임진각의 해리 트루먼 대통령 동상.

퇴임 후 '사라지지 않은 맥아더'

맥아더는 의회 고별연설에서 '노병은 죽지 않고 사라질 뿐이다'라고 했으나 그는 퇴임 후 사라지지 않았다. 1년간 미국을 종횡무진하며 미국의 위기를 역설하고 다녔다. 군복에 훈장을 모두 단 채 전국을 휩쓸고 다니며 때로는 변덕스러운 정치적 연설을 했다. 하지만 그가 트루먼을 맹렬히 비난할 때마다 그의 위상은 조금씩 흔들렸다고 한다.

그의 연설 중에는 '서유럽 방어의 제1선은 엘베강도 아니고 라인강도 아니다. 그것은 압록강이다'라며 아시아 우선주의를 견지했다. 자신의 해임을 두고 트루먼과 논쟁을 벌이는 등 우익의 신념을 대변하는 당파적 정치가가 되었다. 그의 '반(反)트루먼 행정부' 유세에 트루먼은 "맥아더는 가짜클럽이 있다면 출마도 필요 없이 회장이 되었을 것", "진실이라고는 한 푼어치도 없는 인간"이라고 역공했다. 트루먼은 1951년 9월 샌프란시스코 강화조약을 맺으면서 일본 점령군 사령관으로서 전후 일본을 재건한 맥아더를 제외하는 것으로 일격을 가했다.

미국 버지니아주 노퍽 맥아더기념관의 맥아더와 부인 진의 무덤.
자료: 맥아더기념관 홈페이지

맥아더는 1952년 11월 대선을 앞두고 공화당 내에서 아이젠하워의 후보 지명을 반대하면서 태프트와 손잡고 대권의 꿈을 꾸기도 했으나 이루지 못했다. 맥아더는 '크고 하얀 집'(백악관)에 대한 정치적 희망이 무너진 뒤 민간기업 '스페리랜드'의 이사회 의장을 맡고, 원로 정치가로 자신을 언급하기도 했다. 케네디 대통령은 맥아더를 '숭앙'해 자주 백악관으로 초청해 조언을 들었다. 맥아더는 "아시아 땅 위에서 미군 병사가 싸우는 일이 있어서는 안 된다"고 충고했다. 1964년 4월 뉴욕 월도프의 호텔에서 급성신부전 등으로 사망해 '노병은 사라졌다'.

사후 재평가받은 트루먼

2021년 미국 정치전문매체 C-SPAN의 조사에서 트루먼은 존경받는 역대 대통령 6위에 올랐다. 링컨, 워싱턴, 프랭클린 루스벨트와 시어도어 루스벨트 그리고 아이젠하워에 이은 것이다. 6·25 전쟁 기간 두 명의 미국 대통령이 40여 명의 역대 미국 대통령 중 5, 6위를 차지했다.

트루먼은 '우연히 부통령이 된 후' 루스벨트 대통령의 갑작스러운 죽음으로 대통령에 오르기 전까지는 크게 주목받지 못했다. 재선 임기를 마친 뒤에도 인기가 높지 않았다. 그는 사망 20여 년이 지난 1990년대에 비로소 냉전 시대의 초석을 닦았던 많은 업적이 새삼 부각됐다. 영국 처칠 수상이 그에게 "서양 문명을 구했다"고 한 말에 걸맞은 평가를 뒤늦게 받고 있다.

트루먼은 1945년 4월부터 1953년 1월까지 두 차례 임기 동안 많은 결단을 내렸다. 유엔 창설, 포츠담 회담, 일본에 원자탄 투하, 마셜 플랜, 이스라엘 건국 산파, 베를린 봉쇄에 맞선 공수작전, NATO 창설, 수소탄 개발 결정 그리고 한국전 참전과 유엔군 결성 등이다.

북한의 침략에 신속한 미군 투입 등으로 6·25전쟁에서 한국을 구한 것에 비하면 한국 내의 평가는 높지 않다는 지적이 있다. 그의 동상이 경기도 파주시 임진각의 한쪽 미군 참전비 앞에 세워져 있는데 인천자유공원에서 인천항을 내려보며 랜드마크가 된 맥

경북 칠곡군 다부동 전적기념관에 세워진 트루먼과 이승만 대통령의 동상.
사진 제공: 유동열 자유민주연구원장

6·25전쟁 3년간 유엔군 사령관과 미 8군 사령관

유엔군 사령관		주한 미 육군 제8군 사령관	
이름	재임 기간	이름	재임 기간
더글러스 맥아더	1950년 7월~ 1951년 4월	월턴 H. 워커	1948년~1950년 12월
매슈 B. 리지웨이	1951년 4월~ 1952년 5월	매슈 B. 리지웨이	1950년 12월 25일~ 1951년 4월 12일
마크 W. 클라크	1952년 5월~ 1953년 10월	제임스 A. 밴 플리트	1951년 4월 14일~ 1953년 2월 11일
		맥스웰 D. 테일러	1953년 2월 11일~ 1955년 4월 1일

미 8군 사령관은 1957년 이후 유엔군 사령관이 겸임.

아더 동상과도 차이가 있었다. 정전협정 70년을 맞은 7월 27일 경북 칠곡군 다부동 전적기념관 앞에 트루먼과 이승만 대통령의 동상이 나란히 세워졌다.

낙동강 방어선을 지킨 '불독 장군 워커'

워커(1889~1950)는 1950년 7월 14일 전황이 최악일 때 도쿄에서 부임했다. '죽느냐 지키느냐(stand or die)'의 결의로 낙동강 방어선을 최후 방어선으로 지켜냈다. '워커 라인'이 무너지지 않아 인천상륙작전 및 북진 반격이 가능했다. 번쩍거리는 철모와 강한 인상처럼 바람 앞의 등불 같았던 초기 급박한 전황을 지켜낸 '불독 장군'이었다.

경기도 평택 '캠프 험프리스' 미군 기지의 워커 동상.

하지만 워커는 주변에서 두루 신뢰를 받지 못했다. 전선이 낙동강까지 밀려갈 때 미 육군은 8월 초 리지웨이 중장을 한반도에 파견해 워커의 지휘 방식을 조사했는데 워커의 참모들이 수동적인 태도로 일관하는 데 놀랐다고 한다. 일부 연대장들은 전투 경험이 거의 없었고 병사들은 투혼을 발휘하던 2차 대전 때와 달랐다. 워커 파면 얘기까지 나올 만큼 맥아더나 참모들은 워커를 신뢰하지 않았다.

워커는 낙동강이 급박하다며 맥아더의 인천상륙작전을 반대했다. 따라서 인천상륙작전 이후 북진 과정에서 맥아더는 알몬드 소장의 미 10군단 지휘권을 워커에게서 분리하는 이례적인 조치를 취했다. 이승만 대통령과도 사이가 좋지 않았다. 한국군은 왜 잘 싸우지 못하냐며 대놓고 불평을 한 데다 매너가 고분고분하지 않아 심기를 건드릴 때가 있었다. 이승만은 이따금 "버릇없는 친구였어"라며 불만을 나타냈다. 백선엽은 워커와 후임인 리지웨이의 공통점이 하나 있는데 잘된 것은 미군 탓, 잘못된 것은 국군 탓으로 돌리는 경향이 없지 않았다고 했다.

공중증(恐中症) 극복한 리지웨이의 '위력 수색'

리지웨이(1895~1993)는 워커가 불의의 교통사고로 숨지면서 1950년 12월 27일 한국에 왔다. 그는 오른쪽 가슴 멜빵에 수류탄을 차고 있어 별명이 '철의 가슴(Old Iron Tits)'이란 별명이 있다. 노르망디 상륙작전에서는 독일군 후방에서 공수작전을 지휘했다. 그는 맥아더가 육사 교장 시절 체육 교관으로 함께 근무했다. 맥아더는 자신의 선택과 천거로 워커 후임으로 왔다고 했다.

그가 워커 후임으로 부임한 때는 유엔군이 인천상륙작전에 성공한 뒤 북진했다가 중공군 참전으로 올라갈 때보다 더 빠른 속도로 밀려 내려오던 때였다. 그가 한국에 도착하기 하루 전날인 12월 26일 중공군은 38선을 돌파해 내려왔다.

그는 중공군에 밀려 침체되고 패배주의에 빠져 있는 데다 전황에 따라서는 한반도에서 철수를 검토하는 상황에 부임했다. 그는 유엔군의 분위기를 쇄신하기 위해 '중공군 섬멸작전'을 전개했다. 그의 '위력(威力) 수색'은 섬멸을 위한 전초전 격이다. 화력을 갖춘 수색 부대를 적진 깊숙이 투입해 적의 반응을 보고 직접 타격도 가하는 수색 및 기동타격전이다. '울프 하운드 작전'으로 불린 수도권 위력 수색에 이어 한강 이남까지 범위를 넓힌 '썬더 볼트' 작전을 전개했다. 1951년 2월 지평리 전투 때는 직접 헬기로 현장을 순시하면서 중과부적인 상황에서 승리를 이끌어내 중공군의 인해전술에 자신감을 되찾게 했다.

중공군 부사령관 홍쉐즈는 유리하면 밀어붙여 요충지를 점령하고 불리하면 빠르게 물러나 버리는 리지웨이의 전술을 중공군이 꼼짝달싹 못하게 붙잡아 놓는 '자석 전술'이라며 대응에 어려움을 겪었음을 토로했다. 중공군이 보급 문제 때문에 공격에 일정한 주기가 있다는 것을 간파하고 이에 맞춰 대응하게 했다. '중공군이 가장 두려워한 장군'이었다.

맥아더와 다른 길을 간 리지웨이

확전론과 휴전에 대한 견해차 등으로 해임된 맥아더 후임으로 임명된 리지웨이가 워싱턴의 뜻에 맞춰 맥아더와 다른 지휘 노선을 보인 것은 자연스러운 일이다. 리지웨이는 "전쟁이 전면전으로 확대되는 것을 막기 위해 내 권한 범위 내에서 실행 가능한 모든 조치를 취하는 것"이 유엔군 사령관으로서 자신의 임무라고 했다. 미 8군 사령관으로서 인해전술로 밀고 내려온 중공군을 섬멸해 남진을 저지했던 리지웨이는 중공군과 대치 상황으로 변한 상황에서 유엔군 사령관이 되었을 때는 전략적 중점이 '반격에서 수세'로 바뀌었다.

백선엽 장군은 리지웨이의 리더십으로 1·4 후퇴로 내주었던 서울을 되찾고 남쪽으로 밀려가던 전세를 뒤집어 반격해 올라가게 됐으나 유엔군 사령관으로 옮겨간 뒤에는 '합참의 지시에 충실해 한반도 전쟁을 관리하는 역할에만 몰두했다'고 평가했다.

그의 수세적이고 제한전쟁에 머무는 전략으로 예성강 너머의 개성이나 동부전선에서 금강산 일대를 차지하려는 작전에 모두 반대했다고 아쉬움을 나타냈다. 백선엽은 휴전회담이 교착상태이던 1950년 10월 평양~원산 선까지는 못 가도 예성강까지는 탈환해야 한다고 주장하면서 한반도가 과거 통일국가로서 전통을 갖고 있어 휴전도 통일을 전제로 해야 한다고 주장했다. 그러자 리지웨이는 어디서 들었는지 삼국시대 예를 들며 과거에도 마한 진한 변한 3국의 세 갈래로 나눠진 적이 있다는 말까지 하면서 끝내 받아들이지 않았다.

특히 1951년 6월경 미군이 가진 제7함대 등 전력이라면 동부전선을 마음껏 북상시켜 압박

경기도 양평군 지평리 전투 기념관에 전시된 리지웨이 장군. 지평리 전투는 그의 부임 후 중공군의 인해전술을 격퇴하고 유엔군이 자신감을 되찾는 계기가 됐다.

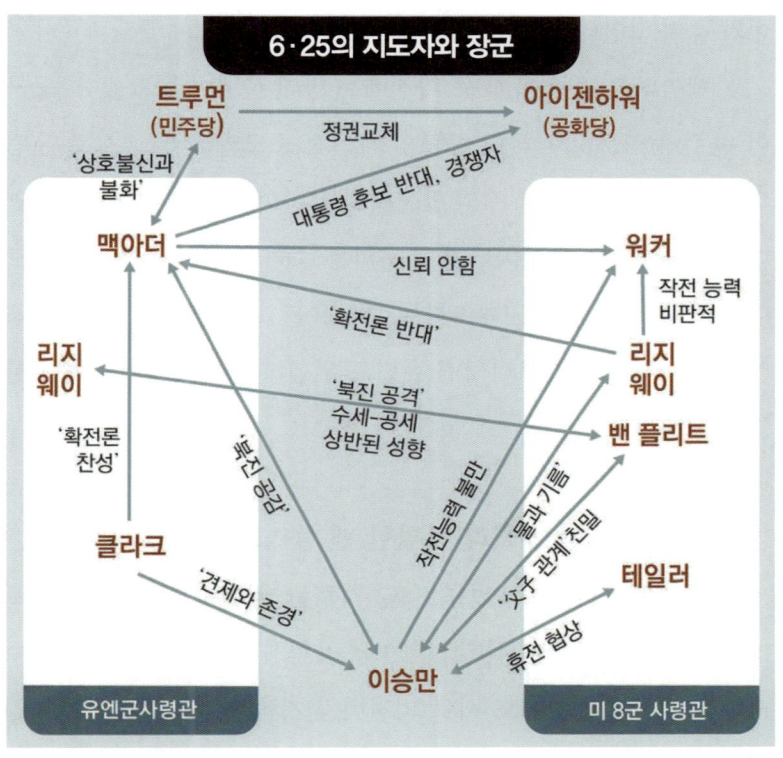

할 수 있다며 밴 플리트 8군 사령관도 적극 관심을 보인 고저(庫底) 상륙작전도 불허했다. 이는 한미 4개 군단이 참가해 원산 동남쪽 30km에 있는 고저를 점령하는 등 동부전선을 훅 끌어올리는 야심찬 계획이었다. 양구군 해안면과 금강산을 거점으로 하는 적군을 포위 섬멸해 동해안 북위 39도까지 확보하자는 것이었다. 리지웨이는 미 합참에 올리지도 않고 자신의 선에서 차단해 버렸다. 그런 리지웨이는 북진 통일까지 꿈꾸던 이승만과는 '물과 기름'처럼 사이가 좋지 않았다.

맥아더의 만주 폭격 등 확전에는 반대 신념이 확고했다. 공군이 만주 지역을 공격하면 공군의 자연적 소모와 전투 손실로 유럽의 미군이 약 2년 동안 적의 공군력에 무방비로 노출된다는 논리였다. 설사 확전으로 맥아더가 추구하는 승리가 한국에서 달성돼도 다른 곳에서는 균형을 깨뜨리는 부작용을 초래한다는 것이다. 맥아더가 아시아에서 무너지면 유럽도 위험하다며 아시아를 중시한 것과 대비된다.

그리스 공산 게릴라 토벌한 밴 플리트

밴 플리트(1892~1992)는 8군 사령관에서 유엔군 사령관으로 영전해 자신의 상관이 된 리지웨이의 육군사관학교 2년 선배다. 두 사람은 2차 대전 중에도 서로 의견이 맞지 않았다고 한다. 리지웨이의 반대에도 불구하고 밴 플리트가 8군 사령관으로 투입된 것은 그가 그리스에서 1948년 2월부터 1950년 7월까지 공산 게릴라 소탕 작전을 완벽하게 마무리했기 때문이다. 마셜 국방장관의 강력한 추천을 트루먼 대통령이 수용했다고 한다.

밴 플리트가 부임한 1951년 4월은 공산 측과 휴전이 모색되던 때였다. 7월부터는 정전 협상이 시작됐다. 그가 1953년 2월 떠날 때까지 약 2년간 미군 수뇌부는 '승리'보다는 '패하지 않는 전쟁'에 더 관심을 두었다.

이런 분위기는 '승리 말고는 대안은 없다'는 맥아더와 맥을 함께했던 밴 플리트의 성향과는 달랐다. 그는 휴전 정책이 군사적 승리를 가로막고 있다고 생각했다.

휴전 중에도 전선의 북상을 원하면서 전쟁 자체에서 승리를 거두고자 하는 군인 자세에 충실했다. 중공군이 70만 명의 대규모 병력을 투입해 1951년 4월과 5월 두 차례의 춘계 대공세를 폈으나 격퇴된 것도 밴 플리트의 '공산 게릴라 토벌' 같은 단호한 대응 때문이었다. 밴 플리트는 부임 직후 서울 광화문에서

서울 노원구의 육군사관학교에 세워져 있는 밴 플리트 사령관 동상. 초급 장교 육성을 위해 육군사관학교를 4년제로 전환하는 등 육사 발전에 크게 기여했다는 평가를 받는다.

마포 한강 변까지 155mm와 105mm 야포 400문을 세워 놓고 밤낮없이 포격을 가했다. '밴 플리트 탄약량'이라는 말이 있다. 좌표를 찍어 적정량을 쏘는 것이 아니라 물량 공세를 펴는 것으로 '400문 야포' 시위도 그중 하나였다. 서울 재탈환을 목표로 한 대규모 중공군 공세 앞에서 서울을 내주지 않겠다는 의지를 표현한 것이었다. 미 의회 등에서 탄약 소모량이 너무 많다고 문제를 제기했으나 개

의치 않았다.

중공군의 대공세는 밴 플리트의 2년 재임 기간에는 다시는 펼쳐지지 않았다. 다만 휴전회담이 진행되는 중에 수세적인 리지웨이가 1년간 유엔군 사령관으로 있는 동안 그의 공격적인 계획은 종종 제동이 걸렸다. 리지웨이가 소극적이고 수세적으로 대응한 대표적인 조치가 밴 플리트가 최북단 통제선으로 설정한 와이오밍선 (연천~고대산~화천) 이북으로 진격할 때는 도쿄 사령부의 승인을 받도록 한 것이다. 밴 플리트의 탈롱스 작전(맹금 발톱작전), 랭글러 계획(대타격 작전) 등은 동부전선의 방어선을 밀어 올리거나, 평강~금성~고지 선을 확보하는 것이었으나 모두 승인을 받지 못했다.

작전 제약 속에서도 휴전선이 지금과 비슷한 위치로 형성된 것은 밴 플리트의 공세 작전에 힘입은 바가 크다고 한다. 그리스에서 공산 게릴라를 토벌했던 밴 플리트는 1951년 말 백선엽 지휘하에 지리산 빨치산 토벌을 성공시켰다.

밴 플리트, 이승만과 가장 가까웠던 미 사령관

한국을 관할하는 미국 사령관과 이승만 대통령은 서로 껄끄러운 일이 많았다. 인간적인 요소가 작용할 때도 있었지만 서로의 지위와 역할이 달랐기 때문이다. 점령군 사령관 하지 중장은 이승만 대통령을 상대하는 것은 끔찍한 일이었다고 회고했다. 워커가 개전 초기 낙동강까지 밀려만 가는 것에 이승만은 불만을 나타냈다.

북진과 통일에 모두 거부감을 가졌던 리지웨이와는 '물과 기름'이었다.

밴 플리트는 한국에 부임해 처음 이승만을 알게 됐지만 애국과 열정을 존경해 자국의 국가지도자처럼, 이승만은 친자

이승만 대통령과 밴 플리트 사령관.

식처럼 대할 정도로 친밀했다. 그는 지휘 계통상 작전 활동 제약으로 군사적 행동을 하지는 못했으나 이승만의 북진 통일론을 이해했다. 이승만 대통령은 재임 중 밴 플리트에게 대한민국 건국훈장을 수여했고, 8군 사령관을 마치고 떠날 때는 태극무공훈장을 주었다. 밴 플리트는 1953년 3월 전역 후 아이젠하워로부터 주한 미 대사직을 제안받았으나 바로 거절했다. 부임하면 직책상 휴전에 반대하는 이승만 대통령과 맞서야 했고 휴전을 반대하는 그의 소신과도 맞지 않았기 때문이다.

한국 국방과 한미 우호의 초석 닦은 은인(恩人)

밴 플리트는 6·25전쟁 3년간 6명의 유엔군 사령관과 미 8군 사령관 중 가장 긴 2년간 근무했다. 중공군의 2차례 춘계 대공세를 격퇴한 후에는 휴전회담 속에 지루한 고지전을 이어가던 때였다. 밴 플리트는 향후 분계선이 될 대치 전선을 밀어 올리는 공세를 펴

면서도 한국군의 전력을 증강하는 많은 조치를 취하는 기회로 활용했다.

초급 장교 육성을 위해 육군사관학교를 4년제로 전환하고 국군 20개 사단의 증편, 국군 장교들의 미 군사학교 유학 등이 대표적이다. 백선엽은 105mm 포밖에 없었던 한국군이 1952년 4월 한국군 포병으로 이뤄진 155mm 포 4개 대대를 보유한 2군단의 재창설은 한국군 현대화에 큰 의미를 지닌다고 평가했다.

한국에서 38년의 군 경력을 마친 밴 플리트는 한국을 제2의 조국으로 여기며 한국과 한국군의 발전, 한미 우호 증진을 위해 헌신했다. 미국의 저명한 인사들이 참여한 '코리아 소사이어티'라는 민간단체를 만들어 한국을 지원하고 한미 우호 증진에 기여했다. 코리아 소사이어티는 1992년부터는 한미 우호에 기여한 인물들에게 밴 플리트 상을 수여하고 있다. 미국의 카터와 아버지 부시 대통령, 김대중 대통령, 키신저 국무장관, 이건희 정몽구 회장 등이 이 상을 받았다. '한국 육군사관학교의 아버지'로도 불리는 밴 플리트는 육군사관학교 교정에 1960년 미 사령관으로는 유일하게 동상이 건립됐다.

이승만 제어하면서 존경한 클라크 사령관

클라크 사령관(1896~1984)이 유엔군 사령관으로 부임한 1952년 5월 7일 거제 포로수용소에서는 포로들이 수용소장을 포로로 잡는 폭동이 일어났다. 휴전협상의 마무리를 위해 파견된 그의 임무가 얼마나 험난한지 첫날부터 잘 보여주었다.

클라크는 공산 측이 휴전회담 기간에 땅굴을 파는 등 방위선 구축을 위해 이용했다고 보고 있었다. 그는 회담은 결국 협상이 아니라 총포에 의해 타결되었다고 생각했다. 회담 중 수풍댐이나 평양에 대규모 폭격을 가한 것도 그 때문이다.

마크 클라크 사령관.

클라크는 휴전회담을 위해 넘어서야 할 장애가 한국의 안전보장 없는 휴전을 단호히 반대하는 이승만 대통령이라는 것을 잘 알았다. 하지만 '공산주의자들이 신봉하는 유일한 무기는 힘'이라고 생각한 그는 이승만의 북진 통일에 대해 누구보다 공감했다. 미 정부의 지휘를 받는 신분이자 유엔군 사령관으로서의 역할 때문에 정전협정에 끝내 협조하지 않으면 이승만을 하야시키는 '에버레디 계획'까지 세우고 이승만이 협정의 조건으로 요구한 한미상호방위조약에 반대했지만 이승만의 반공 신념에는 누구보다 높이 평가하고 존경을 나타냈다.

'맥아더 확전론'에 공감한 클라크

클라크는 부친이 참모학교 소령일 때 맥아더가 중위로 집에 찾아오면서부터 친교가 있는 사이. 1951년 2월 현장 실태조사를 위해 한국에 왔을 때 만난 맥아더로부터 압록강 이북 중공군 기지 공격을 막는 워싱턴의 합참을 비판하는 얘기를 들었다. 훗날 1974년 출판된 자서전 '다뉴브에서 압록강까지'에서 "중공군이 개입한 이상 압록강 이북에 적의 안전지대를 허용해서는 안 된다는 맥아더의 견해에 완전히 동의했고, 그 후에도 견해를 바꾼 적이 없다"고 했다. 그는 전임자인 리지웨이와 육군사관학교 동기로 밀접한 관계라고 했지만 한국전을 바라보는 시각에서는 큰 차이가 있었다.

클라크는 자신이 미 정부의 지시와 명령을 수행해야 하는 현장 사령관으로서의 역할을 충실히 하면서도 "역사는 휴전을 앞세운 미국의 주장보다 이승만이 더 정당했다는 것을 보여줄 것이다"라고 훗날 자서전에서 극찬했다. 그가 유럽 전선 '다뉴브'에서 겪은 공산주의자의 경험 때문이었다. 휴전협정에 서명하면서도 '승리 없는 휴전에 서명한 첫 미군 사령관'이라며 불명예스럽게 생각한 것도 그 때문이다.

'휴전을 위한 군정가 테일러'

테일러(1901~1987)는 휴전협상 막판인 1953년 1월 부임했다. 2차 대전 중 101공수사단장으로 노르망디 상륙작전에 참가했고 베를린 봉쇄 사태 당시 서베를린 주둔 미군 사령관을 맡은

맥스웰 테일러 사령관.

맹장이었다. 백선엽 장군은 포병 출신으로 7개 언어가 가능한 명석한 인물로 군정가로도 손꼽히는 그를 임명한 것은 휴전을 염두에 둔 포석이라고 평가했다.

군의 경제적 운용을 강조해 탄약과 물자의 소모에 강력한 통제를 가한 테일러는 중공군 격퇴를 위해 적정량을 따지지 않고 포탄을 퍼부었던 '밴 플리트 탄약'과는 달랐다.

포로 교환으로 3년 만에 돌아온 딘 24사단장

딘 소장은 북한군과의 초전인 죽미령 전투에 투입된 미 24사단 사단장으로 한국에 왔다가 대전 전투에서 후퇴하는 과정에서 '실종'됐다 포로가 됐다. 그는 "전투에서 가장 치욕스러운 것은 적에게 포로로 잡히는 것이다"라는 신념이 있어 2차 대전에서 그가 지휘하는 부대는 포로가 적기로 유명했다고 한다. 그런데 6·25전쟁에서 자신이 포로가 됐다. 전쟁 중 포로가 된 유일한 미군 장성이다.

딘은 부대가 대전에서 북한군에 3면으로 포위된 상황에서 직접 3.5인치 바주카포를 들고 전차에 맞서기도 했으나 후퇴할 수밖에 없었다. 대전에서 처음 고립될 때는 17명의 미군 병사와 함께 있었지만 부상한 병사에게 물을 구해 주러 나섰다가 낭떠러지에서 굴러떨어진 뒤 혼자가 됐다.

지리를 모르는 딘 소장은 60km 떨어진 전북 무주까지 이동했다. 그는 완주군에서 주민 한모 씨에게 돈을 주고 대구로 가는 길

안내를 맡겼는데 그가 북한군에 밀고해 포로가 됐다. 한 씨는 전쟁 후 체포돼 5년 형을 받았다.

딘 소장은 처음에는 전주 형무소에 갇혔다가 나중에는 평양, 압록강 인근의 만포진 포로수용소, 심지어는 만주 지역으로 이동해 포로 생활을 했다. 3년이 넘는 시간이었다. 휴전 후 돌아왔다. 그는 만포진 수용소에서 안흥만이라는 북한군 장교에게 몰래 친절한 대접을 받았다고 한다. 그는 백선엽이 부산에서 5연대장을 할 때 부하였으나 전쟁 직후 북한군에 가담했던 인물이었다.

경기도 오산시 '초전기념관'에 전시된 딘 소장의 사진.

그는 정전협정이 체결된 뒤 1953년 9월 4일 낙동강 방어선이 무너진 뒤 투항한 북한군 중좌 이학구와 포로 교환으로 귀환했다. 미 의회는 1951년 1월 그에게 미군 최고훈장인 '명예 훈장'을 수여했다. 그는 포로 경험 등을 담은 자서전 'General Dean's Story'(1954)를 남겼다.

㉓ 전사한 장군과 장군의 아들

 6·25전쟁 3년 중 많은 장병들이 희생됐다. 고위 장성들은 전투를 지휘하다 전사하거나 부대 시찰을 위해 이동 중 자동차나 항공기 사고 등으로 순직했다. 장군의 아들들은 대부분 현장에서 작전 중 전사했다.

워커, 불의의 교통사고로 순직

 서울 지하철 1호선 도봉역 2번 출구를 나와 도봉로를 건너 우측으로 조금 걸어가면 대로변 검은 돌 위에 4개의 별이 새겨져 있다. '미 육군 대장 월튼 해리스 워커 전사지' 표지판이다. 표지석 윗면에는 실제 전사한 곳 주소가 '도봉 1동 596-5번지'로 안내되어 있

서울 도봉구의 워커 장군 전사지 표지석(왼쪽)과 워커 장군 실제 사망 지점에 있는 건물 2층 벽에 있는 워커 사진.

다. 표지석에서 100여 m 떨어진 이면 왕복 2차로길인 '도봉로 169 나길 55'의 건물 2층 벽에 낯익은 워커 장군의 사진이 새겨져 있다. 낙동강 방어선을 지키며 했던 '내가 여기서 죽더라도 끝까지 한국을 지키겠다'는 말이 그가 교통사고로 사망한 곳에 걸려 있다.

워커는 1950년 12월 23일 오전 11시경 의정부 남쪽에서 손수 지프를 운전했다. 워커는 이날 미 24사단 소속 외아들 샘 워커 대위 등에게 북진 전공으로 사령관 표창장을 줄 예정이었다. 그의 가방에는 아들에게 줄 표창장이 있었다. 그는 중앙선을 넘어온 국군 6사단 2연대 소속의 민간인 수리공이 몰던 스리쿼터 트럭에 측면을 받혀 차가 뒤집어지면서 차체에 깔려 야전병원으로 옮겨졌으나 숨졌다. 부관 등 동승자는 중상을 입었다. 워커는 사후 대장에 추서됐다. 아들 샘 워커도 1977년 최연소 육군 대장으로 진급해 육군 사상 처음으로 부자 4성 장군이 됐다.

중공군 부사령관 훙쉐즈는 '워커가 후퇴하던 길에 자동차 사고로 숨졌는데 상대의 후퇴길이 어느 정도로 혼란스러웠는지 알 수 있다'고 기록했다. 정확한 전사를 기록하기보다는 적장의 갑작스러운 죽음을 자신들 편의에 맞게 꾸민 것이다. 심지어 북한 조선중앙통신은 2년여가 지난 기사에서 워커가 인민군대의 매복에 걸려 사망했다고 날조했다.

워커 장군의 이름을 따 지어진 서울 광진구 워커힐 호텔의 한쪽에 워커 장군의 추모비가 세워져 있다.

헬기 사고로 사망한 무어 장군

브라이언트 무어 소장(1894~1951)은 1951년 1월 제9 군단장으로 부임해 3주 만인 2월 24일 '킬러 작전'을 전개하며 '남한강 도하 작전'을 지휘하던 중 여주 북쪽 한강 변에서 헬기 추락으로 순직했다. '킬러 작전'은 중공군의 인해전술을 극복하고 반격의 전환점이 된 지평리 전투(2월 13~15일) 이후 적에게 휴식과 재편성의 여유를 주지 않기 위한 공세 작전이었다. 사고 현장인 경기도 여주시에는 '무어 장군 추모 전적비'와 '무어 장군길'이 있다. 6·25전쟁에서 전사한 미군 장성은 워커 중장과 무어 소장 두 명이다.

6·25전쟁에 참전한 미군 장성의 아들은 모두 142명. 클라크 유엔군 사령관, 워커와 밴 플리트 8군 사령관은 부자 모두 함께 전

장에 있었다. 아이젠하워의 아들은 아버지의 대통령 당선 이후에도 미 3사단 대대장으로 복무했다. 미군 고위 장성의 자녀 중 사상자는 35명이었다.

미 해병 제1항공사단장의 아들 해리스 소령은 장진호 전투에서 아버지의 항공 지원하에 육상에서 장진호를 돌파하는 임무를 수행하다 하갈우리에서 전사했다. 클라크의 아들 마크 빌 클라크 대위는 세 번이나 부상을 입어 제대 후 후유증으로 사망했다.

장진호 전투에서 호수 동쪽을 맡았다가 괴멸적 타격을 입은 미 육군 7사단 31연대의 매클린 연대장은 적군을 아군으로 오인해 접근하다 붙잡힌 뒤 사망했다. 그는 중공군 80사단에 포위돼 철수 작전을 벌이던 1950년 11월 29일 장진호 동쪽

경기도 여주시의 무어 장군 추모 전적비.

서울 노원구 육군사관학교 교정에 있는 미 육사 1950년 졸업 기수 전사자 추모비. 6·25전쟁이 나던 해 졸업하고 전장에 투입돼 숨진 것이다.

풍류리강 안곡에서 남쪽에서 접근하는 부대를 보고 후방에서 오는 예하 2대대로 착각해 손을 흔들며 접근했다. 그는 중공군 병사들에게 끌려간 뒤 연락이 끊겼다. 그는 포로가 되어 이동하다 12월 초 부상당한 상처 때문에 사망한 것으로 알려졌다. 동료들은 그를 도로 옆에 묻어주었고 실종 8개월 후 그에게 수훈십자훈장이 수여되었다.

밴 플리트 2세의 마지막 편지

밴 플리트 미 8군 사령관의 아들 제임스 밴 플리트 주니어 중위는 아버지가 미 8군 사령관에 임명되어 한국 근무를 자원했다. 그는 1952년 4월 4일 B-26 폭격기를 몰고 압록강 남쪽 80km 지점의 북한 순천 지역에서 폭격 임무를 수행하다 대공포를 맞고 실종됐다.

그는 밴 플리트가 결혼 10년 만에 얻은 외아들이었다. 밴 플리트 중위는 전사 당시 2년 전 결혼한 부인과의 사이에 돌이 갓 지난 아들이 있었다. 밴 플리트 장군은 "내 아들만 죽은 것이 아니다. 내 자식을 찾는 일로 다른 장병들의 목숨을 위태롭게 해서는 안 된다"며 적지에서의 수색 작업 중단을 리지웨이 유엔군 사령관에게 요청했다.

밴 플리트는 아들을 잃은 뒤 자신처럼 한국 전선에서 아들을 잃어버린 부모들에게 위로 전문을 보냈다. "모든 부모님들이 저와 같은 심정이라고 믿습니다. 자신의 삶을 내놓는 사람보다 더 위대한 사람은 없습니다."

아버지처럼 전장에서 가족에게 자주 편지를 썼던 밴 플리트 중위는 실종 보름 전 역시 어머니에게 '군인의 아내에게'로 시작하는 '마지막 편지'를 보냈다. "저는 모든 사람이 두려움 없이 살 수 있는 권리를 위해 싸우는 아버지에게 조그마한 힘이 되어 주기 위해 한국에 왔습니다. 저를 위해 기도하지 마시고 조국을 수호하기 위해 소집된 승무원(항공사, 폭격수, 기관총사수)을 위해 기도해 주십시오. 어머니의 눈물이 이 편지를 적시지 않았으면 합니다."

경기도 평택시 오산 미 공군기지의 밴 플리트 대위의 흉상. 그는 전사 후 대위로 추서됐다.

밴 플리트 2세처럼 6·25전쟁에서 전사하거나 부상당한 미군 조종사는 1920명에 달했다. 한미동맹친선협회가 밴 플리트 대위(사후 대위 추서)의 흉상을 오산 공군기지에 건립한 것은 이들의 희생을 기리기 위한 것이라고 한다. 국가보훈처는 2022년 9월 정부세종청사 내 보훈처 건물 5층 회의실 명칭을 '밴 플리트 홀'로 바꿨다.

백의종군하다 전사한 채병덕 장군

6·25전쟁이 터졌을 때 육군총참모장(참모총장)이었던 채병덕

소장은 북한군이 서울을 함락한 직후인 6월 30일 해임됐다. 채 소장은 백의종군을 자청해 후방에서 병력을 보충하고 새로운 부대를 편성하는 것이 임무인 경남지구 편성군사령관이 됐다.

그는 7월 23일 호남을 통해 영남으로 장갑차를 앞세우고 오는 북한군 1개 대대를 섬멸하라는 지시를 받았다. 그는 24일 부산과 마산의 병원에서 모은 가벼운 부상병으로 1개 대대를 편성해 떠났다. 그때 갓 태어난 아들 이름을 '영광의 진격'이라는 뜻의 영진으로 짓고 하동으로 떠났다. 채병덕은 미군 19연대와 합동 작전을 벌이다 7월 27일 전사했다. 아군의 군복과 장비를 착용한 북한군을 검문하기 위해 접근해 "적인가 아군인가?"라며 묻자 바로 총격을 가했다. 경남 하동 '쇠고개 전투' 현장에는 전사비가 세워졌다. 정부는 그를 중장으로 진급시키고 을지무공훈장을 추서하였다.

1951년 3월 27일 리지웨이 사령관은 여주 미 8군 전진 지휘소에서 한미 양국의 사단장과 군단장을 전원 소집했다. 김백일 1군단장(소장)은 이날 여주회의를 마치고 경비행기 편으로 강릉으로 귀환하던 중 악천후로 경비행기가 대관령 산중에 추락했다. 유해는 5월 9일에나 발견됐다. 김백일 소장은 흥남철수의 영웅 중 한 명으로 꼽히는 인물이다.

이용문 준장(1916~1953)은 육군참모학교 부교장 때 6·25가 터졌다. 서울에서 부대가 와해되자 남산에 숨어서 게릴라전을 폈고 서울이 공산 치하에 들어간 뒤에는 행상으로 변장해 북한군의 동향을 파악하다 이듬해 6월 준장으로 군에 복귀했다. 1953년 남부

경남 거제 포로수용소 유적공원 옆 흥남철수기념공원에 세워진 김백일 장군 동상.

지구경비사령관으로 지리산 일대의 빨치산 토벌 작전을 지휘했다. 정전협정 체결을 한 달여 앞둔 6월 24일 남원 상공에서 비행기 추락 사고로 순직했다. 검사장 출신 전 자민련 소속 이건개 전 국회의원의 부친이다.

24

6·25를 함께한
종군기자

    1950년 6월 25일 오전 8시 주한 미국대사관 기자실. 한국에 부임한 지 11개월쯤 된 UP통신 잭 제임스 기자는 '인민군이 올해 가을까지는 공격이 없을 것으로 보고 있다'는 취지의 기사를 준비하고 있었다. 북한의 공격임박설이 끊이지 않아 그날 새벽에도 도쿄 맥아더 사령부의 정보부인 'G-2'에 근무하는 친구에게 전화했으나 별다른 소식이 없었다.

    그때 대사관 복도에서 황급히 오가는 한 정보관과 마주쳤다.

    "무슨 일입니까?"

    "망할 놈들, 8사단을 제외한 모든 전선에서 38선을 넘어온 모양이야."

제임스는 기자실에서 1시간 반가량 여기저기 전화를 돌렸다. 당시는 실제 전투는 없어도 과장된 보고들도 많았다. 그는 아시아에서 오래 근무한 데다 평소 정직하고 성실하다고 인정을 받아 대사관에서 긴급히 열린 주한 미 군사고문단(KMAG) 회의에 참석할 수 있었다.

한 장교가 (개전 소식을) 워싱턴에 급히 알려야 한다고 보고했다. 제임스는 회의가 끝나기도 전에 나와 긴급으로 송고했다. 6·25전쟁 첫 외신 보도였다.

냉전이 열전(熱戰)으로 전환되고 2차 대전 후 5년 만에 미국 소련 중공 등 강대국이 참전한 가운데 3년여 계속된 6·25전쟁의 현장에는 때로는 목숨을 건 많은 종군기자가 있었고 특종도 쏟아졌다.

맥아더 동행 기자보다 빨리 인천상륙작전 특종

AP통신의 신화봉 기자는 부산에 있으면서 인천상륙작전을 특종 보도했다. 1950년 9월 15일 오후 1시 50분 '유엔군이 오늘 아침 인천 월미도에 상륙했다…'는 뉴스를 맥아더 사령부가 공식 발표하기 9시간 전 부산발로 보도했다. 맥아더의 상륙작전에는 도쿄 사령부 출입기자들이 동행해 현장에도 있었으나 이들보다 부산에 있던 신 기자가 먼저 보도한 것이다.

정일권 소장은 후일 회고록 '전쟁과 휴전'(1986)에서 상륙작전 이틀 전 신 기자가 보도해 북한이 사전에 알았을 것이라고 적었는데 이는 명백한 오류라고 지적했다. 자신은 미 제5해병연대 정보통에게서 듣고 사전에 알고 있었으나 사전보도하면 '이적행위'로 군법회의에 회부되기 때문에 실행된 후를 기다렸다고 밝혔다. 그는 인천상륙작전 작전 과정에서 부상을 입고 후송되어 온 환자를 인터뷰하고 해군 관계자를 통해 확인했으며, 정일권 소장 명의를 빌려 보도하기 위한 노력 등을 기울였다고 회고록에서 자세히 소개했다.

정일권은 워커 미 8군 사령관이 참모회의를 마치고 돌아간 뒤 회의에 참석했던 K 소령과 늦게까지 신 기자가 술자리를 하다 내용을 듣게 됐다고 했다. 정 총장 이름으로 발표한 것도 임의로 이름을 쓴 것이라며 옆에 있었으면 총을 빼 들었을 것이라고 했다. 하지만 신 기자는 2000년 언론 인터뷰에서 자신이 정 총장을 설득해 정 총장 이름으로 한 것이라고 했다.

인천상륙작전 알고 보도 안 한 기자들

인천상륙작전에서 9m 높이의 인천항 벽을 올라가는 것이 큰 과제였다. 사령부가 일본의 여러 공장에 200개의 알루미늄 사다리를 주문했다. 도쿄 사령부의 기자들은 인천에서 상륙작전이 이루어질 것이라는 점을 쉽게 알아낼 수 있었다. 하지만 기자들은 자신들이 알고 있는 사실을 외부로 누설하지 않았다. 맥아더 사령부는 이를 감사하게 생각했다고 맥아더의 대변인이었던 로우니는 밝혔다.

'대동강 철교 폭파' 사진 특종

6·25전쟁의 참상을 보여주는 상징적인 사진 중 하나는 '폭파된 대동강 철교'다. 이 사진을 촬영한 AP통신의 막스 데스포 기자는 이 사진으로 퓰리처상을 받았다.

데스포는 전쟁이 터진 1주일 후 급파돼 3년 동안 줄곧 한국전에 종군했다. 그는 1950년 11월 말 중공군의 참전으로 후퇴하던 미군과 함께 움직일 때 수천 명의 피란민이 폭파된 대동강 철교를 타고 넘어오는 장면을 찍었다. 이 사진은 미군이 1950년 12월 4일 다리를 폭파한 이후 남은 구조물로 아슬아슬하게 필사적으로 넘어오는 사람들을 보여준다. 많은 사람들은 강물에 떨어져 떠내려갔다. 그는 언론 인터뷰에서 당시 글 쓰는 기자는 몇 명 있었지만 사진기자는 자기 혼자였다고 했다. 날씨가 추운 데다 적의 추격으로 오래 머무를 수 없어 잠깐 찍은 8장의 사진 중 한 장이 부서진 철교 사진이었다.

끊어진 대동강 철교 위로 피란민들이 아슬아슬하게 넘어오고 있다. 일부는 추운 겨울 강물에 빠져 떠내려갔다.

'귀신 잡는 한국 해병대', 마거릿 히긴스

여성 종군기자로 널리 알려진 미국 '뉴욕헤럴드트리뷴'의 마거릿 히긴스는 개전 직후 도쿄에서 건너와 1950년 말까지 취재했다.

경기도 오산의 '초전기념관'에 전시된 마거릿 히긴스의 사진에 "위험하지 않은 곳이라면 내가 있을 이유가 없다"는 구절이 쓰여 있다.

6월 29일 한강 방어선을 둘러보고 도쿄로 돌아가는 맥아더의 전용기 바탄호에 동승해 맥아더로부터 '미 지상군 파병' 얘기를 듣고 특종을 낚았다. 그는 인천상륙작전과 장진호 전투 등을 취재한 뒤 돌아가 '자유를 위한 희생(War in Korea)'을 집필해 1951년 퓰리처상을 받았다.

그는 1950년 8월 17일 한국 해병대 1개 중대가 북한군 대대 병력을 섬멸하고 경남 통영을 탈환하자 '귀신 잡는 해병'이라는 기사를 써서 지금도 해병대 애칭으로 쓰인다.

히긴스는 한국전쟁 보도에 대해 "준비 안 된 군대가 겪은 절망과 공포의 순간들을 사실 그대로 전해 이런 일이 다시 발생해서는 안 된다는 여론을 미국 내에 조성하는 것"이라고 했다.

6·25 개전 당시 육군본부 인사국장이었던 강영훈 전 국무총리는 남자 야전복을 입은 히긴스 기자를 만난 일화를 소개했다. 김백일 군단장을 통해 한국군 전선을 둘러보고 싶다고 해서 안내를 하게 됐다. 히긴스를 대대본부로 데려갔더니 총격전이 벌어지는

일선을 보고 싶지 대대본부는 관심이 없다고 했다. 다시 500m 이상 전방 능선까지 가서 소대 병사들이 적을 향해 사격을 하는 곳으로 갔다. 히긴스는 병사에게 요즈음 무엇을 먹느냐고 물었다. 병사가 하루 세 끼 주먹밥 한 개씩을 먹는데 반찬은 소금이라고 대답했다. 더 필요한 게 없느냐고 묻자 "임무가 적을 격퇴하는 것인데 개인적인 소원이 있겠느냐"고 해서 강 전 총리는 통역하면서 눈시울이 뜨거워졌다고 했다.

히긴스는 은퇴한 뒤 1965년 베트남을 여행하던 중 풍토병에 감염돼 치료받다 사망했다. 한국 정부는 2010년 히긴스의 딸 린다 밴더블릿 씨에게 수교훈장 흥인장을 전달했다. 미국 정부는 군인도 아닌 그를 워싱턴 알링턴 국립묘지에 안장해 예우했다.

반공포로 석방 특종

UP통신 이상규 기자는 1953년 6월 18일 새벽 부산 동래에서 일을 보고 부산으로 나오다 포로들의 탈출 광경을 목격했다. 서울 취재본부인 내자아파트에 전화로 기사를 불러 5시 40분경 1보가 타전됐다. 이날 부산 마산 광주 논산의 포로수용소에서 반공포로 석방이 개시된 것은 오전 2시경이어서 3시간이 채 되지 않아 첫 보도가 나갔다.

아이젠하워 극비 방한 스토리로 퓰리처상

1952년 11월 한국전쟁의 명예로운 종식을 공약으로 내건 아이젠하워가 미 대통령에 당선됐다. 그는 당선되면 한국을 방문하겠다는 약속을 지켜 그해 12월 2일부터 5일까지 극비리에 한국에 왔다. 수행 기자는 6명이었는데 기자들은 가족들에게도 출장지역을 알리지 못하도록 했다. 기사는 아이젠하워가 한국을 떠난 후 보도하도록 했다.

동행 기자 중 AP통신의 돈 화이트헤드 기자는 아이젠하워의 극비 방한 기사 '거대한 속임수(the great deception)'로 1953년 국내 보도 부문 퓰리처상을 받았다.

'1952년 11월 29일 새벽 5시 30분, 두 사나이가 뉴욕의 모닝사이드 드라이브 60번지 저택 문을 통해 별이 총총한 차가운 밤거리로 급히 걸어 나왔다. 추위를 막으려는 듯 코트 깃을 세운 그들이 근처에 대기하고 있던 리무진에 재빨리 오르자 차는 어디론지 사라졌다. 두 사람 중 하나는 비밀경호원 에드워드 그린이었고, 다른 한 사람은 대통령 당선자 아이젠하워 장군이었다.'

'평화 열차(peace train)' 휴전협상 취재

판문점 휴전회담을 위해 유엔군 대표단 숙소 및 지원시설을 갖춘 전방기지가 문산역 인근에 설치돼 '문산 베이스캠프'라고 불렀다. 문산역 구내에는 11개의 객차 침대차 식당차 조리실로 구성된 유엔 측 기자들의 전방취재 공간이 마련됐는데 이를 '평화 열차'라고 불렀다. 서울 내자아파트에는 각 외신 언론사의 사무실이 있어 두 곳이 휴전회담 취재의 두 포스트였다. 한국전쟁 중 이 두 곳을 거친 외신기자는 500명 이상이었다.

내외신 기자들은 서울에서 문산까지는 각자의 지프차, 문산에서 판문점까지는 헬기를 타고 다녔는데 회담 초기에는 평화 열차에서 숙식하다가, 회담이 지루하게 계속되면서 관심이 많이 줄었다.

6·25전쟁 순직 종군기자 18명

한국기자협회는 6·25전쟁을 취재하다 순직한 한규호 서울신문 기자 등 국내외 기자 18명(국내 1명, 외국 17명)의 추념비를 건립했다. 전국 일선 기자들의 성금과 사회 각계 지원을 받아 1977년 4월 27일 파주 통일공원 내에 추념비를 마련하고 매년 추도식을 갖고 있다.

최기원 홍익대 교수가 설계한 추념비는 타자기 모양의 화강암으로 된 받침대 위에 저널리스트의 머리글 'J'자를 본뜬 텔레타이프 종이가 높이 솟은 형상이다. 추념비 윗부분에는 승리의 월계수와 기자정신을 상징하는 펜을 쥔 손, 한국전쟁을 뜻하는 지구가 조각돼 있다.

한규호 기자는 개전 직후 북한군이 국군 복장과 견장으로 위장하고 있다는 내용을 보도했다. 북한군이 서울을 점령할 때 서울에 남아 있던 한 기자는 신문 보도로 이름이 알려져 북한군에 체포돼 피살된 것으로 전해졌다.

경기도 파주시 통일공원의 순직 종군기자 추념비.

참고 문헌

강성학 지음, 『대한민국의 대부, 해리 S. 트루먼』, 박영사, 2021.
남정욱 지음, 『밴플리트 대한민국의 영원한 동반자』, 백년동안, 2014.
데이비드 핼버스탬 지음, 정윤미 이은진 옮김, 『콜디스트 윈터』, 살림, 2009.
로이 E. 애플먼 지음, 허빈 옮김, 『장진호 동쪽-4일 낮 5일 밤의 비록』, 다트앤, 2013.
마크 W. 클라크 지음, 김형섭 옮김, 『다뉴브강에서 압록강까지』, 국제문화출판공사, 1981.
매슈 B. 리지웨이 지음, 박권영 옮김, 『리지웨이의 한국전쟁』, 플래닛미디어, 2023.
백선엽 지음, 『군과 나』, 서울: 시대정신, 2009.
백선엽 지음, 유광종 정리, 『백선엽의 6·25전쟁 징비록』 1~3권, 2020.
윌링엄 R. 맨체스터 지음, 박광호 옮김, 『맥아더 2』, 미래사, 2016.
최상진 지음, 『영원한 친구들』, 한미우호협회, 2022.
홍쉐즈(洪學智) 지음, 홍인표 옮김, 『중국이 본 한국전쟁』, 한국학술정보, 2008.

『향군』 1991년 1~3월호, 대한민국재향군인회, 1991.
『1129일간의 전쟁 6·25』, 육군본부 육군군사연구소, 2014.

'끝나지 않은 전쟁 6·25' 현장 취재 지역

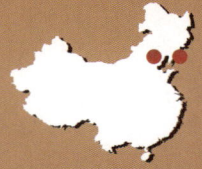

중국 베이징 군사박물관
중국 단둥 항미원조기념관, 압록강 단교

경기
① **파주**
임진각/ 통일공원/
설마리 전투/ 적성면 '적군 묘지'

② **의정부**
축석령 전투

③ **가평**
영연방 가평전투

④ **양평**
지평리 전투/ 용문산 전투

⑤ **여주**
그리스군 참전비

⑥ **오산**
죽미령 전투(조전기념관)

서울
⑦ **전쟁기념관**
육군사관학교
워커힐 호텔
워커 장군 사망지
연희 104고지

인천
⑧ 인천자유공원 맥아더 동상,
월미도, 적색해안 상륙지점,
인천상륙작전 기념관,
팔미도 등대,
영흥도 해군 전적비
교동도

전남북
⑨ **남원**
지리산지구전적비

⑩ **순천**
호국기념관

⑪ **여수**
학도병기념비

강원
⑫ **고성**
화진포 '김일성 별장'

⑬ **인제**
현리 전투

⑭ **춘천**
춘천 전투,
에티오피아 전적비

⑮ **홍천**
말고개 전투

경남
⑳ **부산**
유엔기념공원,
의료지원단 참전기념비,
임시수도 대통령 관저

㉑ **거제**
포로수용소 유적공원,
흥남철수 기념공원

경북
⑯ **영덕**
장사상륙작전 기념관

⑰ **칠곡**
다부동 전투,
칠곡 다리,
유학산 839고지

⑱ **영천**
영천 전투

⑲ **포항**
학도의용군 전승기념관

미국 워싱턴 '한국전 참전 기념공원'

참고 문헌

6·25전쟁 정책 결정자, 지휘관, 직접 참관자 체험자

강영훈 지음, 『나라를 사랑한 벽창우』, 동아일보, 2008.
백선엽 지음, 『군과 나』, 시대정신, 2009.
백선엽 지음, 유광종 정리, 『백선엽의 6·25전쟁 징비록』 1~3권, 2020.
신화봉 지음, 『휴전선이 열리는 날』, 한국논단, 1993.
유재흥 지음, 『격동의 세월』, 을유문화사, 1994.
이승만 구술, 프란체스카 지음, 조혜자 옮김, 『프란체스카의 난중일기』, 기파랑, 2010.
임부택 지음, 『낙동강에서 초산까지』, 그루터기, 1996.
정일권 지음, 『전쟁과 휴전-6·25 비록 정일권 회고록』, 동아일보사, 1986.
            『정일권 회고록』, 고려서적 광명출판사, 1996.
더글러스 맥아더 지음, 『맥아더 회록록』, 2권, 일신서적, 1993.
딘 애치슨, 『Present at the Creation』, Norton & Company Inc., 1969.
마거릿 히긴스 지음, 이현표 옮김, 『자유를 위한 희생』, 코러스, 2009.
마크 W. 클라크 지음, 김형섭 옮김, 『다뉴브강에서 압록강까지』, 국제문화출판공사, 1981.
마틴 러스 지음, 임상균 옮김, 『브레이크 아웃』, 나남, 2004.
매슈 B. 리지웨이 지음, 박권영 옮김, 『리지웨이의 한국전쟁』, 플래닛미디어, 2023.
시어도어 리드 페렌바크 지음, 최필영 윤상용 옮김, 『이런 전쟁』, 플래닛미디어, 2019.
에드워드 L. 로우니 지음, 정수영 옮김, 『운명의 1도』, 후아이엠, 2014.
윌리엄 T. 와이블러드 엮음, 문관현 등 옮김, 『조지 E. 스트레이트마이어 장군의 한국전쟁 일기』, 플래닛미디어, 2011.
터너 조이 지음, 김홍열 옮김, 『공산주의자는 어떻게 협상하는가』, 한국해양전략연구소, 2003.
펑더화이(彭德懷) 지음, 이영민 옮김, 『나, 펑더화이에 대해 쓰다』, 앨피, 2018.
해리 S. 트루먼 지음, 손세일 옮김, 『시련과 희망의 세월-트루먼 회고록』 하, 1968.
홍쉐즈(洪學智) 지음, 홍인표 옮김, 『중국이 본 한국전쟁』, 한국학술정보, 2008.

국내 연구 문헌

강성학 지음, 『대한민국의 대부, 해리 S. 트루먼』, 박영사, 2021.
김계동 지음, 『한국전쟁 불가피한 선택이었나』, 명인문화사, 2014.
김용호 지음, 『영화로 전선을 간다』, 이름, 2022.
김인철 지음, 『38선에서 휴전선까지』, 보문당, 1992.
김철수 지음, 『그때는 전쟁, 지금은 휴전 6·25』, 플래닛미디어, 2017.
남도현 지금, 『6·25, 끝나지 않은 전쟁』, 플래닛미디어, 2010.

남시욱 지음, 『6·25전쟁과 미국』, 청미디어, 2015.
　　　　　　『한미동맹의 탄생 비화』, 청미디어, 2020.
남정욱 지음, 『밴플리트 대한민국의 영원한 동반자』, 백년동안, 2014.
문관현 지음, 『임진스카웃』, 정음서원, 2022.
박태균 지음, 『한국전쟁』, 책과 함께, 2005.
배대균 번역, 『마산방어전투』, 청미디어, 2020.
온창일 등 지음, 『6·25전쟁 60대 전투』, 황금알, 2010.
유영복 지음, 『운명의 두 날』, 도서출판 WON, 2010.
이상호 지음, 『맥아더와 한국전쟁』, 푸른역사, 2012.
이중근 편저, 『6·25전쟁 1129일』, 우정문고, 2014.
인보길 지음, 『이승만 현대사 위대한 3년』, 기파랑, 2020.
정일화 지음, 『휴전회담과 이승만』, 선한약속, 2014.
조창호 지음, 『돌아온 사자』, 지호, 1995.
최상진 지음, 『영원한 친구들』, 한미우호협회, 2022.
허재석 지음, 『내 이름은 똥간나 새끼였다』, 원북스, 2008.
황인희 지음, 『감사합니다. 잊지 않겠습니다』, 양문, 2022.

외국 연구 문헌

데이비드 핼버스탬 지음, 정윤미 이은진 옮김, 『콜디스트 윈터』, 살림, 2009.
리처드 손튼 지음, 권영근 권율 옮김, 『강대국 국제정치와 한반도』, 한국국방연구원, 2020.
로이 E. 애플먼 지음, 허빈 옮김, 『장진호 동쪽-4일 낮 5일 밤의 비록』, 다트앤, 2013.
바브 드러리 & 톰 클라빈 지음, 배대균 옮김, 『장진호 전투』, 진한엠앤비, 2017.
브루스 커밍스 지음, 김자동 옮김, 『한국전쟁의 기원』, 일월서각, 1986.
스탠리 웨인트라웁 지음, 송승종 옮김, 『장진호 전투와 흥남 철수작전』, 북코리아, 2015.
알렉산더 판초프 지음, 심규호 옮김, 『마오쩌둥 평전』, 민음사, 2017.
에드완 베르고 지음, 김병일 이해방 공역, 『6·25 전란의 프랑스 대대』, 동아일보사, 1983.
와다 하루키 지음, 남상구 조윤수 옮김, 『한국전쟁 전사』, 청아출판사, 2023.
윌리엄 R. 맨체스터 지음, 박광호 옮김, 『맥아더 2』, 미래사, 2016.
조셉 굴든 지음, 김병조 발췌 번역, 『한국전쟁 비화』, 청문각, 2002.
헨리 키신저 지음, 권기대 옮김, 『헨리 키신저의 중국 이야기』, 민음사, 2012.

중국 대만 학자 연구 문헌

데이빗 쑤이(徐澤榮) 지음, 한국전략문제연구소 옮김, 『中國의 6·25戰爭 參戰』,

한국전략문제연구소, 2011.
선즈화(沈志華) 지음, 김동길 옮김, 『조선 전쟁의 재탐구』, 도서출판 선인, 2014.
장수야(張淑雅) 지음, 정형아 옮김, 『한국전쟁은 타이완을 구했는가?』, 경인문화사, 2022.

기타 발간물 논문 언론

『UN軍支援史』, 국방군사연구소, 1998.
『6·25전쟁 참전사』, 국가보훈처, 2015.
『6·25전쟁 학도의용군 연구』, 국방부 군사편찬연구소, 2012.
『6·25전쟁 참전사』, 국방부 군사편찬연구소, 2014.
『캐나다 호주 뉴질랜드 6·25전쟁 참전사』, 국가보훈처, 2016.
『통계로 본 6·25전쟁』, 국방부 군사편찬연구소, 2014.
『1129일간의 전쟁 6·25』, 육군본부 육군군사연구소, 2014.
『잊지 않기 위하여』, 국립6·25전쟁납북자기념관, 2019.
『정경문화』 이용호, 1983년 7월호.
『정보』 6호, 공보실발행, 1956.
『향군』 1991년 1~3월호, 대한민국재향군인회, 1991.
『포항전투사 – 끝나지 않은 전쟁 6·25』, 학도의용군 포항지회.
『2023년 정전협정 및 한미동맹 70주년 학술회의』, 전쟁기념사업회, 2023.

김강녕, '한국의 국군포로문제 해결 노력과 향후 과제' 『한국과 세계』, 제1권 2호, 2019.
도진순, '1950년 1월 애치슨의 프레스클럽 연설과 하나의 전쟁 논리', 『한국사연구』, vol. 119, 2002.
문성묵, '공산주의자들은 어떻게 협상하는가?', 『전략연구』, 통권 54호, 2012년 3월.
이상호, '인천상륙의 크로마이트 작전 4가지 계획과 그 함의', 『군사(軍史)』, 제110호, 2019.
이성춘, '북한 신년사 분석을 통한 김정은 시대 지속과 변화', 『융합보안논문지』, 제14권 61호, 2014.

『나무위키』
『위키백과』
『百度百科』
『영문 & 중문 위키피디아』